마이 퍼니
잉글리씨

마이 퍼니 잉글리씨 2

지은이_ 정지혜

1판 1쇄 인쇄_ 2014. 1. 7
1판 1쇄 발행_ 2014. 1. 14

발행처_ 김영사
발행인_ 박은주

등록번호_ 제406-2003-036호
등록일자_ 1979. 5. 17.

경기도 파주시 문발로 197(문발동) 우편번호 413-120
마케팅부 031) 955-3100, 편집부 031) 955-3250, 팩시밀리 031) 955-3111

값은 뒤표지에 있습니다.
ISBN 978-89-349-6635-7 03740

독자 의견 전화_ 031) 955-3200
홈페이지_ www.gimmyoung.com
이메일_ bestbook@gimmyoung.com

좋은 독자가 좋은 책을 만듭니다.
김영사는 독자 여러분의 의견에 항상 귀 기울이고 있습니다.

MY FUNNY ENGLISH
마이 퍼니 잉글리씨 ②

정지혜 쓰고 그리다

김영사

2014년, 7년 만에 마이퍼니 잉글리씨가 다시 돌아왔습니다. 7년 동안 여러분은 어떻게 지내셨나요? 많은 성장과 여러 가지 일이 생길 수 있는 그 기간 동안 마이퍼니 잉글리씨의 1권을 손에 들었다 놨다 하셨다면, 지금은 탄탄한 어휘력으로 성장해 있지 않을까 상상해봅니다.

천재도 열심히 하는 사람에게는 당할 수 없다고 하죠. 그리고 그 열심히 하는 사람까지도 이길 수 있는 사람이 바로 즐기면서 하는 사람이라고 합니다. 이 책은 그 즐기는 분들, 영어를 즐기면서 배우고자 하는 분들을 위한 책입니다. 즐겁고 행복한 추억은 나도 모르게 오랫동안 간직하게 되듯이 영어 단어를 하나하나 접할 때 즐겁고 행복하다면 그 어휘들이 오래 기억되겠지요. 사실 1권도 마찬가지였지만, 이 책을 쓴 진짜 이유는 효과적으로 친근하게 단어를 '보여' 주기 위해서였습니다. 보고, 믿고, 즐기고, ♪ 외우고…. ♬

전편에서는 대체적으로 생활, 사물 등 겉모습에 많이 치중했던 것에 비해 이번 책은 인간 그 자체에 좀 더 초점을 맞췄습니다. 챕터1과 챕터2에서는 인간의 유형과 그 삶에 집중했고, 마지막 챕터에서는 우리 사회에서 벌어지고 있는 일들로 시야를 넓히면서 기본적이고 일반적인 정도의 어휘를 중심으로 담았습니다. 이 책이 영어 단어를 공부하는 책이긴 하지만 그냥 무미건조하게 주입식으로 단어를 알려주는 학습서가 아니라, 사람과 사회에 대한 단어들을 보면서 사람들 사이의, 읽는 사람과 만드는 사람 사이의, 나와 우리 사회 사이의 연결고리 같은 것을 느껴지는 책이 되었으면 합니다.

마이퍼니 잉글리씨에 들어가는 그림을 처음 끄적끄적 하던 때가 2003년이니 두 번째 책을 내는 동안 벌써 10년이 훌쩍 지나버렸습니다. 10년이면 강산도 변한다고 하지만 사실 우리가 느끼는 겉모습은 휴대전화 화면에 고개를 파묻고 다니는 사람들이 많아졌을 뿐, 크게 변한 것은 없는 듯합니다. 하지만 한 가지 분명한 사실은 영어를 공부하는 방법은 많이 달라졌다는 것입니다. 예전에는 전자사전도, DVD도, 인

Thanks to: Moore, Payson & Fritz, Ker, VanWart & Morfi, Cina Park, Shin& Lamson, H of H, Ken Tisa, Debra Priestly, Liliana Porter, Jenny Snider and Rabbi N. Weinberg

터넷과 유튜브도 심지어 mp3도 없었고, 정말 책과 테이프밖에 없었지요. 테이프에서 원하는 부분만 돌려서 듣는 것이 여간 귀찮은 게 아니었지만, 사실 그런 아날로그식의 방법이 어학을 공부하는 데 가장 효과적인 방법이 아니었나 싶습니다. 저보다 윗세대인 어른들로부터 사전을 통째로 외우면서 한 장씩 먹어 버렸다는 이야기를 듣기도 했는데, 아무리 세월이 흐르고 다양한 매체가 발달했다고 해도 사전이 영어공부의 핵심이라는 것은 변함없는 듯합니다. 이 책도 그림을 통해 그런 사전 같은 책으로 좀 더 쉽고 재미있게 만들고자 아둥거려 봤습니다.

앞으로는 단어 공부에 도움이 되는 더 발달되고 다양한 미디어들이 개발되겠지요. 쓰고 거리를 다니다가 어떤 사물을 보고 눈만 깜박이면 그에 해당하는 영어 단어를 알려주는 안경이 나올 수도 있겠지요.('잉글리시 글라스' 라고 해야 할까요?) 하지만 아직은 이런 전자기기에 얽매이기보다 tangible(손으로 진짜 만질 수 있는)한 방법으로 영어를 배워보면 어떨까요? (tangible은 제가 좋아하는 단어예요.) 진짜 책을 들었을 때 느껴지는 그 기분 좋은 부피감, 책장을 넘길 때 느껴지는 독특한 질감, '바스락' 하는 소리, 종이의 냄새, 활자체와 그림을 통해 시각적으로 흡수, 소화되어 온몸에 영향을 미치는 이 모든 과정은 전자기기로는 흉내 내기 어려운 것이니까요. 이 책이 여러분 손에서 오래 자주 머물며 여러분들에게 그런 행복한 경험을 안겨드리는 것과 동시에 영어 단어의 폭을 넓고 깊게 해드릴 수 있었으면 합니다.

끝으로 저를 항상 믿고 격려해주시는 부모님과 가족모두에게 사랑과 감사를 전합니다. 그리고 이 책을 읽으시는 분들 모두 행복하시길 바랍니다. 영어공부도 다 행복하려고 하는 것이니까요.

2013년 함박눈 내리는 날
정지혜

··이 책의 특징

하나, 이 책에는 일상생활에서 아주 흔하게, 자주 사용되는 다양한 종류의 단어와 표현들을 중심으로 구성했습니다.
단어나 관용구등의 쓰임새는 크게 formal과 informal로 구분하지만 더 자세하게 나눌 수 있습니다.

word 단어
letter 글자

idiom 관용구, 숙어 (둘 이상의 단어가 만나 특이한 의미를 나타내는 것)

phrasal verbs 구동사 (동사에 부사 전치사 등이 붙어 특이한 뜻을 만들어내는 것)

colloqial [콜로끼올] 구어체의, 일상생활의 대화체에서 사용되는 단어나 표현

slang 은어, 속어(듣기 거북한 것도 있지만 긍정적인 의미로 일상에서 자주 쓰이는 표현.)

vulgar [벌걸] 저속어, 비속어

derogatory (다른 사람에게 모욕이 되는) 욕설, 경멸조의 표현

jargon 전문인들만 아는 용어나 끼리끼리 쓰는 표현

둘, 예상 가능한 발음을 벗어나 특이하게 발음되거나, 쉽지만 틀리기 쉬운 발음 등은 한글로 [ ] 안에 넣었습니다. 한글은 웬만한 소리를 글자로 적기가 쉬우니 활용하는 게 좋잖아요! 한글로 적기에 애매한 f, v, z, th 발음만 신경쓰시고 l 과 r을 구분해서 발음해주면 됩니다. 발음은 대체적으로 미국식을 따랐습니다.

셋, 또한 단어 설명 주제와 관련 없는 단어가 나오면서 종종 산으로 가는 경우도 있습니다. 그런 경우는 주제로 나온 단어와 발음이 비슷하거나 철자가 유사해서 헷갈리는 단어들로, 제 경험상 그 단어를 들을 때 연상이 되거나 궁금해지는 단어들입니다.

Chapter **1** # Human Personality

Chapter 2 Human Life

Chapter 3 Culture and Issue

01

Human Personality

Looks vs. Personality
Which will you choose?

사람을 판단하는 기준으로 외모와 성격 중 하나를 고르라면 무엇을 선택하고 싶으신가요?

사실 외모는 보는 사람에 따라서 기준이 다르기 때문에 전 personality를 선택하고 싶어요.

성격을 뜻하는 가장 일반적인 단어 personality. 그 다양한 세계로 들어가볼까요?

She has a great personality.

She has a great personality.
"그녀는 성격이 정말 좋아요."라는 말입니다. 그럼 성격이 좋다는 것은 뭘까요? 둥글둥글한 성격?
물론 그것도 좋은 성격 중에 하나지요. 누군가의 성격을 **great personality**라고 표현한다면
그 사람은 명랑하면서도 남을 잘 배려하고 따뜻하며 정열적이고 등등
한마디로 긍정적인 성격의 종합세트라고 할 수 있어요.
좀 개성이 있는 사람에게는 **She has a personality.**
혹은 **She has some personality.**라는 표현을 사용합니다.
개성이 강한 것을 넘어서 성격이 드센 사람에게는
She has a strong personality.라고 합니다.

그런데 신기하게도 **bad personality**는 잘 쓰지 않습니다.
그렇다면 **personality disorder**는 뭘까요? 바로 '성격 장애'입니다.

Handwriting reveals your personality traits.
글씨체가 바로 그 사람의 성격을 나타낸다는 말인데요,
이 말이 사실이라면 전 괴팍한 성격이 될 듯싶네요.

그럼 이제 본격적으로 사람의 성격을 탐구해볼까요?
성격에 따라 사람의 종류를 어떻게 나눌 수 있을까요?

good and evil?

사람의 성향을 크게 둘로 구분한다면 **good and evil**로 나눌 수 있을 것 같아요. 마음속에서 이 두 가지 마음이 항상 갈등을 하니까요. 그런데 **evil**이라고 하니 너무 사악하게 느껴지는 것 같네요. 그래서 다른 표현을 생각해보았습니다.

good and bad?

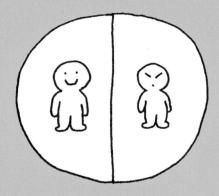

good and bad. 너무 뻔한 분류지만 그래도 사람을 좋은 사람, 나쁜 사람으로 분류하는 게 가장 일반적이니까요. 하지만 좋지도 나쁘지도 않은 사람들도 있잖아요? 그러다가 갑자기 옛날에 본 서부영화가 생각났어요.

good, bad and ugly?

The Good, The Bad, and The Ugly.
이렇게 나누는 것도 재미있겠다는 생각이 들었어
요. 좋은 사람, 나쁜 사람, 그리고 못생긴 사람. 못
생긴 건 나쁜 것도 아니고, 그렇다고 그리 좋은
것도 아니니까요. 앗, 그런데 못생긴 건 얼굴만
있는 게 아니잖아요. 행동이 **ugly**한 사람들도 있
으니까요. **ugly**한 행동은 그럼 나쁜 쪽일까요?

good, bad and neutral?

그래서 다시 무난하게 좋은 사람, 나쁜 사람, 그리고 이도 저도 아닌 그냥 중간으로 구분해보았습
니다.

good, bad and weirdo?

중간이라고 표현하는 것보다는 좀 이상한 사람들, 특이한 사람들로 바꿔보면 어떨까요? 하지만 특이한 사람들은 좋은 사람, 나쁜 사람으로 분류된 사람만큼 많지가 않으니 이상한 사람을 따로 분류하는 건 좋은 방법이 아닌 것 같네요. 게다가 좋으면서도 이상한 사람이 있고, 이상하면서도 못된 사람도 있잖아요.

too many pieces of personality

그러다가 사람들을 좋고, 나쁘고, 이상하고, 복합적이고, 중립적이라고 분류하는 대신 그냥 여러 종류의 사람들이 어우러져 있되 비슷한 성격이 옆에 꼽사리를 끼는 식으로 나누자고 결론을 내리게 되었답니다. 다양하고 풍부한 사람들의 성격, 그리고 그 성격이 만들어내는 인간상, 그리고 따라오는 부수적인 것들을 다 함께 보고…

What personalities bring...

그리고 더불어서 성격에 따른 사람의 여러 유형과 종류도 알아보기로 해요.

heart of gold 마음이 따뜻한

마음씨가 고운 사람에게 사용할 수 있는 가장 좋은 표현이 바로 **He has a heart of gold.**입니다. 착한 사람을 뜻하는 nice보다는 좀 더 따뜻하게 들리는 표현으로, **heart of gold**는 순수하고 선량한 마음입니다. 우리도 마음씨 곱고 착한 사람에게 '따뜻하다'라고 말하듯 영어도 마찬가지입니다.

warm hearted
인정이 많은

He has a heart of gold. 그는 착한 사람이에요.
She's warm hearted. 그녀는 마음씨가 아주 따뜻해.

sweetheart

황금 심장에 이은 달콤한 심장은 **sweet**를 사용합니다. **sweet**가 성격을 나타낼 때는 '상냥한'이라는 뜻입니다. **sweetheart**는 친절하고 상냥한 사람을 나타냅니다. 사랑하는 가족이나 연인을 부르는 호칭으로도 많이 쓰이죠. 거리에서 모르는 할머니를 한번 도와줘보세요. 요런 말을 들으실 거예요. Thank you, sweetheart.

She's such a sweetheart. 그 애는 정말 상냥해.
High school sweetheart 고등학교 때의 이성 친구 (고등학교 이후에 만난 사람은 이렇게 쓰지 않아요.)
He married to his high school sweetheart. 그는 고등학교 시절의 여자친구와 결혼했어.

●●
sweetie 가족이나 연인끼리의 호칭 | **sweet** 상냥한, 친절한, 달콤한 | **home, sweet home** 사랑이 넘치는 우리 집
affectionate 애정 있는, 자애로운 | **affection** 애정 | **affable** 상냥한, 붙임성 있는 | **tender** 부드럽고 상냥한
humane 인간적인 | **inhumane** 비인간적인

compassionate 인정이 많은 불쌍한 것을 그냥 못 넘기는 사람은 **compassionate**한 사람입니다. '동정'을 의미하는 **sympathy**는 다른 사람의 불행에 함께 아파하는 것을 말할 때 자주 씁니다. **sympathetic**은 '동정심이 있는, 동조하거나 마음에 드는'이라는 의미로도 쓰입니다.

homeless dog
stray dog
유기견

stray cat
유기묘

compassionate
인정이 많은

He's compassionate. 그는 인정이 많아.

I'm not too sympathetic with the new policy. 나는 새로운 정책에 동의하지 않아.

sympathetic
동정심 있는

apathetic
무관심한

●●
sympathetic about ~에 대해 측은한 마음을 갖는 | **compassion** 연민 | **empathy** 공감, 감정이입
sympathetic nervous system 교감신경계

Thank you,
sweetheart.

고맙구나, 얘야.

caring
자상한

caring 말 그대로 주위 사람들을 걱정해
주고 잘 보살펴주는 성격을 말합니다. 그래
서 간병인이나 도우미 등을 **care-giver**라
고 합니다. 그중에서도 자격증이 있는 전문
간병인은 **professional care-giver**라고
합니다.

She's very caring. 그녀는 정말 자상해.

motherly 엄마 같고 따스한, 모성애 넘치는 성격을 말합니다.

She's a typical **mom.** 그녀는 정말 엄마다워.

typical은 '전형적인'이란 뜻인데, 사람 이름 앞에도 많이 씁니다.

Hey, what's Zihye doing? 지혜, 뭐하고 있어?
She's sleeping. 자고 있어.
That's typical **Zihye.** 지혜답다. (Zihye는 잠이 많은 걸로 유명한가 보네요.)

엄마들은 항상 자식들에 대해 worry걱정가 많으시죠.
worry와 같은 근심, 걱정이 아닌 애정을 가지고 보내는 관
심을 **concern**이라고 합니다.

Thank you for your concern. 걱정해줘서 고마워.

motherly
모성애가 있는

merciful 자비로운

자비로운 성격은 **merciful**, 자비는 **mercy**라고 합니다.

Have mercy! 자비를 좀 베풀어라.

Lord, have mercy on us all.
신이시여, 저희 모두에게 자비를 베풀어주소서.

benevolent [비너블런트] 자애로운

forgiving은 마음이 넓고 관대해서 포용력이 있으며 용서를 잘 하는 성격을,
understanding은 이해심이 많은 성격을 말합니다.

I'm going to ask her for a forgiveness. 그녀에게 용서를 구할 거예요.

He's very understanding. 그는 이해심이 많아.

My mother is very forgiving. 우리 엄마는 정말 인자하셔.

She's very accepting. 그녀는 잘 받아들여.(수긍을 잘해.)

He's tolerant. 그는 (자기 마음에 안 드는 것도) 잘 수용해.

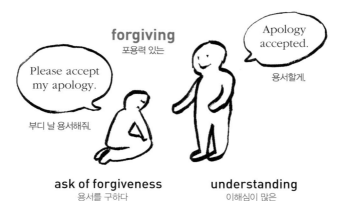

forgiving
포용력 있는

Please accept my apology.
부디 날 용서해줘.

Apology accepted.
용서할게.

ask of forgiveness
용서를 구하다

understanding
이해심이 많은

●●
forgiveness 용서 | **tolerant** 인내심 있는

He's nice. 그는 좋은(착한) 사람이야.

'그는 좋은(착한) 사람이야.'라는 의미로 일
반적으로 genetic흔한하게 사용하는 표현입
니다. 그런데 우리말에도 '착한 사람이 손해
본다'는 말이 있듯이 영어에도 이와 비슷한
표현이 있습니다. 바로 **Nice guy finishes last.**
'착한 사람이 마지막으로 끝낸다?' 얼핏 들으면 착

안녕, 나는 좋은 사람이야.

한 사람이 최후에 승리한다는 의미로 들릴지도 모릅니다. 하지만 달리기를 생각해보면
먼저 들어오는finish first 사람이 승자이고, 가장 나중에 들어오는finish last 사람이 꼴찌가
됩니다. 그러므로 **Nice guy finishes last.**는 착한 사람이 항상 손해를 본다는 의미가
됩니다. 착하고 순진한 사람이 이용만 당할 때 이렇게 말합니다.

Nice guy finishes last. 착한 사람은 이용만 당하지.

이 말은 남녀사이에서도 많이 쓰이는데, 여자들 사이에서 인기가 넘치는 것은 여자 마
음에 상처만 주는 bad boys나쁜 남자들이고, 정작 착한 남자는 여자들에게 이용만 당하고
차이고 만다는 뜻으로도 잘 쓰입니다. 좀 씁쓸하네요. '이용하다'라는 표현으로 대표적
인 것이 바로 **take advantage of**입니다.

He's always been taken advantage of, but he never complains.
그는 항상 이용만 당하면서도 불평 한마디 없어.

Stop being nice to her. You'll end up a doormat.
그녀에게 친절하게 대하지 좀 매. 이제 그만 이용 당하라구!

그래도 결국은 **He who laughs last, laugh best.** 마지막에 웃는 자가 진정한 승자입니다.

●●
win the race 달리기에서 이기다 | **doormat** 항상 이용만 당하는 사람

Nice guys finish last. 착한 사람은 항상 꼴찌야.

Really? 정말 그럴까?

The truth was ⋯ 하지만 진실은⋯

This is really what happened. 진실은 이랬습니다.

Nice guy finished first 착한 사람이 일등으로 들어왔고

and the nicest guy finished last. 너~무 착한 사람은 마지막에 들어왔죠.

Bad boy never finished. 나쁜 남자는 다 달리지 못했어요.

Have a heart.

인정 좀 있어봐라.

I hate homeless.

거지들 정말 싫어.

cold heart
냉혈한

ice-cold
얼음처럼 차가운

흥 심장 꿍그리라는 줄…

faint hearted
소심한

He has a cold heart. 그 사람 정말 인정머리가 없어.

She is ice-cold. 그녀는 정말 냉정해.

'심장heart이 차갑다cold'라고 하면 냉정하다는 말입니다. 그렇다면 심장이 없다는 건 무슨 뜻일까요? '심장이 없다'는 의미의 **heartless**는 '무자비한'이라는 의미입니다. 그럼 **faint-heart**는 무슨 의미일까요? '마음이 약한, 소심한'이라는 뜻입니다.

heartless
무자비한

cold-blooded
피도 눈물도 없이 냉혹한

cold-blooded라는 표현도 있는데, 바늘로 찔러도 피 한 방울 안 나올 것 같이 인정사정 없는 사람을 이렇게 표현합니다. 뱀 같은 냉혈동물도 **cold-blooded**라고 합니다.

cold-blooded murderer 냉혈한, 살인마

●●
heartless 무정한 | **faint-hearted** 소심한(=faint-of-heart, faintheart)

cold-blooded
냉혈동물의

cold-blooded와는 반대로 **hot-blooded**라는 표현도 있습니다. 정열적이며 쉽게 흥분하는 사람을 말합니다. 우리말에도 '피 끓는 청춘'이라는 말이 있지요? 영어에서도 **hot-blooded youth**라는 표현이 있습니다. 하지만 요즘은 이 표현을 자주 사용하지는 않는 것 같습니다. 요즘 젊은 사람들이 쿨한 것을 좋아해서일까요?

참고로 영국에서 강조의 의미로 **bloody**를 쓰기도 합니다.

This is bloody good. 이거 무진장 좋아.

굳은살은 **callus**라고 합니다. 이와 비슷하게 생긴 **callous**는 '굳은, 못이 박힌'이라는 뜻으로, '감정이 없는, 마음이 굳어버린'의 의미로도 쓰입니다.

callus
굳은살

He's callous about his neighbors' suffer.

그는 이웃들의 고통에 무신경했다.

callous
굳은살이 박힌, 감정이 없는

hardboiled egg
완숙으로 익힌 달걀

hardboiled egg는 액체 형태의 **egg yolk**노른자가 완전히 익을 때까지 충분히 익힌 완숙의 삶은 달걀을 말합니다. 그런데 이 **hardboiled**가 사람의 마음이나 감정을 가리킬 때는 '감정이 메마른, 비정한'이라는 뜻이 됩니다. 한때 재미있게 읽었던 무라카미 하루키의 소설 《Hardboiled Wonderland & End of the World》가 생각나네요. 끔찍한 범죄나 폭력을 감정 없이 다룬 소설은 **hardboiled fiction**이라고 합니다.

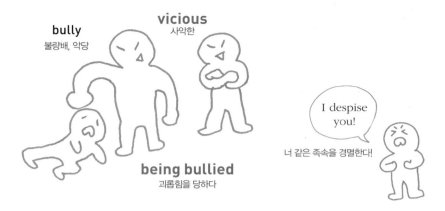

bully
불량배, 악당

vicious
사악한

being bullied
괴롭힘을 당하다

I despise you!

너 같은 족속을 경멸한다!

요즘 학교폭력이 큰 사회문제가 되고 있습니다. 우리나라뿐만 아니라 외국에서도 사춘기 시기의 아이들 사이에서는 괜히 사람을 괴롭히고, 왕따시키고, 놀리는 나쁜 이들이 꼭 있습니다. 그런 사람을 바로 **bully**라고 합니다. **bully**는 동사로 사용되기도 합니다.

He's a bully. 걔는 불량배야.

He bullied me. 걔가 날 괴롭혀요.

I was bullied at school for two years.
학교에서 2년 동안 괴롭힘과 놀림을 당했어요.

wicked
사악한

vicious 잔인한, 포악한, 품행이 나쁜

He has this satanic smile which gives me the creeps.
그는 이렇게 악마같이 미소 짓지. 정말 소름끼쳐.

wicked '사악하다'는 뜻인데, 슬랭으로는 강조의 의미인 **very**나 **extremely**와 같은 의미로도 자주 쓰입니다. 또 '멋지다, 쿨하다'라는 형용사로 쓰이기도 합니다.

This is wicked cool! 와, 이거 진짜 멋지다!

This painting is wicked! 와, 이 그림 멋져!

●●
evil 악한 | **satanic** [세이태닉] 악마 같은 | **satan** [세잇은] 악마 | **despise** 경멸하다

meanie mean에서 나온 단어입니다. 못된 사람, 야비한 사람을 가리키죠.

He has a mean face. 그는 싸가지 없게 생겼어.

She's spiteful. She's evil. 그녀는 정말 사악해. 악마 같아.

She's nasty. 그녀는 성격이 더러워.

What a nasty day! 오늘 날씨 정말 구리다!

Someone posted a malicious comment about our new product on the internet.
누가 인터넷에 우리 새 제품에 대해 악플을 달아놓았어.

meanie
못된 녀석

blue meanie
비틀스의 영화 〈Yellow Submarine〉에
나오는 악당

mean은 단수로 쓰이면 '수단'이라는 의미이며, **means**라고 하면 부(富)를 말합니다.

Millionaires live below their means. 부자들은 자신들의 부의 수준보다 검소하게 산다.

means가 나왔으니 그럼 '부'를 가진 자와 그렇지 않은 자들에 대해 살펴볼까요?

●●
spiteful 사악한 | **nasty** 심술궂은, 비열한, 더러운 | **malicious** 악의 있는 | **means** 부(富)

··Rich vs. Poor

부유한 vs. 가난한

옛부터 동양에서는 물질을 많이 소유하는 것에 가치를 두지 않았기 때문에 돈을 밝히는 것을 안 좋게 보기도 했지만, 지금은 돈이 원하는 것을 이루는 데 도움이 되는 세상이 되었고, 돈을 잘 벌고 잘 다루는 경제적 성공에 큰 가치를 두게 되었습니다. 그럼 그런 능력자들에 대해 알아볼까요?

rich
wealth 부
affluent 부유한
loaded 돈이 많은

rich
부유한

affluent

He's a wealthy man. 그는 부자야.

He's rich. 그는 부자야.

He's poor. 그는 가난뱅이야.

Don't hate the rich. Help the poor. 부자들을 미워하지 말고 가난한 사람들을 도와줘.

He can afford it. He's loaded. 걔 그거 살 능력 있어. 부자거든.

If I have money, I will give it to the charity. 내게 돈이 있으면 자선단체에 기부할 거야.

There are many affluent families living in this town. 이 동네에는 부자들이 많이 살아.

He's flush with cash. 그는 현금이 많아.

rich는 이 밖에도 '풍부한, 비옥한'이라는 의미로도 많이 쓰입니다.

●●
possession 소유물, 자본 | **charity** 자선단체
rich flavor 풍부한 맛 | **rich color** 풍부한 색감 | **rich soil** 비옥한 토양 | **deep rich voice** 깊고 풍부한 성량

million은 많은 수를 상징합
니다. 과거와 비교해보면 돈
의 가치는 많이 변화했지만,
부자라는 타이틀을 대표하는
단어는 여전히 millionaire입

니다. 가지고 있는 정확한 돈의 액수를 의미한다기보다는 상징적인 의미에서 재력가를
가리키는 단어입니다. 이보다 더 많은 재산을 가진 부자는 billionaire억만장자라고 합니
다. 요즘에는 multimillionaire나 gazillionaire도 종종 사용됩니다.

tycoon (business tycoon) 재계의 거물
one in a million 수백만 중의 하나(아주 진귀한)
millions of people 아주 많은 수의 사람들

poor 가난한

My place is so tiny. I can barely stretch my legs.
내 집은 아주 작아서 다리도 펼 수 없어.

poverty 가난

At least you have a place to stay.
그래도 너는 있을 데라도 있지.

poor는 '가난하다'라는 뜻만이 아니라 가난한 사람 자체를 의미하기도 합니다. 그리고
'질이 떨어지는'이라는 뜻으로도 많이 쓰입니다. 그래서 우리가 자주 사용하는 **high
quality**의 반대말로 **low quality**보다 **poor quality**가 많이 쓰입니다.

I received poor grade. 나는 낮은 점수를 받았어.

● ●
indigent 궁핍한, 가난한 | **impoverished** 빈곤한
South Korea grants amnesty for convicted business tycoon 한국은 기소된 재벌들을 사면하기로 함

property 재산

가난한 이들은 자기 한 몸 편히 뉘일 곳조차 없는 반면, 부유한 이들은 방이 남아도는 집을 수십 채씩 소유하고 있기도 하죠.

real estate 부동산

possession 재산, 소유물

belonging 소유물

Please remove your belongings!

개인 물건은 치워주세요.

> You can't go anywhere.
>
> 아무데도 못 가.

> I'm not your belonging!
>
> 난 네 소유물이 아니야.

possessive
소유욕이 강한

소유욕이 강해 재산뿐 아니라 사람까지도 소유하려는 성향의 사람을 **possessive**하다고 합니다.

Her husband is too possessive. 그녀의 남편은 부인을 꼼짝 못 하게 해요.

He has very possessive parents. 그의 부모님은 그를 다스리려고만 해.

financially secure
재정이 안정적인

> I never worry about paying rent.
>
> 집세 걱정 없어요.

$$\$\$\$$$

trust-fund kid

금융기관에 신탁으로 예치된 재산을 **trust-fund**라고 합니다. 주로 부모들이 자녀가 성인이 된 후에 사용할 수 있도록 은행에 예금해놓은 자금을 말합니다. 이런 든든한 부모 덕에 일을 안 해도 먹고사는 데 지장 없는 젊은 사람들을 **trust-fund kid**라고 합니다.

She has a lot of savings. 걘 모아둔 돈이 많아.

He's a financially secure guy, he would never do such thing. 그는 먹고사는 데 지장 없는데, 그런 일을 할 리가 없어.

●●
savings 저축 | asset 자산 | invest 투자 | interest 이자 | home financing 집안 재정
fiscal 국고의, 회계의 cf. fiscal year 회계년도 | fiscal discipline 긴축 재정

fortune 돈, 행운

부자가 되기 위해서 필요한 건 **fortune**일지도 모르 겠습니다. 세계에서 가장 오래된 경제 전문 잡지의 이름도 〈Fortune〉이랍니다. 1930에 탄생했죠. 중국 음식점에 가면 후식으로 나오는 포춘 쿠키에는 미래를 예언하는 듯한 메시지가 들어 있는데, 대부

fortune cookie
행운의 과자, 포춘 쿠키

분은 좋은 내용들입니다. 하지만 가끔 말도 안 되는 내용이 나오기도 합니다. 제게 가 장 많이 나온 메시지는 Great acts of kindness will befall you in the coming months.였죠. 아마 우리 동네에 같은 내용을 많이 넣어두었나 봐요.

He made a lot of fortune. 그는 돈을 아주 많이 벌었어.

fortune teller 점쟁이

It cost me a fortune. 그거 돈 엄청 들었어.(It cost me an arm and a leg.)

afford는 '~을 할 능력이 있는'이라는 의미입니다. 형용사 **affordable**은 물건이 값이 적당하여 구입할 수 있다는 의미로 자주 쓰입니다.

What do you think?

저 차 어떻게 생각해?

I can't afford it. I'm broke.

나 그거 못 사. 돈이 다 떨어졌어.

affordable
좋은 가격의 , 값싼

well off

잘산다는 의미로 자주 쓰이는 표현 중
의 하나가 **well off**입니다.

**His parents were well off and
supportive.** 그의 부모님은 경제적으로
풍족하고 지원도 잘 해주셨지.

**He used to be penniless and
now he's well off.**
걔 예전엔 땡전 한푼 없었는데 지금은 잘살아.

supportive 정신적, 물질적으로 지지해주는

better off

아무리 잘살아도 걱정은 있게 마련입니다.
이런 경우 비관적인 의미로 '차라리 ~하는 게 더 낫겠다'라는
의미로 쓰이는 것이 **better off**입니다.

You are better off without me. 넌 내가 없는 게 더 나아.
I'm better off dead. 나 같은 놈은 죽는 게 나아.

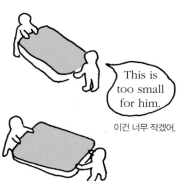

extravagant
사치, 낭비

I'm a big
spender.

**hit the jackpot
overnight success**
대박나다

쇼핑계의 큰손이 나가신다.

live large
풍족하게 돈을 펑펑 쓰며 살다

운이 좋아 하루아침에 큰돈을 벌거나 부자가 되는 것을 **hit the jackpot, win lotto**라고 하고, 그런 사람에게는 **overnight success, overnight millionaire**와 같은 표현을 씁니다. 하지만 이렇게 부자가 된 사람들은 씀씀이가 크다고 하네요. 역시 쉽게 번 돈은 쉽게 쓰게 마련인가 봅니다. **Easy come, easy go.**

overnight millionaire
벼락부자

내돈
내가
쓴다는데

lavish
아끼지 않는

fur coat
모피 코트

Stop animal
cruelty!

동물 학대 중단하라!

●●
big spender 돈을 낭비하는 사람 | **cruelty** 잔인함, 학대, 잔혹한 행위

그렇게 돈을 펑펑 쓰다가 빈털터리가 되어버리기도 합니다.
penniless 정말 땡전 한푼 없는 빈털터리를 의미합니다.
penny는 1cent를 말합니다. 1cent도 없으니 그야말로 빈털
터리죠.

broke
돈이 다 떨어지다

I'm penniless. 나 땡전 한푼도 없어.

I'm broke. 나 돈 다 떨어졌어.

go broke 망하다

He went broke. 그 사람 망했어.

penniless
땡전 한푼 없는

down and out
쪽박차다
(재정적으로뿐만 아니라 정신적으
로도 의지할 곳 없이 절망의 나락
으로 빠져 지치고 힘든 상황)

Hey! That's my house.

이봐! 그건
내 집이라구!

Not any more.

이젠 아니야!

bankrupt
파산하다

돈이 없는 것을 넘어서 사업이 망하거나 대출을 갚지 못해 집이 경매로 넘어가는 경우
도 있습니다. 미국에서도 한때 **sub prime mortgage loan** 때문에 이런 사태가 많이 벌
어졌죠.

I failed to pay off my loan. 나는 대출받은 돈을 갚지 못했어.

He lost his job, his house got robbed, he's completely down and out.
그는 직장에서 짤렸고, 집은 털렸고, 완전 거지 됐어.

You have a huge debt. 너는 빚이 많아.

●●
debt 빚 | **pay off** 갚다 (갚아내다)

돈이 없건 있건 불쌍한 사람이 있습니다. 이렇게 불쌍하다 못해 한심한 사람을 **pathetic**하다고 합니다. '한심한, 너무 한심해서 불쌍한 따름인' 정도의 의미죠. **pathetic**과 발음이 비슷해서 헷갈리는 단어가 있는데 바로 '가설의, 억측의'이란 뜻의 **hypothetic**[하이퍼떼릭]입니다. 처음 들었을 때는 **high pathetic**처럼 들려서 '무지 한심한'이라는 의미로 착각하기도 했습니다. 그럼 **apathetic**은 무슨 뜻일까요? 앞에 반대 의미를 의미하는 a가 붙었으니, '무관심한, 냉담한'이란 뜻입니다. 연민을 자아내는 힘은 **pathos**[페이떠스]라고 합니다.

This is pathetic.

그것 참 못 봐주겠네.

pathetic
[퍼떼릭] 불쌍한

That's pathetic. 그것 참 한심하군.

He's so pathetic. 와 걔 정말 한심해.

His hypothetical confession failed to move the jury. 그의 억지스러운 고백은 판사를 설득하지 못했다.

What a pity!

불쌍해라!

pathetic looking puppy
불쌍해 보이는 강아지

miserable 비참한

돈이 없고 형편이 딱할 뿐아니라 몸과 마음이 비참하고 괴롭고 아픈, 정말 안된 상황을 말합니다.

miserable
비참한

misery 고통

I have a bad cold. I'm so miserable. 감기에 걸렸어. 나 정말 괴로워.

Oh you poor thing. 아 불쌍해라.

What a pity! 정말 안됐다.

miserable로 말하지면 돈이 아무리 많아도 마음이 가난해서 비참한 스쿠루지 영감을 빼놓을 수 없죠.

miser
구두쇠

skinflint
miser
penny pincher
구두쇠

tight-fisted
인색한

stingy
인색한, 짠

He's so cheap. 그는 쪼잔해.

주먹을 꼭 쥐고 돈을 놓지 않는 것을 **tight-fisted**라고 하는 반면, 손을 벌려 가진 것을 나누어주는 것을 **open-handed**라고 합니다. 하지만 검소한 것과 인색한 것은 구분해 야겠지요.

frugal 검소한

스쿠루지 영감과 달리 남에게 인심이 후한 것은 **generous**라고 하고, 돈을 많이 기부 하는 자선가나 독지가는 **philanthropist**라고 합니다.

Bah! Humbug!

찰스 디킨스의 소설 《크리스마스 캐럴》에 나오는 구두쇠 Scrooge 영감은 어려운 사람 좀 도와달라고 부탁을 하자 이런 말을 해대죠. 우리말로 하자면 "말도 안 되는 소리 하고 있네. 사기꾼들 같으니." 혹은 "뭔 수작들이야!" 정도의 의미입니다. 어떤 사람들은 "Who cares!(무슨 상관이야!)"와 같이 말하기도 해요. humbugger는 속임수 쓰는 사람을 말합니다.

●●
petty 인색한, 하찮은 | **miser** 노랭이, 수전노 | **stingy** 인색한 | **cheap** 쪼잔한, 짠돌이
generous 관대한

··Want Success?

consistent
꾸준한

rain or shine
언제나, 항상

Be consistent! 꾸준히 해!

Consistency is the key to success. 꾸준함은 성공의 열쇠다.

She exercises everyday, rain or shine.
그녀는 비가 오나 눈이 오나 운동을 빼먹는 법이 없지.

persistent
끈질긴

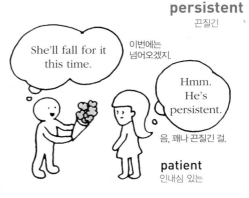

She'll fall for it this time.

이번에는 넘어오겠지.

Hmm. He's persistent.

음, 꽤나 끈질긴 걸.

patient
인내심 있는

남을 돕는 독지가나 자선사업가들을 보면 자수성가한 사람들이 많습니다. 그런 사람들의 성공 요인 중 가장 중요한 부분인 consistency꾸준함를 보기로 해요. 사실 학교에 다닐 때 가장 좋은 상은 우등상이 아니라 개근상이라고 합니다. 학생들의 성적을 평가할 때에도 가장 중요한 것이 출석이듯, 매일매일 꾸준히 하는 사람에게는 당해낼 재간이 없는 법이지요.

He's persistent. 걘 정말 집요해.

이런 사람들은 다음 같은 성향을 갖는 경우가 많지요.

tolerant 참을성이 많은, 아량이 넓은

enthusiastic 열정적인

consistent 지속적인, 한결같은
inconsistent 지속적이지 않은
intolerant 참을성이 없는
impatient 인내심이 없는
passionate 열정적인

Personality | 35

hell or high water
무슨 일이 있어도

이런 한결같은 마음 깊은 곳에는 어떤 고난이나 역경도 이겨내고 무슨 일이 있어도 반드시 해내겠다는 **strong will, hard will**굳은 의지도 반드시 필요합니다. 그런 의지를 나타내는 표현이 **hell or high water**입니다.

I'm gonna do this, hell or high water. 무슨 일이 있어도 꼭 하고 말 거야.
We'll take you home whatever may come. 무슨 일이 있어도 집에 데려다줄게.

무슨 일이 있어도 항상 변함 없이 내 곁에 있어주는 사람이 있다면 그 존재만으로도 큰 위안이 되죠. 가족이나 best friend 등에게 쓸 수 있는 말이 바로 **always being there**입니다.

Best Friends Forever

I'll always be there for you. 항상 곁에 있을게요.
I've been there. 나도 그랬었어. (내가 그래서 잘 알고 이해하지.)
Thank you for being there for me through thick and thin. 무슨 일이 있어도 내 곁을 지켜줘서 고마워.

We went through our ups and downs together and our relationship got rock solid.
우리는 좋을 때나 나쁠 때나 같이 헤쳐나갔고 우리 관계는 튼튼해졌지.

I'll be there for you no matter what happens.
무슨 일이 있어도 항상 네 옆에 있을게.

참고로, **whatsoever**는 문장 끝에 덧붙여서 '절대로, 전혀'의 의미로 쓰입니다

He doesn't get any respect whatsoever. 아무도 그를 존경하지 않지. 전혀~
I'm definitely not going there whatsoever. 난 진짜 거기 안 가, 절대로.

●●
ups and downs 좋을 때나 나쁠 때나, 항상, 언제나 | **thick and thin** 무슨 일이 있어도, 항상
whatever may come 무슨 일이 있어도 | **whatsoever** 전혀, 절대로 (강조하는 말로 덧붙여서 사용함)

quitter
중간에 포기하는 사람

I'll finish this race!
끝까지 달릴 거야!

I'm getting tired.
난 지쳤어.

Come on! We're almost there.
기운 내! 거의 다 왔어.

I give up.
포기할래.

shiftless
변변치 못한, 주변머리 없는

그렇다면 꾸준히 노력하는 사람들과는 다르게 작은 시련에도 쉽게 포기하는 사람은 뭐라고 할까요? 바로 **quitter**라고 합니다. **I quit.**나 그만 둘래.라는 말을 입에 달고 사는 사람들을 이렇게 부릅니다. **Don't be a quitter.**포기하지 마.라는 표현은 **Don't give up.**보다 약간 강한 의미로, 구어체적인 표현입니다.

quitter보다 조금 더 심각한 상태의 사람들, 다시 말해 중도에 포기하고, 벌이는 일마다 실패투성이이며, 하는 일마다 망쳐놓는 '패배자'를 의미하는 단어가 바로 **loser**입니다. 물론 원래는 **winner**의 반대말로 '실패자, 탈락자'라는 뜻이지만 구어체에선 '멍청이, 얼간이, 나쁜 놈, 덜 떨어진 놈, 인생의 패배자, 아무짝에도 쓸모없는 놈' 등의 의미로 상대를 비하하는 말입니다. 여자보다는 남자에게 많이 쓰이는 말이에요. 모욕적인 표현이므로 상대방을 욕하고 상처 입힐 마음이 없다면 사용하지 않는 것이 좋겠죠?

실패와 좌절을 맛보았어도 그것을 극복해내고 계속 목표를 향해 나아가면 더 큰 성공이 기다리고 있겠죠? 그렇게 목표를 향해 나아가는 성향이 **goal-oriented**입니다.

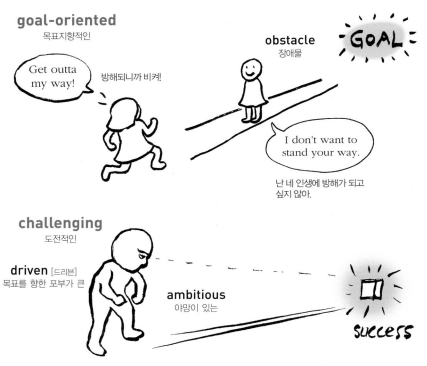

goal-oriented
목표지향적인

Get outta my way!
방해되니까 비켜!

obstacle
장애물

GOAL

I don't want to stand your way.
난 네 인생에 방해가 되고 싶지 않아.

challenging
도전적인

driven [드리븐]
목표를 향한 포부가 큰

ambitious
야망이 있는

SUCCESS

가슴속에 야망이 가득하고 포부가 큰 사람을 **ambitious**하다고 합니다. 이런 사람들은 어떤 도전 앞에서도 망설임 없이 목표를 향해 매진하는 것이 특징이죠. **challenging, goal-oriented**가 바로 이런 사람들의 성격을 나타냅니다.

She's challenging. 그 앤 아주 도전적이에요.
She's driven. 그녀는 목표를 향해 열심이에요.
She's goal-oriented. 그녀는 목표를 향해 항상 열심이죠.
He's ambitious. 그는 야망에 차 있죠.

단어 철자 맞추기 대회

My little brother won the National Spelling Bee!
내 동생이 전국 스펠링 맞히기 대회에서 우승했어.

competitor
[컴페디더] 경쟁자

fierce
눈에 불꽃이 튀는

competitive
승부욕 있는

일단 경쟁에 임해서는 이기기 위해 최선을 다하는, 한마디로 승부욕이 강한 사람을 **competitive**하다고 합니다. 이렇게 경쟁심을 가지고 열심히 노력해서 자기 능력의 200%를 발휘하는 사람을 **over achiever**라고 합니다. 반면 가지고 있는 능력에 비해 결과물이 수준 이하인 사람들은 **under achiever**라고 합니다.

오늘밤 안에 이 책을 다 읽을 거야.

over achiever

I will finish
all these books
by tonight.

난 머리는 좋은데 노력을 안 해서.

자랑이다.

under achiever

●●
Spelling Bee (contest) 단어 스펠링 맞히기 대회

경쟁 중에서도 능력이 비슷한 사람들끼리
막상막하의 경쟁을 벌이는 경우가 있어요.
그런 경우에는 **neck and neck**이란 표현
을 씁니다.

neck and neck
막상막하인

**They were neck and neck in the last
competition.** 그들은 지난 대회에서 막상막하였어.

그런가 하면 타의 추종을 불허하는 탁월한 능력자가 나타나 모든 이를 쉽게 제쳐버리
기도 합니다.

She's a competent bowler. 걘 볼링을 진짜 잘 쳐.
He's a very competent lawyer in the district. 그는 이 구역에서 아주 유능한 변호사지.
He's a legendary rock guitarist. 그는 전설적인 록 기타리스트야.

competent
아주 잘하는, 유능한

incompetent
실력이 별로 없는

be the living end
최고의 자리에 있다

●●
living legend 살아있는 전설 | **legendary** 전설적인

발레리나 강수지의 발을 보면 세계 최고의 자리는 적당한 노력으로 얻어지는 것이 아니라는 걸 느낄 수 있습니다. 당장 눈앞에 보이지는 않더라도 노력의 결과는 언젠가 결실로 돌아오게 마련이지요. 그렇게 열심히 하는 것을 **hardworking**이라고 합니다.

studious
열심히 공부하는

hardworking
열심히 하는

book worm
책벌레

hardworking student

hardworking employee

열심히 공부하는 학생이라면 hardworking student, 부지런히 일하는 사원이면 hardworking employee라고 합니다. 특히 언제나 책을 놓지 않고 공부하는 사람을 우리말로 책벌레라고 하듯이 영어에서도 **book worm**이라고 부릅니다.

good work ethic

attentive
경청하는

일하는 자세(마음가짐, 행동)가 훌륭한 사람이라면 She(He) has a good work ethic.하고 칭찬을 해줄 수 있어요. **work ethic**은 직업뿐이 아니라 모든 일에 임하는 자세를 가리킵니다.

●●
industrious 부지런한 | **diligent** 부지런한 | **concentrating** 집중하는 | **forgetful** 건망증이 심한
work ethic 우리말로 '직업 윤리 의식' 이라는 말이 있는데, 약간 뉘앙스가 다르지만 비슷한 의미입니다.

성공하는 사람들의 일반적인 자세는 시간도 잘 지키고 자기 관리도 철저한 것이죠.

punctual
시간을 잘 지키는

self-disciplined
자신을 잘 통제하고 계획을 잘 실천하는

성공을 위한 좋은 성향을 골고루 갖춘 것을 **together**를 써서 표현하기도 합니다.

together

She's organized. 그 애는 정리정돈을 잘해.

She's hard working. 그 애는 일을 열심히 하지.

work

home

She's positive. 그녀는 긍정적이야.

She's industrious. 그 애는 부지런해.

She has a good work ethics. 일하는 자세가 되어 있어.

She's levelheaded. 그 애는 빈틈이 없어.

She's punctual. 그 애는 약속을 칼같이 지키지.

She's responsible. 책임감도 강해.

She's self-confident. 그 애는 자신감이 있어.

She's very together. 그녀는 정말 똑 소리나게 살고 있어.

I need to get my act together. 나 이제 정신 좀 차리고 인간답게 살아야지.

●●
disciplined 절제를 잘 하는 | **innovator** 혁신가 | **early adopter** 혁신적인 제품을 빨리 구입해서 실험해보는 사람

organized '정리 정돈이나 분류를 잘하는'이라는 의미입니다. 하지만 깨끗하게 정리정돈을 하는 것뿐만 아니라 삶 자체를 잘 정리해서 문제 없이 돌아가게 하는 사람에게도 이런 표현을 사용합니다. 반대로 정리를 잘 못하고 일처리도 뒤죽박죽인 사람들은 **unorganized**라고 합니다.

unorganized
정리를 잘하지 못하는

I can't find my favorite shirt.
내가 제일 좋아하는 셔츠를 못 찾겠어.

tidy up
깔끔하게 정리하다

We're late.
늦었어.

mess
지저분함

messy
지저분한

What a mess! 이게 웬 엉망이람!(일에서도 쓰임)

하는 일 없이 빈둥대거나 뒹굴거리는 사람에게는 **lounging**이나 **goof around**라는 표현을 사용합니다. **goof**를 형용사로 바꾸어 **goofy**라고 하면 '어벙한'이라는 의미입니다.

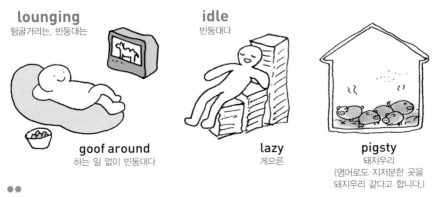

lounging
뒹굴거리는, 빈둥대는

idle
빈둥대다

goof around
하는 일 없이 빈둥대다

lazy
게으른

pigsty
돼지우리
(영어로도 지저분한 곳을 돼지우리 같다고 합니다.)

tidy 깨끗한 | **untidy** 지저분한 | **disorganize** 정리된 것을 헝클어놓다

그렇다면 할 일을 자꾸 미루는 사람은 뭐라고 할까요?

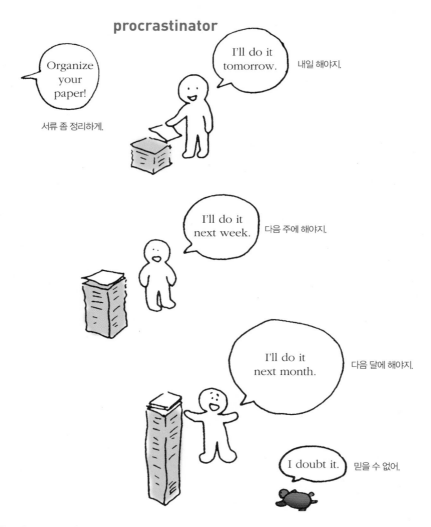

I've been procrastinating. 나는 일을 계속 미루고 있어.

●●

procrastinate [프라크라써네이트] 할 일을 자꾸 미루다 | postpone 연기하다 | call off 취소하다

work 제가 좋아하는 단어 중 하나입니다. 일하기를 좋아해서가 아니라 그 단어가 주는 긍정적인 힘 때문입니다. 직장에서의 일도, 공부도, 작업도, 뭔가 하고 있는 것은 모두 **work**를 사용하여 표현할 수 있습니다. 뿐만 아니라 어떤 것이든 잘 되어가는 일에도 **work**가 자주 사용됩니다. 그럼 여기에서는 **work**와 관련된 표현들을 알아볼까요?

What are you doing? 뭐 해?
I'm working on my painting. 그림 그려.
I'm working on my paper. 문서 작성 중이야.
I'm working on my song. 작곡 중이야.
I'm working on my project. 프로젝트를 진행 중이야.
I'm working on writing. 글을 쓰는 중이야.
I'm working on something. 나 뭐 하는 중이야.

일이 잘 진행되거나 기계가 잘 작동한다고
말할 때도 **work**를 쓰지요.

You look relieved. How did it go?
한숨 좀 돌렸나보네. 어떻게 됐어?

Everything worked out just fine.
모든 게 다 잘 되었어!

It's working!
어 된다!

working
작동하는

It stopped working.
에이, 안 되잖아.

It works like a charm!
잘 움직이네.

works like a charm
(마치 마술처럼) 잘 되다

일을 하는 데에도 여러 종류가 있습니다. 전문적인 직업을 가지고 일을 하는 경우와 재미삼아 슬슬 일을 하는 경우지요. 전자를 **professional**, 후자를 **amateur**라고 합니다. 아마추어의 발음은 [애머쳐]입니다.

He's a professional athlete. 그는 프로 운동선수야.
He's a pro. 그는 프로야.(어떤 일을 정말 잘한다는 의미로 은유적으로 쓰이기도 합니다.)

전문가 중에 정식 교육을 받지 않고도 성공한 사람들도 있습니다.

professional
전문적인

amateur
아마추어
[애머쳐]

self taught 독학으로
visionary artist 미술 교육을 받지 않은 화가 (folk artist)

He's a self taught pianist. 그는 독학으로 피아니스트가 되었어요.

직장 상사는 **boss**, 직원은 **staff**라고 합니다. 직장 상사처럼 이것저것 시키면서 사람을 부려먹거나 귀찮게 구는 것을 **bossy**라고 합니다.

She always bosses me around.
쟤는 만날 내가 자기 부하인 줄 알아.

boss around 부려먹다, 시켜먹다, 두목노릇하다
I had to work overtime. 시간 외 근무를 해야겠어.
It was a high-paying job though. 그래도 월급은 많았지.

bossy
두목 행세를 하는

●●
profession 직업 | **hobby** 취미
pros and cons 찬성과 빈대라는 의미이지만 상품 리뷰에서는 장점과 단점이라는 뜻으로 많이 쓰입니다.

사무실에서의 직함과 관련된 표현을 알아볼까요? 미국 회사에서 사용하는 직함은 우리 나라 회사와는 많이 다르지만 비슷하게 맞추어 보았습니다. .

executive 기업의 임원, 사장
Chief Executive Officer (CEO) 최고 경영자, 회장 등

CEO라는 말은 너무 많이 들어서 모르는 사람이 없을 정도지만 He's the CEO of the company.를 He's the chief executive of the company.라고도 많이 씁니다. 사장은 **owner**라고 합니다. 그 외에도 **head**나 **chief**를 붙여 부서에서 가장 높은 사람을 표현 하기도 합니다.

manager 지배인, 감독, 과장
director 영화 등의 감독   **manager** 야구, 축구 등의 스포츠 감독
supervisor 감독관   **superintendent** 감독관, 지휘관, 장학사
deputy 대리, 차장, 팀장, 부장 등   **deputy director** 부의장, 사무관

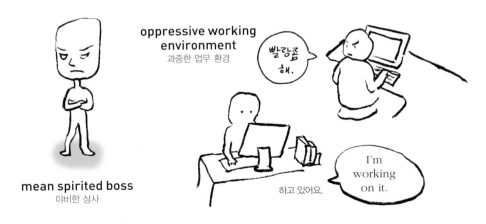

oppressive working environment
과중한 업무 환경

빨랑좀 해.

I'm working on it.

mean spirited boss
야비한 상사

하고 있어요.

●●
director 감독, 국장, 부장 | **board of directors** 이사회 | **committee** 의원회 | **trustee** (재단 등의) 이사

climb the corporate ladder 출세하다, 성공하다
ascend the social ladder 출세길에 오르다

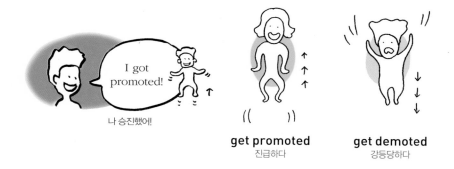

I got promoted!

나 승진했어!

get promoted
진급하다

get demoted
강등당하다

ask for a raise 월급 인상을 요구하다(= a pay raise)

glass ceiling
여자에게만 있는 승진의 벽
(성별이나 인종 등의 이유 때문에 충분한 능력에도
불구하고 승진하지 못하는, 보이지 않는 벽)

I deserve higher paychecks.
I'm gonna ask for a raise.

난 월급 많이 받을 자격 있어.
월급 좀 올려달라고 할 거야.

●●
employee 직원 | **employer** 고용자 | **employment** 고용

layoff
정리해고

get fired
해고 당하다

get laid off 정리해고 당하다.

fire 해고하다

get fired 해고 당하다

hire 채용하다

get hired 직장을 구하다(= got a job)

I got fired from my job and got kicked out of my house.
직장에서 짤리고 집에서도 쫓겨났어.

I got laid off. 나 회사에서 짤렸어.

That's too bad.

Why don't you file for unemployment?

정말 안됐다.

실직수당을 신청하지 그래?

••
unemployment 실직 | **file for unemployment** 실직수당을 신청하다

Aren't you supposed to be at work by now?
너 지금 회사에 있을 시간 아냐?

I called in sick. 아파서 못 간다고 했어.

How many sick days do you have a year?
일 년에 몇일 병가 낼 수 있어?

> I have a
> bad cold.

감기에 심하게 걸렸어요.

call in sick
아파서 (직장에) 못 나간다고
전화하다

savvy[싸비] 어떤 일에 아주 능숙한 사람, 달인

savvy

computer savvy 컴퓨터 도사

political savvy 정치계를 꿰뚫어보는 사람

technical savvy 최신 기술에 통달한 사람

financial savvy 재테크의 달인

internet savvy 인터넷 도사

business savvy 경영의 수재

●●
sick day 병가 | **paid vacation** 유급휴가

·· Confident

자신감 넘치는

I CAN

confident
자신 있는

self-reliant
자신 있는

confident 자신감이 넘치는

성공하는 사람들의 공통적인 특징이 바로 이것입니다. 자신감이 없어도 자신감이 있다고 자신을 속이면 정말 자신감이 생긴다고 하네요. 일종의 **self fulfilling prophecy** 자기 최면입니다.

You can choose only one.

하나만 고르세요.

Yes, I do have a lot of confidence. 자신감이 넘쳐요.
I have low self-esteem. 나는 자신감이 부족해요.

자신감 넘치는 사람들의 특징 중 하나가 단호하다는 것이에요. 결정을 내릴 때에 미지근한 태도를 보이지 않고, 자신의 결정에 후회도 잘 안하지요.

I know what I want.
난 뭘 고를지 알지.

I can't decide.
못 고르겠어.

I want them all.
전부 가질 테야.

determined
단호한, 결정을 잘 내리는

indecisive
결단력 없는
결정을 잘 내리지 못하는

greedy
욕심 많은

Eeny meeny miny mo, catch a tiger by the toe,
if he hollers let him go, eeny meeny miny mo.
어느 것을 할까요 알아맞춰봅시다! 봅시다!(무엇인가를 선택하는 상황에서 부르는 노래)

gut은 배 속의 내장을 뜻하죠. 장에 좋다는 '구트gut'라는 요구르트가 생각나네요. gut는 [겉]이라고 발음합니다. 동사로 '(생선 등의) 내장을 제거하다'는 의미도 있습니다.

blind gut 맹장
Remove the guts from the fish. 생선 내장을 발라내라.
How to gut a fish? 생선 내장을 어떻게 발라내지?

have guts
배짱이 두둑하다

have guts 배짱이 두둑하다

장이 튼튼하게 버티면 아주 용감해지는 모양입니다. guts처럼 복수로 쓰면 배짱이 두둑하다는 뜻이에요. 우리 말의 배짱도 '배+장'에서 유래한 것은 아닐까 (그 배랑 장인 것 같은데… 아닐까요?) 나름 추리를 하며 사람 심리가 참 비슷하다는 생각이 들었습니다. gut가 단수로 쓰이면 '똥배'라는 뜻으로 자주 쓰입니다. 또 '직감'이라는 의미도 있습니다.

Trust your gut. 네 직감을 믿어.(= Trust your instinct.)
She has the guts. 그녀는 참 용감해.
I have to lose my gut. 나 똥배 좀 빼야 돼.

I need to lose my gut.

똥배 좀 빼야지.

big gut

have a nerve 뻔뻔하다

have guts가 용감하고 배짱 있는 것이라면 뻔뻔한 것은 **have a nerve**라고 합니다.

You have a nerve to show up here.

have a nerve
뻔뻔하다

깨갱…

여기 나타나다니 얼굴도 두껍군.

●●
gut 내장, 직감, 똥배: 내장을 발라내다
have guts 배짱이 두둑하다, 용감하다
have a nerve 뻔뻔하다
impudent 뻔뻔한
shameless 수치심 없는

자신감은 꼭 필요하지만 조금 다른 방향으로 흐르다보면 거만함으로 빠질 수도 있습니다. 하지만 거만함이나 잘난 척은 정신적으로 자신감이 없어서 생기기도 한다네요.

confident
자신감 넘치는
➡
brave
용감한
➡
proud
자랑스러워하는
➡
boast
허풍을 떠는

snoot
자만하는
➡
impudent
건방을 떠는
➡
brag
잘난 척하다
➡
arrogant
거만한

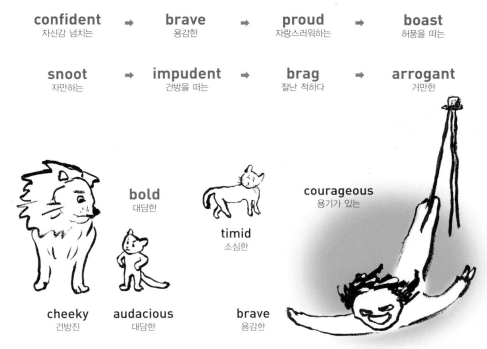

bold
대담한

timid
소심한

courageous
용기가 있는

cheeky
건방진

audacious
대담한

brave
용감한

daredevil
저돌적으로 무모하게 덤비는 사람

How dare you! 네가 감히 어떻게 나한테 그럴 수 있어!

Have some respect. 좀 겸손해봐.

She has some attitude. 걘 그리 고분고분하진 않아.

daredevil 저돌적으로 무모하게 덤비는 사람

Thank you for encouraging me. 격려해줘서 고마워.

●●
dare 용기; 감히 ~하다 | **cheeky** 건방진 | **impertinent** 주제넘은
rude 건방진 | **attitude** 태도(문맥에 따라 '성깔'이라는 의미로도 쓰임)
courage 용기 | **encouraging** 용기를 북돋워주는

daring
용기 있는, 대담한

lack of self esteem 자신감 결여(= low of self esteem)

그럼 이제 자신감이 없는 사람들에 대해 살펴볼까요?.

I'm not sure about myself.

He's not sure about himself. 그는 자신에 대해 확신이 없어요.

not sure about oneself

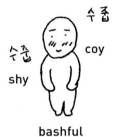

수줍
coy
수줍
shy
bashful

shy 수줍음이 많은

수줍어서 귀엽다기보다는 자신감 없어 보이는 사람을 말할 때가 많습니다. 어른들 앞에서 공손해야 한다는 생각에 너무 얌전히 있으면 자신감이 없다고 오해를 살 수도 있습니다. 나이 많은 분들과도 친구가 될 수 있다는 것을 염두에 두고, **polite**와 **shy**, **confident**와 **boast**의 경계를 잘 지킨다면 인간관계가 풍성해집니다.

secure '안전한, 든든한, 확실히 보장된' 등의 뜻이며 **security**경비라는 말도 여기서 나왔습니다. 경비요원은 **security guard**, 보증금은 **security deposit**이라고 하는데 그냥 **deposit**이라 줄여서 부르기도 합니다. 또 안전하게 지킨다고 해서 여성용품의 이름을 **security**라고 지은 회사도 있습니다.

security blanket

Get out! I'm calling a security. 나가! 경비원 부를 거야!

security blanket은 꼭 갖고 다녀야만 안심이 되는 물건을 의미합니다. 주로 어린이들에게서 많이 나타나는 경향입니다. 대표적인 케이스가 스누피에 나오는 라이너스죠. 꼭 담요가 아니라도 그런 물건을 빗대어 그렇게 부르기도 합니다.

lucky charm 행운의 마스코트나 부적 같은 것을 말합니다. 주로 목걸이나 몸에 지니는 그런 것들이 많죠.

This necklace gives me a strength.

이 목걸이는 나에게 힘을 줘.

insecure secure가 충만하면 불안할 게 없지만 그렇지 않으면 왠지 불안하고 확신이 안 서며 누군가 나를 공격할 것 같죠. 불안하다보면 남을 못 믿게 되고, 자신에 대한 확신도 없어집니다. 그런 감정이 바로 **insecurity**입니다. 일상적으로 자주 사용되는 표현이니 알아두세요.

I feel so insecure being here.
나 여기 있는 게 자신이 없어. 불안해.

Insecure wives drove their husbands crazy. (남편이 예쁜 여자들과 바람이 나지 않을까) 불안해하는 아내들은 남편을 미치게 만든다.

self-conscious

내가 남에게 어떻게 비추어질까 너무 의식하는 것을 말합니다. 이런 사람들도 의외로 많은데, 이런 사람과 같이 있다보면 좀 짜증이 나기도 합니다.
-conscious라고 하면 '~에 무척 신경을 쓰는'이라는 의미가 됩니다.

health conscious 건강에 무척 신경 쓰는
weight conscious 몸무게에 무척 신경 쓰는
guilty conscious 죄책감이 드는

●●
subconscious 잠재의식
unconscious 의식 불명인

self-conscious
다른 사람들의 시선을 의식하는

Do these pants make my butt look big?
이 바지 입으니까 엉덩이 뚱뚱해 보이지 않아?

No.
아니.

아니야.

Are they looking at my butt?
저 사람들이 내 엉덩이 보는 것 같아.

No, they are not.

사람들 좀 의식하지 마. 짜증난다.

Are they laughing at my butt?
저 사람들이 내 엉덩이 보고 웃는 것 같아.

Will you just stop being self conscious? You're driving me crazy.

말, 말, 말

big mouth '비밀이란 내 사전에 없다'고 할 정도로 입이 싼 사람을 말합니다. 입이 큰 사람들이 말을 많이 하다가 비밀이 새어나가 그런 의미가 생겼는지는 모르지만 비밀을 여기저기에 말하고 다니는 사람을 이렇게 표현합니다. 참고로 **largemouth**는 입이 큰 물고기의 한 종류입니다.

I'm such a big mouth.

내 입은 왜 이리 쌀까.

임금님 귀는 당나귀귀!

big mouth

Me and my big mouth! 이 방정맞은 주둥아리.(실수로 비밀을 말해버린 후 자책할 때)

gossip [가씹] 시시껄렁한 남의 뒷얘기나 사생활 얘기를 하는 것

spread the gossip 소소한 일들을 다 이야기하고 다니다

He's a gossip. 걔는 쓸데없는 남의 얘길 잘 하고 다녀.

Rumor has it that she's carrying a baby. 소문에 걔가 임신했다던데.

loud mouth
수다스럽고
소문을 잘 퍼뜨리는 사람

My ears are burning.
(누가 내 얘기 하나) 귀가 간지럽군.

talk behind someone's back
뒤에서 호박씨를 까다

I can't believe she was talking behind my back. 걔가 뒤에서 내 험담을 하다니 믿을 수 없어.

●●
Rumor has it that~ 소문에 의하면… | **small talk** 사소한 이야기 | **tittle tattle** 가십 | **rumor** 소문

chatter box
수다쟁이

babble
쫑알쫑알

blab
계속 지껄이다

motor mouth
빠른 속도로 쓸데없이 계속 떠드는 사람

chatter
재잘재잘

I'm sorry for blabbing. 주절주절 말이 많았네요. 죄송해요.
She's very talkative. 그녀는 말이 좀 많아.(얘기하는 걸 좋아해.)
I can't stand your motor-mouth. 네가 계속 지껄이는 걸 참을 수 없어.
Blah blah blah 어쩌구 저쩌구 (중요하지 않은 대화를 대충 생략해서 표현하는 말)

mumble
중얼거리다

mutter
murmur
중얼거리다

stutter
말을 더듬다

미국에서는 말을 더듬는 것도 장애로 인정한다고 합니다. 심각하지는 않더라도 말을 더듬는 것을 **stutter** 라고 합니다. **mumble**는 혼잣말을 하듯이 중얼거리는 것을 말하며, **mutter, murmur**도 유사한 의미입니다.

●●
talkative 수다스러운

Speak of the devil! 호랑이도 제 말하면 온다더니!

우리 말에서는 호랑이라 하고, 영어에서는 악마라고 하는 게 흥미롭네요.

Oh, hi!

양반은
못되는군.

Talking about
me?

내 얘기 한 거야?

Speak of the devil!
호랑이도 제 말하면 온다더니!

sound like a broken record 같은 말을 계속 반복하다 한 얘기를 하고 또 하고 다시 하는 것을 우리 말에서도 고장난 레코드 같다고 하죠? 영어에서도 이 표현 그대로 **sound like a broken record**라고 합니다. 개인적으로 마음에 드는 표현이에요.

I know I sound
like a broken record,
but can you
forgive me?

한 얘기 계속하고
있다는 거 아는데,
용서해줄래?

컴 토제 더~더 더더
더더

I hate to sound like a broken record. 난 한 얘기를 자꾸 하는 거 싫어하는데…(이런 식으로 똑같은 얘기를 다시 시작하는 경우가 많죠.)

reticent [리티슨트] 과묵한, 말을 삼가는

close-mouthed 입이 무거운, 말조심 하는

He's tight-lipped. He won't say it.
걔는 입이 무거워서 불지 않을 거야.

taciturn 말수가 적은, 과묵한

Okay, my lips are sealed. 알았어. 비밀 꼭 지킬게.

tight-lipped
입을 잘 열지 않는, 비밀을 지키는

taciturn
말수가 적은, 과묵한

lips are sealed
비밀을 지키다, 입을 굳게 다물다

confidential
기밀의 [컨피덴셜]

confidential기밀의 문서 등이 기밀에 속할 때 주로 사용합니다. **confidential**과 발음이 유사한 단어로 **controversial**[컨트로버셜]이 있습니다. '논란의 여지가 있는'이라는 뜻으로, 토론이나 뉴스에 많이 나오는 단어 중 하나이며 일상생활에서도 많이 씁니다.

Stealth aircraft스텔스기라고 들어보셨죠? 나방과 가오리를 합성한 로보트 같이 생긴, 레이더에 포착되지 않는 납작한 전투기입니다.

quite는 '과묵한, 말이 별로 없는'이라는 의미로 쓰이기도 합니다.

He's a quiet student. 그는 조용한 학생이야.

quite about ~에 대해 말을 삼가는, 비밀로 하는

hush hush about 쉬쉬 하는

secretive
비밀스런, 말이 없는, 숨기는

stealthy
비밀스런, 조심스럽고 남의 눈에 안 띄게

discreet
입조심 하는,
비밀을 잘 지키는,
조심스러운

바로 맨 뒤에 escort service 광고란입니다. 속옷만 입었거나 실오라기 하나 걸치지 않고 중요 부분만 별표로 가려져 있는 여자들의 사진 때문에 잘못 펼쳤다가는 민망한 페이지죠. 그 페이지에 떡하니 써 있는 단어가 바로 discreet입니다. 가끔은 유명인사들이 불륜 스캔들로 인해 망신을 사는 경우가 있는데, 바로 discreet해야 하는 규칙을 무시한 escort녀(매춘부)에 의해 폭로되는 경우기 있기 때문이에요.

원래의 escort service는 무사하게 호위한다는 뜻인데, **prostitute**(매춘부)를 완곡하게 부르는 말로 escort를 쓰기도 합니다.

제가 볼티모어에서 다녔던 학교에선 차가 없는 학생들을 위한 escort service van (에스코트 서비스 밴)이라는 것이 있었습니다. 볼티모어는 미국에서 가장 위험한 도시로 뽑힌 곳인데, 저도 텔레비전을 보다가 총소리를 듣거나 헬리콥터로 도주하는 범인들의 차량을 쫓는, 영화 같은 장면을 목격한 적도 있습니다. 학교 주위는 특히 위험했는데, 저는 밤 12시가 넘도록 과제를 하다가도 escort service van을 타고 무사히 귀가하곤 했습니다. 전화를 걸어 현재 위치와 목적지를 얘기하면 5분 정도 후에 건물 입구에 봉고차가 대기하고 있었답니다. 집 앞까지 안전하게 escort해주고 열쇠로 문을 열고 건물 안으로 들어가는 것까지 확인한 후에 차는 떠납니다. 사실 그 밴은 주말에 시장이나 극장, 미술관에 갈 때에도 편하게 이용했던 기억이 납니다.

THANX!

MICA

escort
호위하다, 호송하다

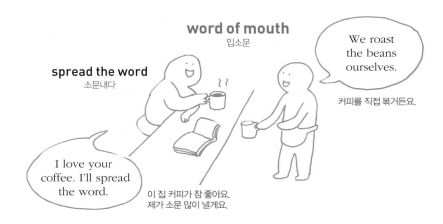

word of mouth
입소문

spread the word
소문내다

We roast
the beans
ourselves.

커피를 직접 볶거든요.

I love your
coffee. I'll spread
the word.

이 집 커피가 참 좋아요.
제가 소문 많이 낼게요.

His new coffee place drew lots of costumers by the word of mouth.
그의 새 커피숍은 입소문으로 손님들을 끌었다.

spread the word 주로 '선전하다, 알리다'라는 뜻으로 많이 쓰입니다.
word는 말과 관련해서 다양한 표현을 만들 수 있습니다.

Word up! 맞아!(=Yeah!)
Can I have a word with you? 잠깐 얘기 좀 할까요?
I don't want to have a word with you. 너랑 말 섞기 싫거든.
Please give me a word. 나랑 한 가지 약속해주세요.

articulate 명확한, 똑바로 말하는

give speech
말하다, 연설하다

eloquent
능변의

well spoken
세련되고 점잖게 말하는

silver tongued 청산유수 같이 말을 잘하는
smooth tongued 말재주가 좋은

low voice는 낮은 목소리가 아닌 볼륨이 낮은 **undertone** 즉, 소리가 작은 목소리를 말합니다.

deep voice는 낮은 저음의 목소리를, **little(tiny) voice**는 아기나 여자 어린이의 목소리처럼 앵앵거리는 목소리를 말합니다.

She was talking in a low voice.
그녀는 너무 작은 목소리로 말하고 있었죠.

Can you speak up? I can't hear you.

좀 크게 말할래? 안 들려.

speak up
크게 말하다

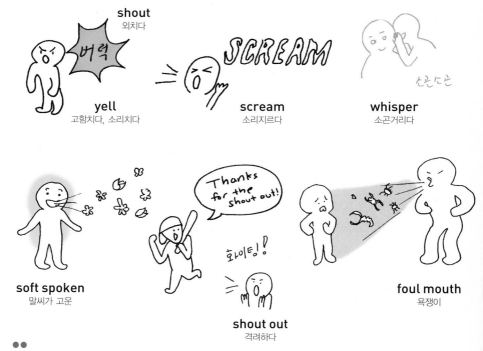

shout
외치다

버럭

yell
고함치다, 소리치다

SCREAM

scream
소리지르다

소곤소곤

whisper
소곤거리다

soft spoken
말씨가 고운

Thanks for the shout out!

화이팅!

shout out
격려하다

foul mouth
욕쟁이

●●
shout out 누군가를 격려하는 한마디의 말; 격려하다

straightforward
아주 솔직한, 툭 까놓고 얘기하는

What do you think of my new dress?

내 새 옷 어때?

To be honest,

솔직히 말하면…

it's tacky.

촌스러워.

outspoken
노골적인

straightforward는 솔직하고 직설적인, 말을 돌려 말하지 않는 것을 말합니다. 정직하게 자신의 생각을 말하는 것이라 긍정적으로 여겨지는 어감의 단어입니다. 비슷한 의미의 outspoken은 솔직하게 하고 싶은 말을 툭 까놓고 얘기하는 것을 말하는데, 남을 신경쓰지 않고 자기의 주장만 강하게 내놓는다는 느낌의 표현이라 경우에 따라서는 좋지 않게 들릴 수도 있습니다.

speak out 자신의 의견을 거리낌 없이 표출하다
Parental Advisory: Explicit Lyrics
부모님의 자문 요함: 선정적 가사

PARENTAL ADVISORY EXPLICIT LYRICS

부모님께 허락 받고 들으세요 선정적 가사

선정적 가사
부모님의 자문 요함

explicit
노골적인

CD나 음반에 많이 붙어있는 스티커죠.
주로 가사가 너무 선정적이고 폭력적이거나 지나치게 노골적인 가사가 실려 있는 음반에 붙어 있습니다. 그런데 이 스티커를 붙이기로 결정하는 것이 바로 음반회사라서 큰 영향력은 없답니다.

nag 잔소리하다

사랑이 담긴 어머니들의 잔소리라기
보다는 나무라는 듯한 말투의 잔소리
를 말합니다. 바가지를 긁는다는 의
미와 더 가깝습니다.

Stop nagging me!
잔소리는 이제 그만!

Do you know what time it is?

지금이 몇 시인 줄 알아?

Stop harping on me!

그만~

rag on
바가지를 긁다

harp
잔소리하다

잠을 설쳤단 말야.

I didn't get enough sleep.

야! 너
그것 밖에 못해!

pester 성화, 등쌀

rag on 잔소리를 하다

Quit harping on me! 잔소리 좀 그만해!

He bawled me out. 그가 나에게 호통을 쳤다.

Please, don't take it out on me.

나한테 화풀이하지 마세요

bawl out
큰소리로 야단치다

bawl one's head off
bawl one's eyes out
엉엉 울다

I began to bawl my head off! 난 엉엉 울기 시작했다.

What's that?은 I beg your pardon? Pardon me? Excuse me? (Will you) Say that again please?와 같이 상대방의 말을 잘 알아듣지 못했을 때 쓰는 표현으로, 아주 공손한 표현은 아니지만 젊은이들 사이에서 가볍게 자주 사용합니다. 그냥 What?이라고도 하는데 이렇게 말하면 '뭐라구? 너 지금 뭐라구 했어?'의 뉘앙스와 가까워서 잘못하면 따지는 것처럼 들리기도 하니 가까운 사람에게만 쓰세요. 또 누군가가 나를 부를 때에도 Why?가 아니고 What?이라고 대답합니다. 정중하게 할 땐 Yes?라고 하지요.

shoot the breeze
가볍게 이야기하다.

shoot the breeze 가볍게 이야기하다 모임 등에서도 너무 입 다물고 조용히 있지 않고 예의상 가벼운 잡담을 하거나, 또 멋쩍고 시간을 때워야 할 때 옆에 있는 사람과 가볍게 얘기하는 것을 말합니다. 비슷하게 들리는 **shoot the bull**은 허풍떨며 자랑하듯 말하는 것을 가리킵니다.

We were just shooting the breeze. 우린 그냥 심심해서 얘기하고 있었어.

hard nut to crack
속을 알 수 없는 사람
(man of mystery)
신비남

eccentric
독특한 사람, 괴짜

normal
평범한, 정상인

erratic
[이래릭] 상당히 특이한

erratic 아주 독특한

미국에서는 어떤 단어에서는 t를 r처럼 발음해야 잘 알아들을 때가 있어요. 대표적인 것이 battery[배러리]죠. **erratic**도 그런 단어 중 하나입니다. 우리가 에로틱이라고 하는 **erotic**도 실제 발음은 [이롸릭]과 비슷합니다.

erotic

유기농 식품 organic food.

무설탕, 저지방 No sugar. Less fat.

무카페인 No caffeine.

health nut
건강 마니아

He's a hard nut to crack. 속을 알 수 없는 사람이야.

nut 미친 사람을 말하기도 하는데, 다른 단어와 함께 쓰이면 '~마니아, 광'이란 뜻이 됩니다. 자주 쓰이는 표현이 바로 **health nut**건강 마니아입니다.

She's a health nut. 걘 건강에 엄청 신경을 쓰지.
He's nutty. 걘 완전 사이코야.
This is nutty, man. 야, 이거 굉장하네.

특이한 사람은 눈에 띄기 마련입니다.

conspicuous
눈에 띄는

freak의 원래 의미는 신체가 좀 이상하게 생긴 사람들이나 인간과는 다른 생명체를 가리킵니다. 구어체에서는 정신적으로 아주 특이한 사람, 변태, 약간 소름끼치는 사람 등을 가리킬 때 많이 쓰입니다. 비슷한 의미의 표현으로는 **weirdo**, **creep**, **lunatic person**, **nuts** 등이 있으며, **freak on a leash**라고도 합니다.

freak
괴상한 사람

I put on some make-up. What do you think?

화장 좀 해봤는데 어때?

freaky
혐오스러운, 소름끼치는

Ah… You look freaky.

음… 괴상해.

That's freaky. '좀 혐오스럽다. 오싹하다'는 의미입니다. 여자가 머리를 풀어헤치고 흰 소복을 입고 거리를 헤매는 상상을 하면 맞겠네요. 친구들 사이에서 **freaky**라고 불리는 사람이 있다면 평범한 성격의 친구는 아니라고 보면 됩니다. 물론 가볍게도 쓰긴 합니다.

You are such a freak. 넌 정말 괴상한 녀석이야.

●●
weirdo 이상한 사람 | **weird** 이상한 | **strange** 이상한 | **mysterious** 미스터리한

freak(side) show 신체가 이상하게 생긴 사람들이 나와 묘기 등을 보여주는 쇼를 말합니다. 최근에는 온몸과 얼굴에 문신이나 피어싱을 하고 불을 삼키는 사람, 칼로 찔러도 죽지 않는 사람 등이 나와서 하는 공연을 이렇게 부릅니다.

freaks

freak이란 단어는 대중문화에도 상당히 많이 등장합니다. 노래나 영화, 쇼 프로그램의 제목으로도 자주 사용되었죠. 〈Freaks and Geeks또라이들과 범생이들〉라는 좀 웃긴 프로그램도 있었고 〈8 legged freaks다리 8개 달린 괴물〉처럼 거대한 거미가 출현하는 영화도 있었죠.

freaking은 구어체에서 강조의 의미인 very 대신 사용하는 fucking의 순화된 표현으로, 젊은이들이 많이 씁니다. 요즘은 이 freaking을 더욱 순화하여 귀엽게 들리게 freggin도 자주 사용됩니다.
That's freaking awesome! 와 정말 킹왕짱이다.

bizarre 이상하고 기괴한 이상야릇한
far-fetched 요상한
That was the most bizarre experience that I've ever had. 내 경험 중에 가장 괴상한 거였어.
This is bizarre. 거 참 이상하네.

This is odd.

거 참 이상하네.

plain freak과 반대로 아주 평범한 것을 이렇게 표현합니다. 간혹 부정적인 것을 강조할 때 '완전히, 전적으로'라는 의미로도 쓰입니다.
I'm just a plain girl. 나는 그냥 평범한 사람이야.
How can he be just plain mean? 쟤가 어쩌면 저렇게 야비하지?
This is just plain wrong. 이건 두말할 필요도 없이 잘못된 거야.

control freak
남에게 이래라 저래라 하는 사람

control freak 남을 컨트롤하기 좋아하는 사람을 말합니다. 주위를 보면 남들에게 이래라 저래라 하는 사람들이 있습니다. 자신의 뜻대로 그 사람을 움직이고 싶어하는 사람들이죠. 이렇게 직접적으로 다른 이들에게 지시를 내리는 control freak이 있는가 하면, 상대방의 심리를 교묘하게 이용하여 상대방을 조종하는 고단수의 사람도 있습니다. 이런 사람들을 manipulator라고 합니다.

neat freak

주위에 있는 먼지 하나, 작은 얼룩도 보지 못하는 깔끔쟁이를 말합니다.

dirt는 보통 '흙'이란 의미지만 종종 먼지나 뭔가가 묻은 것을 가리킬 때도 쓰입니다. **soil** 역시 '흙'이지만 **soiled**하면 '더럽혀진, 때묻은'이 됩니다.

heavily soiled laundry 엄청 더러운 빨랫감

soiled daiper 똥기저귀

neat freak
깔끔쟁이, 더러운 걸 못 참는 사람

germ freak 손이 닳을 정도로 손을 씻는다거나 세균에 감염될까봐 물건 하나 제대로 집지 못하는 사람들을 이렇게 말합니다. 이런 사람들의 필수품이 **sanitizer**세정제입니다.

germ freak
세균이 있을까봐 지나치게 조심하는

germophobic
세균에 감염될까봐 항상 두려워하는

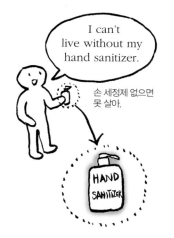

sanitary napkin은 여성 생리대입니다. 영국에서는 sanitary towel이라고도 한다네요.

sanitation truck
청소차
(압축 쓰레기차를 이렇게 많이 부릅니다.)

●●
sanitize 위생적으로 하다 | **sanitation department** 위생국

hygiene위생 그리스 신화에 나오는 건강의 여신 Hygieia에서 나온 단어입니다. 이 여신 그림이 들어간 로고도 종종 볼 수 있습니다.

Hygieia
건강의 여신

dental hygienist
치위생사

personal hygiene products 여행갈 때 꼭 챙겨가야 하는 개인 위생용품을 말합니다. 비누, 샴푸, 칫솔, 치약 등 개인의 위생을 책임지는 키트라고 할 수 있죠. 그런데 이것보다 더 많이 쓰이는 표현이 **amenity kit**인데요. 엄밀히 말하자면 위생용품보다 범위가 더 넓다고 할 수 있습니다. 흔히 **amenities**라고도 하는데, 화장품, 빗, 거울, 귀마개까지도 다 포함하지만 **personal hygiene products**와 거의 비슷한 의미로 쓰입니다. **amenity**는 '쾌적한, 편리한 (시설 등)'의 뜻으로, 개인 편리용품이라고 보면 됩니다.

amenity kit
[어매너티킷]

Bring your own amenity kits. We do not provide any personal hygiene products.
개인 위생용품은 제공되지 않으니 지참하고 오시기 바랍니다.

●●
hygiene legislation 위생법규

사람들과 어울리는 것을 좋아하고 집엔 엉덩이가 근질거려 앉아 있을 수 없는 당신, 외향적 성격이라고 할 수 있죠. 심리학적으로 그렇게 간단히 정의할 수 있는 것은 아니겠지만 외향적 성격인 사람들은 에너지가 넘치고 활달하고 성격도 둥글둥글한 것 같아요. 그렇다고 내성적 성격을 나쁘다고는 할 수 없죠. 많은 천재들이 내성적 성격이었다네요. 고민도 많고 혼자 사색하는 걸 즐기고 남과 섞이는 것에 관심이 없는 성격이죠. 저는 외향적인 것과 내성적인 것, 그 중간의 성격인 것 같아요. 사람들을 좋아하지만 또 혼자 있는 시간은 더 좋아하죠. 외향적인 성격과 내성적인 성격은 각각 **extrovert**와 **introvert**라고 합니다. 실제로 대화에서 많이 쓰는 단어들은 더 다양하며 재미있죠. 외향적인 성격을 나타내는 대표적인 말이 바로 **outgoing**입니다.

extrovert
외향적인 사람

outgoing
외향적인

He's very outgoing. 그 앤 아주 활달해.

He's adventurous. 모험적이야.

go out 나가서 놀다　cf. go out with~ ~와 사귀다

I'm very social. 나는 사교성이 좋아.

social butterfly 사람들과 어울리는 것, 파티 등의 모임에 가는 것을 좋아하는 사람

social
남과 잘 어울리기를 좋아하는

center of the attention 어디서나 관심의 초점이 되는 사람

She loves to be the center of the attention.
그녀는 주목받길 좋아해.

needy 가난한 사람 혹은 언제나 관심을 가
져주길 원하는 사람으로, 주로 어린아이에게
많이 사용하는 표현입니다.

She's a needy kid. 걔에게는 항상 관심을 보여줘야 해.

center of the attention
주목 받는 사람

invading personal space
개인 공간 침해

invading personal space 개인 공간 침해
개인 공간 침해라고 하면 남의 집에 갑자기 찾아가고 허
락 없이 들어가는 등의 사생활 침해를 떠올리기 쉽지만,
여기서 **personal space**는 개인 주변의 여유 공간을 말
합니다. 따라서 친하지 않은 타인 옆에 너무 가까이 가
는 것은 다른 사람의 **personal space**를 **invade**하는 게
됩니다. 서양에서는 이 개인 둘레의 공간을 아주 중요하
게 생각하므로 사람들 사이의 좁은 공간을 지나갈 때에는 반드시 Excuse me.하고 양
해를 구한 다음 상대편이 길을 비켜준 후에 지나가야 합니다. 괜히 피해달라고 하는 것
이 더 실례가 될 것 같아 아슬아슬하게 스쳐 지나가다가 부딪히기라도 하면 오히려 더
큰 실례가 됩니다. 지하철을 이용할 때는 바로 이 개인 공간 개념을 편리하게 활용할
수도 있습니다. 지하철이나 버스에서 내릴 때에도 Excuse me. 한 마디에 사람들이 알
아서 길을 비켜주니까요.

●●
popular 인기 있는 | **attention** 주목

loner
혼자 있는 것을 좋아하는 사람

I like to keep it to myself.

나는 혼자 있는 게 좋아.

keep to oneself
혼자 있는 걸 좋아하다

loner 외로움을 즐기는 사람. 혼자 있는 걸 좋아하는 사람(독신주의자도 포함)

I'd rather keep to myself than being with a lot of people.

나는 사람들과 있는 것보다는 혼자 있는 것이 좋아.

low-key
감정을 잘 드러내지 않는, 자제하는

introvert
내성적인

love being with people
많은 사람들과 있는 걸 좋아하다

homebody
집에 있는 걸 좋아하는 사람

stay-home mom
육아에 전념하는 엄마

mature 성숙한 | **restrained** 절도 있는, 자제된 | **quite** 과묵한
calm 평온한, 감정의 동요가 없는 | **silence** 침묵, 조용함

··Aggressive

aggressive
공격적인

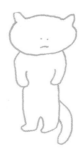

passive
수동적인

aggressive 공격적인, 적극적인
passive-aggressive 말 그대로 아래의 경우와 같은
성향을 가지 사람들을 말합니다.

• 겉으로는 온순한 척하며 하고 싶은 말을 돌려서
  말하는
• 화내지 않은 듯 보이나 화가 많이 나서 뒤로 다른
  일을 꾸미는
• 겉으로 화내지 않고 글로 길게 써서 협박하는
• 같이 일을 하면서 순조롭게 지나간 듯했으나 알고
  보니 그런 게 아닌

Well?
Yes and no.

글쎄, 그렇기도 하고
아니기도 하고.

passive-aggressive

●●
eager 적극적인(열정적인) | **assertive** 적극적인(강압적)
eager beaver 적극적인 사람

식당의 테이블 위에 케첩으로 크게 We waited 30 min NO SERVICE.라고 써놓은 사진을 인터넷에서 보았습니다. 식당에서 30분을 기다렸지만 아무도 주문을 받으러 오지 않고 관심을 가져주지 않았나 봐요. 보통 **aggressive**한 성격이었으면 화를 내거나 매니저에게 따졌겠지요. 그리고 **passive**한 성격이었으면 화를 꾹 참고 말을 안 해버렸을 테구요. 하지만 화는 나지만 소리내기는 싫어하는 **passive-aggressive**한 누군가가 식탁에 저질러 버린 거죠. 역시 **passive-aggressive**한 사람이 가장 무서운 것 같습니다.

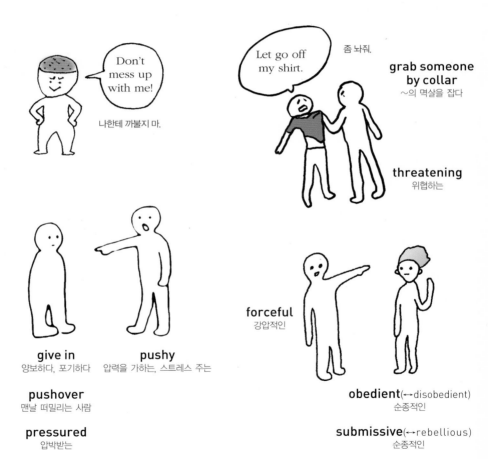

Don't mess up with me!

나한테 까불지 마.

Let go off my shirt.

좀 놔줘.

grab someone by collar
~의 멱살을 잡다

threatening
위협하는

give in
양보하다, 포기하다

pushy
압력을 가하는, 스트레스 주는

pushover
맨날 떠밀리는 사람

pressured
압박받는

forceful
강압적인

obedient(↔disobedient)
순종적인

submissive(↔rebellious)
순종적인

pugnacious
싸우기를 좋아하는

What did you just say?

얘! 너 방금 뭐라고 했어?

I wasn't talking to you.

당신한테 한 말 아닌데요.

hostile
호의적이지 않은, 겁주는, 적개심의

Leave me alone.

상관하지 마슈!

What the...

뭐 이런 게…

해보자 이거야?

belligerent
호전적인, 참전하는

싸우지 않고 살 수 있을까요? 물론 싸움을 최소화하거나, 더 좋은 방향으로 이끌 수 있으면 더할 나위 없겠지만, 사람이 사는 데 피하기 힘든 것 중의 하나가 바로 다툼입니다. 싸움도 종류가 많은데 그중에도 폭력을 사용해서 싸우는 (실제로 치고받고 싸우는) 싸움을 **physical fight**라고 합니다. 싸움과 관련된 단어와 말다툼, 감정 싸움, 자신과의 싸움, 추상적인 싸움 등 여러 종류의 싸움에 대해 살펴보겠습니다.

**I had a fistfight with my best friend
yesterday.** 어제 가장 친한 친구와 주먹다짐을 했지.

He had a fight with his brother.

걔는 남동생하고 싸웠어.

He fought the bandits single-handedly.

그는 악당들을 혼자 무찔렀지.

●●
single-handedly 혼자 힘으로

physical fight의 대표적인 공격방법들을 볼까요?

assault
공격, 폭행

Someone bashed him at the park.
누군가 공원에서 그를 공격했어.

bash
가격하다

blow
가격, 일격

You need to see the doctor
if you had a blow to the head.
머리를 맞으면 병원에서 진찰을 받아봐야 해.

slam
털썩 놓다, 세게 내던지다

He slammed him on the ground.
그 사람이 그를 땅바닥에 내동댕이쳤어.

쿵 털썩

smash
때려부수다

He pounded on the table.
그는 테이블을 내리쳤어.

pound
내려치다

hit '치다, 때리다'라는 의미로 가장 흔하게 쓰이는 단어죠. 물리적으로 무언가를 때리는 것 이외에도 정신적으로 '타격을 입히다, 충격을 주다'라는 뜻으로도 쓰입니다. 자동차에 치이는 것은 **hit by a car**, 뺑소니는 **hit and run**이라고 합니다. 야구에서 안타도 **hit**이라고 해요. 빗맞은 것은 **miss**라고 하는데, **hit-or-miss**라는 표현은 '대충, 되는 대로 하다'라는 뜻입니다.

He hit me in the head. 걔가 내 머리를 때렸어!

The tragedy hit him hard. 그 비극이 그를 무척 힘들게 했소.

He produced his first five-hit game in the major leagues.
그는 메이저리그에서 처음으로 5개의 안타를 쳤다.

hit의 여러 가지 표현을 살펴볼까요?

That song was a huge hit in the 70s. 그 노래는 70년대에 크게 유행했어.

one hit wonder 히트곡 하나로 큰 인기를 누리다 사라져버린

Hit me! 전화해! (연락해!)

He's on my hit list. 난 그가 죽도록 미워.(hit list: 꼴보기 싫은 사람의 명단. shit list: 기피 대상 명단)

They hit the joint. 걔들은 대마초를 했어.

They really hit it off right away.
걔네들은 만나자마자 아주 죽이 잘 맞더라고. (동성이나 이성 사이에서 모두 사용하는 말입니다.)

hitman 살인청부업자

kick발로 차다 많은 스포츠와 공격의 형태가 kick인데요, 태권도도 마찬가지입니다. kick은 다른 단어들과 함께 다양한 의미로도 쓰입니다. **She kicked him.**그를 발로 찼다. 와 **She kicked him out.**그를 쫓아냈다. 를 보면 알 수 있죠. **She's kicking his butt.**은 그녀가 그의 엉덩이를 찬다는 의미가 아니라 그녀가 그를 이기고 있다는 뜻이 됩니다.

roundhouse kick
돌려차기

dropkick
날아차기

훔쳐가던 가방

She dropkicked the robber in the face.
그녀는 날아차기로 강도의 얼굴을 때렸다.

She gave him a roundhouse kick.
그녀는 그에게 돌려차기를 날렸다.

side kick 옆차기

sidekick 항상 붙어다니는 친구
(TV나 영화에 등장하는 주인공의 가장 친한 친구)

He's my sidekick.
그는 내 가장 친한 친구야.

Right on.
그렇구말구.

sidekick
주인공의 가장 친한 친구

Emeril Live

Emeril Laggasse

Let's kick it up a notch!

유명한 요리사 에머럴 르가씨가 자신의 쇼에서 자주 쓰는 catch phrase인데 음식에 양념을 뿌리거나 소금을 넣기 직전에 이렇게 말합니다. 직접 소금을 뿌릴 때는 Bam!하고 외치죠. 의역을 해서 말하면 "자 더 맛있게! 업그레이드 짜잔!" 정도의 의미입니다. kick it up a notch는 '뭔가를 더 잘하게 끌어올리다' 는 의미로 보시면 됩니다.

kick up 더 강렬하게 하다(= intensify)

notch 레벨, 급

He's a top-notch player. 그는 최고의 선수야.

kick it은 '빠져나오다' 라는 뜻입니다.

a kick ass movie와 an ass kicking movie의 차이점은 뭘까요?

She's kicking butt! 그녀는 아주 잘하고 있어!!

That kicks ass! (kicks butt!) 그거 아주 끝내주는데!

We're having a kick ass time.
우리는 정말 즐거운 시간을 보내고 있어.

kick ass
아주 끝내주다, 대단하다, 기분이 좋다

kick someone's ass 이기다, 때려 눕히다

He need to be his ass kicked. 걔는 혼 좀 나야 해.

I'm gonna kick your ass.

단단히 혼내주겠다. (이놈 다리몽둥이를 분질러버릴 거야!)

being ass kicked
혼쭐이 나다

ass kick
혼쭐을 내다

자, kick ass movie 진짜 재미있는 영화와 ass kicking movie 액션영화 중 어떤 걸 보실래요?

kick a habit
(담배, 마약 등을) 끊다

kick in
효력이 발생하다,
약발이 받기 시작하다

Yeah!
It's kicking in!

약발이 받기 시작하는군.

Live longer by kicking the habit. 담배 끊고 오래 사세요.

kick in 시작하다

beat
반복해서 때리다
싸워 이기다

beat up
때려주다

I will **beat** you **up** next time. 다음엔 너 팰 거야.(널 패줄 거야.)

We will **beat** them next time for sure. 다음엔 꼭 걔네들을 이겨야지.

Is there any good ways to **beat** the laziness? 게으름을 퇴치할 좋은 방법이 없을까?

beat off는 슬랭으로 **masturbate**자위하다와 같은 의미이니 주의하세요.

He **beat** the hell(shit) out of them. 그는 걔네들을 반쯤 죽여놨다.

It **beats** me. 몰라.

Just beat it.
꺼져!

Beat it!
꺼져.

맞기전에 튀자!

Michael Jackson wannabe

beat the hell out of
두들겨 패다

I knocked him down. 내가 그를 때려 눕혔어.

I got knocked out after the long hours of stressful work. 오랫동안 힘든 일을 하고 나는 녹초가 되었어.

He knocked her up. 그는 그녀를 임신시켰어.

She's a knockout. 그녀는 정말 아름다워.

It's a hard knock life. 살기 힘든 세상이군.

Knock it off! 그만해라!

knock
연거푸 치다

knock off
짝퉁

Knock
yourself out!

끝까지 해봐!
(실컷 해봐!)

knock out
정신을 잃고 쓰러지다,
녹초가 되어 뻗어버리다
(K.O.는 Knock out의 약자)

slap open hand, 즉 손을 쫙 펴서 손바닥으로 찰싹 때리는 것. 찰싹 소리나게 치는 것은 smack이라고도 하며, 전치사 up을 붙여서 smack up하면 '두들겨 패다'가 됩니다. 뽀뽀할 때 나는 '쪼옥' 소리도 smack이라고 합니다.

spank 엉덩이 때리기

Is it okay to spank my son when he behaves badly?
내 아들이 잘못하면 때려줘도 될까요?

If you are slapped on one cheek, turn the other too.
한쪽 뺨을 맞으면 다른 뺨도 내밀어라.

철썩!

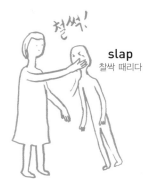

slap
찰싹 때리다

knock it off 그만해 | **knock someone down** 때려 눕히다 | **knockout** 아름다운 여인 | **knock up** 임신시키다

punch 주먹으로 때리다

He punched me in the face.
그가 주먹을 날려서 내 얼굴을 때렸어.

jab 재빠르게 쥐어박다, 찌르다

punch drunk 정신이 혼미한

martial arts
무술

Taekwondo
태권도

Kung-Fu
쿵푸

self-defence
자기 방어

karate chop

martial arts 무술 쿵푸, 무에타이, 가라데뿐만 아니라 태권도나 유도 같은 스포츠 종목까지, 자기 방어 기술을 총망라하여 일컫는 말입니다.

chop 무술에서 나오는 것처럼 손과 팔목을 세워서 내려치는 걸 말하죠. 이걸 요즘엔 동사처럼 쓰기도 한답니다.

She karate chopped me. 그녀가 나를 내려쳤어.

우리나라를 대표하는 **martial arts**는 태권도죠. 외국인들도 태권도를 배울 때는 우리 말로 숫자와 구령을 하더군요. 이렇게 우리 말을 배우는 외국인들이 더 많아졌으면 좋겠네요.

이제부터는 **physical fight**몸싸움이 아닌 추상적인 개념의 싸움을 보기로 해요.

Keep up the good fight! 신념을 가지고 투쟁을 하고 있는 사람에게 힘을 보태는 말입니다.

동물 학대 중단하라!

Keep on fighting! 이 말 역시 목표를 위해 정진하는 사람들 혹은 자신을 격려하는 말입니다. 우리가 하는 "파이팅!"도 여기에서 나온 듯해요. '계속 잘 싸워! 힘내!' 정도의 의미입니다.

Keep up
the good fight!

선전하세요!

인권을 위해 싸우다

Fight For Right (To Party) 디디디딩~~~ 디디디딩~~ Beastie Boys의 아주 아주 유명한 노래인데요. You gotta fight~ for you right~ to par~~~~~~ty! "파티할 권리를 위해 싸워라 ('노세 노세 젊어서 노세' 정도의 뉘앙스)" 하는 노래입니다. 워낙 유명하기 때문에 아마 20대에서 40대 사이의 미국인 중 70%는 아는 후렴구일 거예요.

동물의 권리를 위해 싸우다

strike '때리다, 치다'를 의미하는 대표적인 단어. 과거형으로 '무언가에 얻어맞다'는 뜻으로 자주 쓰입니다.

I was struck with an alarm with the news.
뉴스를 듣고 (놀라서) 뭐에 한 대 얻어 맞은 것 같았어요.

moonstruck
멍한, 꿈결 같은, 발광한

아하!

앗

on과 함께 쓰면 '투쟁, 파업'이란 뜻이죠. The most of employees are on strike.라고 하면 직원들 대부분이 파업 중이라는 의미입니다. 그럼 단식투쟁은 뭐라고 할까요?

I'm on a hunger strike.
나는 단식투쟁 중이야.

단식이라고 하니 프란츠 카프카의 단편소설《A Hunger Artist배고픈 예술가》가 생각납니다. 스스로를 우리 안에 가둔 채 단식하는 모습을 퍼포먼스로 보여주고 생계를 이어가는 아티스트의 이야기랍니다.

자신의 주장을 관철하기 위한 단식 이외에 건강, 다이어트, 종교 등 여러 가지 이유로 단식을 할 경우에는 **fasting**을 씁니다.

I'm gonna fast all day. 오늘은 물 한 모금도 먹지 않을 거야.
existentialism 실존주의

Art for Art's Sake!
예술을 위한 예술

hunger strike
단식투쟁

Starving for Justice
정의를 위해 단식 중!

싸움의 종류에는 말다툼이나 감정 싸움도 있습니다.

argue '(말로) 싸우다'의 가장 일반적인 표현

We argued. (= We had an argument.) 우리는 말다툼했어.

He's arguing with his best friend right now.
그는 지금 가장 친한 친구랑 싸우고 있어.

Stop arguing with me! 나한테 자꾸 말대꾸하지 매

argue
말다툼하다

debate 단순한 말다툼이 아니라 자신의 주장을 펼치기 위해 논쟁하는 것을 말합니다.
명사로 '논쟁'이라는 의미로도 쓰입니다.

They had a debate on the new policy.
그들은 새로운 정책에 대해 논쟁을 벌였다.

conflict
갈등

conflict 정신적인 싸움, 갈등, 전쟁, 마찰, 불일치
이 단어는 국제적인 분쟁뿐아니라 개인적인 싸움이나 갈등에도 많이 쓰입니다.

We're having a conflict.
우리 요즘 싸우고 있어.(기 싸움 중이야.)

I'm having a conflict with my wife.
나 마누라랑 전쟁 중이야.

domestic dispute 부부 갈등   cf. **domestic violence** 가정 폭력

quarrel 싸움, 언쟁

quarrelsome 싸우기를 좋아하는, 논쟁을 좋아하는

fight off 싸워 이겨내는 것을 말합니다. 반면 **struggle**은 싸우고 있는 그 자체를 말합니다.

fight off
싸워내다

He fought off an attacking lion.
그는 공격하는 사자와 싸워 이겨냈다.

Some food may help fight off the cancer.
어떤 음식은 암을 이겨내는 데 도움이 될 수 있다.

ward off 예방하다

Some food may ward off the cancer.
어떤 음식은 암을 예방할 수도 있다.

struggle 싸우다, 몸부림 치다, 고군분투하다

I'm struggling with the booze.
난 지금 술과 싸우고 있어.

She's struggling with depression.
그녀는 우울증을 극복하려고 애쓰고 있어요.

Bacchus
와인의 신
(그리스신화의 Dionysus)

●●
booze 술, 술을 진탕 마시다

··Addict

무엇엔가 의존하게 된다는 것은 바람직하지 않지만, 누구나 일생에 한 번쯤은 어떤 것에든 중독되는 시기가 있게 마련이죠.

coffee addict
커피 중독자

I can't live without my coffee.

커피 없이는 못 살아!

addict
중독자

wake up and smell the coffee
정신을 차리다

be addicted to ~에 중독되다
I'm addicted to coffee. 난 커피에 중독됐어.
I'm a coffee addict. 나는 커피 중독이야.

최근에는 **addict**을 '중독자'라는 명사형으로도 자주 씁니다.
이 경우에는 발음이 [어딕티드]에서 [애딕]으로 바뀝니다.
I'm a caffeine addict. 나는 카페인 중독이야.
She's a drug addict. 그녀는 마약 중독자야.

drug addict과 같은 뜻으로 **junkie**[정키]가 있어요. **junkie**도 그 앞에 여러 가지 단어를 붙여 다양한 표현을 만들 수 있습니다.
I'm a sugar junkie. 난 설탕 중독이야.
I'm a music junkie. 나는 음악 탐닉자.

alcoholic알콜중독자에서 처럼 **-holic**을 붙여서 표현하기도 합니다.
She's a workaholic. 난 일 중독이야.
I'm a shopaholic. 나는 쇼핑 중독이야.

●●
indulgence 탐닉

I almost had fell for it, but I had a wake up call.

나 하마터면 넘어갈 뻔 했는데, 갑자기 정신이 번쩍 났어. (밝고 건강했던 친구가 마약 때문에 폐인이 된 걸 보고 정신이 번쩍 든 거죠.)

before

a wake up call
정신이 번쩍 드는 것

after

high 마약 등으로 기분이 좋아지는 것을 일컫는 표현들 중에서 가장 대표적인 것입니다. 영국 그룹 Suede(요즘은 Tears로 활동)의 Beautiful Ones 라는 노래를 들어보면 High on diesel and gasoline이라는 가사가 나옵니다. 이것을 '디젤엔진을 높여서'라고 번역한 것을 본 적이 있는데 이것은 사실 '휘발유 냄새 많이 맡고 몽롱해진 상태' 라는 의미입니다. 아마도 청소년들에게 안 좋은 영향을 미칠까봐 그렇게 번역을 한 것 같습니다.

runner's high는 운동을 해서(뛰어서) 기분이 좋아지는 현상, **stoned**는 대마초 등으로 맛이 간 상태, **buzzed**는 술에 취해서 몽롱해 있는 상태를 말합니다.

high
기분이 좋은

stoned
대마초 등을 해서 맛이 간

hallucination[헐루써네이션] 환각 상태에서 환상이나 헛것을 보는 것을 말합니다. **drug**의 가장 큰 문제는 바로 **overdose**과다 복용입니다. **dose, dosage**는 적절한 양이란 뜻인데요. 그걸 **over**해서 문제가 생긴 것이죠. 유명인사들 중에 **overdose**로 운명을 달리한 사람들도 있습니다. 비슷한 의미로 **drug abuse**약물 남용도 많이 쓰입니다. **abuse**는 '남용하다'는 의미 외에 '학대하다'라는 뜻으로도 아주 많이 쓰입니다. **child abuse**는 아동 학대. **abusive parents**는 학대하는 부모를 말합니다.

dosage
적정량

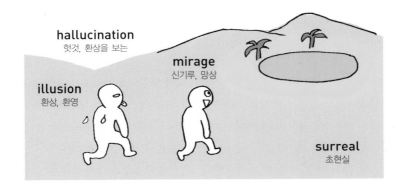

hallucination
헛것, 환상을 보는

mirage
신기루, 망상

illusion
환상, 환영

surreal
초현실

crackhead는 코카인을 달고 사는 사람, 코카인 중독자를 말합니다. 여기서 **crack**은 **crack cocaine**의 준말입니다.

Oh, no!

Dude, your skull is cracked.

야, 네 해골 깨졌다.

안 돼!

crackhead
코카인 중독자

ravehead

Ravehead는 rave kids라고도 부르는데, 일렉트릭 뮤직의 붕 뜨는 느낌을 즐기는 사람들로, 이런 사람들에겐 엑스터시의 유혹이 있습니다. 엑스터시의 부작용이 사망이라고 하죠. 공연을 하는 클럽이 아닌 레이브 클럽 같은 데에서는 주의하셔야 합니다. 저도 음악을 아주 좋아해서 밴드들의 공연이 있는 클럽들을 자주 들락거렸습니다. 그러다 voice 광고에 항상 나오는 유명 디제이들이 나오고 조명이 현란한 춤추는 클럽에 가보고 싶어졌습니다. 그래서 그중에서 좀 유명한 Twilo라는 클럽에 친구와 함께 갔습니다. 입구부터 오묘한 불빛이 번쩍이고, 넓은 메인 댄스홀 외에 각각 다른 음악이 나오는 조그만 홀들이 있더군요. 여기저기 옮겨다니며 재미있게 놀고 있는데 왠지 분위기가 좀 이상했어요. 알고 보니 그날이 마침 gay night게이의 밤이었던 거에요. (게이라는 표현에는 여자 레즈비언도 포함됩니다.) 이상한 여자들이 좀 치근덕거렸지만 저와 친구는 레즈비언인 척하며 재미있게 놀았습니다. 그런데 어떤 사람이 '엑스터시?' 하면서 꼬시는 게 아니겠어요? 우린 No thanks.하며 지나갔어요. 그리고 몇 년 후 그 클럽이 문을 닫게 되는 사건이 벌어지는데 이유는 그 클럽에서 존스홉킨스 대학교의 학생이 엑스터시 overdose로 사망했다고 하더군요.

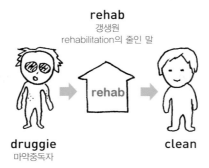

rehab
갱생원
rehabilitation의 줄인 말

druggie
마약중독자

clean

마약 때문에 폐인이 된 친구를 그냥 내버려두면 그 사람의 인생이 망가지는 건 순식간입니다. 그래서 가는 곳이 갱생원(?)입니다. 영어로는 **rehab**이라고 합니다. 할리우드 뉴스를 보면 누가 **rehab**에 갔네 어쩌네 하는 소식을 자주 접할 수 있습니다. 그리고 치료가 되어 나와서 마약 없이 잘 지내는것을 '**clean**하다'라고 합니다.

봉 씨 성을 가진 분들에게 죄송하지만 **bong**은 물담배나 대마초를 피울 때 쓰는 기구라고 합니다. 뉴욕의 웨스트빌리지를 지나다니면 **bong shop**에서 **bong**들을 아주 흥미롭게 진열해놓습니다. 호머심슨봉도 보았지요. 저도 나중에 미국 친구들에게 물어보고서야 **bong**이 뭔지 알게 되었습니다. 사실 미국사람들은 **bong**이라고 써 있는 것을 보면 우리 말의 '봉'처럼 발음하지 않고, ㅗ를 ㅓ와 ㅏ 중간처럼 발음합니다.

bong

언젠가 야구경기를 보는데 우리나라 봉중근 선수가 나왔습니다. 유니폼에 BONG이라 써 있는 것을 본 미국 친구들이 저 선수 진짜 이름이 **bong**이냐고 물으면서 이름이 웃기다고 하더군요. 그래서 난 Bob도 우리 말로는 먹는 밥이라는 의미가 있다고 말해줬습니다. 반기문 유엔 총장도 자신의 이름을 설명할 때, 철자가 ban이지만 '금지하다'의 ban이 아니라고 설명하면서 발음도 '밴'이 아니라 '반'이며 James Bond에서 Bond의 그 '반'이라고 설명하셨다는 걸 읽은 적이 있습니다. 참 재치있는 설명이죠?

hallucination drug 마약

약의 종류는 약국이나 슈퍼에서 쉽게 살 수 있는 **over-the-counter drug**일반 약품, 의사의 처방을 받아야 하는 **prescription drug**처방약, 그리고 흔히 마약이라고 부르는 **hallucinogenic drug**향정신성 약품 등이 있습니다. drug abuse는 마약뿐 아니라 일반 약품의 남용까지도 포함하는 개념입니다. 마약을 가리키는 정식 용어로 **narcotics**도 많이 쓰입니다.

마약을 가리키는 속어는 정말 다양합니다. 범죄 용어들이 대부분 그렇듯 정식 명칭보다는 속어가 더 많이 쓰이기도 합니다. 그러니 진짜 drug addict들이 쓰는 전문용어(?)까지는 아니더라도 보통 젊은이들이 아는 수준의 표현들, 다시 말해 그게 마약이라는 것 정도만 짚고 넘어가도록 하죠.

가장 많이 나오는 것이 pot. 대마초를 이렇게 부르는데, 본래 이름은 marijuana이고, Marry Jane 또는 weed라고도 불립니다. acid나 trip이라고 하는 LSD도 있고 speed, mushrooms, shrooms, coke, ecstasy, angel dust 등도 모두 마약 이름입니다.

약간 몽롱한 느낌이 나는 음악 장르의 이름도 알아두면 재미있습니다. 약간 환상적인 느낌의 재즈 스타일을 Acid Jazz, 일렉트릭이지만 템포가 느리면서 몽롱한 음악은 Trip Hop이라고 합니다.

학교에서 집으로 보내주는 안내문 중에 Your Right to Know라는 것이 있습니다. 거기에는 각종 마약의 종류, 마약을 지칭하는 속어와 환각 증세의 비교, 치사량, 소지할 경우의 형량 등이 자세하게 설명이 되어 있습니다. hard drug(헤로인과 코케인 등 중독이 심해지면 생명이 위험한 약물)을 따로 구분하기도 합니다. 미국은 마약 문제가 심각한데, 때로는 전혀 마약을 하지 않을 것 같은 의외의 사람들도 약에 손을 대기도 하고, 젊은 혈기로 관심을 가졌다 끊기도 하며, 심각한 경우 overdose로 목숨을 잃기도 합니다. 분명한 건 우리나라처럼 이런 약물을 아예 볼 수도 들어볼 수도 없는 환경이 훨씬 안전하고 좋다는 것이죠. 그런데 우리에겐 그 무엇과도 대적할 수 없는 소주가 있습니다.

drunk 알콜 중독자, 술독에 빠져 사는 사람

술은 가장 무난하게 부르는 말을 **drink**입니다.

Do you wanna go and get some drinks? 한잔 하러 갈까?

I had too much drinks last night, I'm not feeling well today.
어제 너무 많이 마셔서 오늘은 몸이 좀 안 좋아.

땅이 올라오네~!

drunk 술 취한; 술고래   **intoxicated** 취한(전문용어)

He's a drunk. 걔는 술독에 빠져 살아.

drunkard나 **barfly**도 같은 뜻입니다. 유명한 작가이
자 시인인 Charles Bukowsky찰스 부코스키의 자전적
소설을 영화화한 〈Barfly〉라는 영화가 있습니다. 우리
나라에서는 〈술고래〉라는 이름으로 소개되었지요. 실
제로 술을 많이 마셨다는 원작자 부코스키도 이 영화
에 까메오로 출연하죠.

beer goggle
술을 마시면 모든 여자가
다 예뻐 보이는 현상

wino

wino는 wine에서 나온 말인데 역시 알콜중독자를 가리키는
말입니다. 특히나 와인을 많이 마시는 사람을 의미합니다.

smoke 술을 **drink**라고 하듯이 담배도 간편하게 **smoke**라고 합니다. 담배를 피우는 사람들은 **smoker**라고 합니다. I'm gonna get some smokes.하면 '담배 좀 살 거야.' 라는 의미입니다. 담배 개피는 cigarette이라고 하는데, 이것은 필터 담배이고, 필터가 없는 것은 그냥 **tobacco**[터바코]라고 합니다. 애칭으로 [터바끼]라고도 하는데 그 발음이 꼭 미국애들에게 떡볶이를 가르쳐주면 발음하는 그런 발음입니다.

inhale 깊이 들이마시다

exhale 내뱉다, 내쉬다
(요가나 운동할 때에도 많이 들을 수 있는 말이죠.)

Smoking ban in NYC

뉴욕에서는 음식점은 물론 술집에서 담배를 피울 수 없습니다. 술집이나 식당에서 일하는 종업원들은 담배를 피우지 않아도 매일 간접흡연을 하며 근무하게 되기 때문에 실시하게 된 제도라고 합니다. 저도 술집에 가면 옷에 담배 냄새가 배는 것이 너무 싫었습니다. 우리나라에서도 점차적으로 실시되고 있지요..

light the cigarette 담뱃불을 붙이다 | **bum a cigarette** 담배 한 개피를 얻다 | **cigarette butt** 담배꽁초
ashtray 재털이

그럼 술이 깬 상태를 뭐라고 할까요?
sober[소버]라고 합니다.

sober
정신이 맑은

She's sober now. 걔는 지금 정신이 말짱해.

bright eyed and bush tailed 정신이 말짱하다 못해
아주 말똥말똥해서 당신의 이야기를 하나도 놓치지 않으려는 자세를 말합니다. 다람쥐
가 꼬리에 털을 꼿꼿하게 세우고 눈을 반짝이며 귀 기울이고 정신을 바로 잡으려는 모
습을 상상해보세요.

He's all bright-eyed and bushy-tailed. 그는 정신을 바짝 차리고 집중하고 있어.

bright eyed and bush tailed

Face the reality! Are you still up in the cloud? 현실을 받아들여. 너 아직도 꿈꾸고 있니?

We need to approach this project with practical manner.

우리는 이 계획을 실질적 입장으로 시작해나가야 해.

daydream 몽상, 공상

up in the cloud
뜬구름을 잡고 있는

Hey! I'm here.

이봐, 나 여기 있어.

over one's head
~가 감당할 수 없는

REALITY

He's in way over his head. 쟤는 되지도 않는 걸 저리 잡고 있어.

He's up in the cloud. 쟤는 아직도 꿈속을 헤매고 있어.

handy
유용하게
쓰일 수 있는

This will come in handy.

이거 있으면
쓸 데가 많아.

useful
쓸모 있는

handy man
이것저것 잘 고치는 사람

realistic 현실적인

She's always realistic.

그녀는 항상 현실을 직시하지.

practical 실제적으로 쓸모 있는, 현실적이고 실질적인
pragmatic 실용적인
useful 쓸모 있는
handy 유용하게 쓰일 수 있는

●●
pragmatic [프래그매틱] 실용적인 | pragmatism 실용주의 | pragmatic line 실용주의 노선
daydreamer 몽상가

pretentious
허세를 부리는

vanity
사치, 허영

I only buy designer brand.

나는 명품족이야.

Mirror, mirror on the wall, who in the land is the fairest of all?

거울아, 거울아
이 세상에서
누가 제일 예쁘니?

poser
~인 척하는 사람

vain
허영심이 강한,
쓸데없는, 공허한

make up
화장을 하다

powder up nose
화장을 하다, 꾸미다

touch up
화장을 고치다

여성들은 화장실을 가겠다는 말을
I need to podwer up my nose.
라고 돌려서 말하기도 합니다.

vanity허영, 자만심 자신에게 푹 빠지는 것 **narcissistic**이라고 합니다. 허영심은 **vanity, vain**은 헛된 것을 뜻하지요. 여성들의 화장대를 **vanity table**이라 부르는 것도 재미있죠?

down-to-earth 솔직하고 현실적이며 헛된 망상이 없고, 일확천금을 꿈꾸거나 외모 따위에 목숨을 거는 일 없이 머리엔 이성을, 가슴엔 진실을 소유한 사람을 가리킵니다.

down-to-earth

She is very down-to-earth.

그녀는 아주 현실적이야.

surreal 초현실적인 **surrealism** 아시죠? 유명한 화가 달리가 추구하던 '초현실주의'입니다. 달리는 꿈에서 본 것 같은 이미지를 많이 그렸습니다. 이 표현을 일상 대화에서 쓰면 '와! 믿기지가 않아. 현실 같지가 않아.' 정도의 의미가 됩니다. 특히 환상적이거나, 이 세상 것이 아닌 듯한 것을 말할 때도 많이 쓰입니다.

I ran into the exact same girl that I saw in my dream. It was so surreal!

내가 꿈에서 본 여자애를 실제로 마주쳤어. 마치 현실이 아닌 것 같았지.

surreal
초현실적인

objective 편견이 없는, 객관적인 태도를 이렇게 말합니다. 성공의 요인 중 하나가 바로 **objective**한 성격이라고 합니다. 편견이나 사심에 좌우되지 않고 오직 사실에 따라 사물이나 사람의 있는 그대로를 판단하니 실수를 할 가능성이 적기 때문이겠지요. 객관적인 사람들이 분별력도 있게 마련이지요.

objective
객관적인

sensible 분별력 있는

rational 이성적인, 합리적인

logical 논리적인

levelheaded 분별력 있는, 치우침 없이 공정한

level off 수평을 맞추다(level: 수평을 맞추는 자)

fair '공정한'이라는 의미입니다. 그런데 she is a fair lady.라고 하면 '공정한 여인'이 아닌 아름다운 여인(일반적으로 금발의 미인)을 뜻합니다. **fair hair**는 금발, **fair skin**은 흰 피부를 의미합니다.

subjective
주관적인

그럼 이제 '판단하다'는 의미의 **judge**에서 나온 **judgemental**에 대해 알아볼까요?

She's judgemental. 하면 무슨 뜻일까요? 그녀는 판단력이 좋다? 판단을 잘한다? 아니죠! judgemental은 선입견을 갖고 좋고 나쁜 것을 결정할 뿐만 아니라 제멋대로 (특히 조건과 겉만 보고) 상대방을 평가해서 사람들을 차별적으로 대하는 것을 말합니다. 이런 성격의 사람은 자신이 상대방보다 더 잘났다고 생각하는 경우가 많죠.

judgemental
편견을 가진

judgemental/judgmental 두 가지 모두 쓰입니다.
opinionated 자기 의견을 고집하는
biased 선입견이 있는, 편향된
prejudice 편견

Don't judge a person until you've walked a mile in his shoes.

break in 새 신발을 신으면 처음에 발이 좀 불편하고 어색한데, 자주 신어서 발에 익숙하게 만드는 걸 **break in**이라고 합니다.

Don't judge a man until you've walked in his boots.
그 사람의 상황이 되어보지 않고
그 사람을 함부로 판단하면 안 돼.

●●
judge 판단하다; 판사 | **judgement** 판단, 판결 | **prejudice** 편견 | **biased** 한쪽으로 치우친
unrealistic 비현실적인

감성적인 vs. 이성적인

I'm cool.
Don't sweat it.

난 괜찮아. 마음 쓰지 마.

cool as a cucumber
정말 쿨한

rational
이성적인

I'm sorry for
causing you
a trouble.

불편하게 해서 미안해.

cool 영어권 국가에 며칠 머물면, 자주 남발하게 되는 단어 중 하나가 아닌가 합니다. 마치 영어를 살짝 배운 사람들이 like나 well, 혹은 you know를 남발하는 것처럼 말이지요. 그만큼 cool도 많이 쓰고 쉽게 들을 수 있는 표현입니다.

10대들이 가장 많이 쓰지만 세대를 불문하고 '좋아, 멋져, 최고야!'의 의미로 아주 많이 씁니다.

Is it cool with you?(=Is it okay with you?)처럼 okay를 대신해서 쓰기도 하고 '괜찮아'라고 말할 때도 사용합니다. 시덥지 않은 말에 대꾸할 때에 쓰기도 하고 사람이 좋다고 할 때도 **cool**이 사용됩니다.

keep one's cool
이성을 잃지 않다

lose one's cool
이성을 잃다

phat 예전에는 cool과 같은 의미로 쓰곤 했는데 요즘은 그렇게 자주 사용되지는 않는 것 같습니다.

You're phat. 넌 쿨해.

Am I fat? 내가 뚱뚱하다고?

No. You are p-h-a-t, phat. 아니, 쿨하다고(멋지다고).

Oh, thanks. 고마워.

제가 실제로 경험했던 대화 내용입니다. 상당히 당황스러운 경험이었습니다.

cool, calm and collected

모든 상황이 쿨하고, 마음이나 정신도 편안한 상태를 나타내는 표현입니다. 편안하고 **laid back**한 발자국 떨어진해서 객관적인 시각을 유지하는 **cool**이 있는 반면 어떤 상황에서도 이성을 잃지 않는 **cool**이 있습니다. 그럼 이성을 잃지 않고 자신을 컨트롤하는 **cool**에 대해서 알아볼까요?

chill
감정을 가라앉힌

calm
조용하고 차분한

reserved
차분하고 자제력 있는

reserved 차가운 사람이라기보다는 자신을 잘 절제하고, 쓸데없는 말을 삼가며, 쉽게 흥분하지 않고, 자신의 감정을 드러내지 않는 조용한 사람을 이렇게 말합니다.

●●
self-restrained 자신을 잘 제어하는

사람은 감정의 동물인데, 감정이 없으면 차갑고 너무 많으면 인간관계가 복잡해지죠. 감수성 풍부한 정도까지라면 좋겠지만 너무 과격하게 감정을 표현하면 주위 사람들이 불편해할 수도 있습니다.

sensitive 예술가처럼 감성이 풍부하고 예민할 뿐만 아니라 남의 기분도 잘 살필 줄 아는 것을 말합니다. 그런데 감정을 뜻하는 **emotion**이 **emotional**이 되면 감정이 넘치는 상태를 의미합니다.

emotional
감정적인

I can't believe you did this! You stupid idiot!
네가 이럴 줄 몰랐다. 이 바보 멍충이 같은 놈아!

Don't be so emotional. 너무 감정적으로 그러지 마.

Emotional? Rot in hell! 감정적이라고! 지옥에서 팍 썩어라.

sensitive
감수성이 풍부한

dramatic
상당히 감정적인

over sensitive
감수성이 너무 예민한

melodramatic
징징 짜는

indifferent
무관심한

She's so dramatic. 그녀는 아주 감상적이고 오버하지.

emotionally stable 정신적으로 안정된

oblivious, ignorant 무딘

paranoid 과대망상적인, 편집증의

emotional breakdown 정신쇠약

dramatic 오버하는, 매우 감정적인

neurotic [뉴뢰릭] 노이로제의, 신경과민의

obsessive 집착하는

··Funny

재미있는

가장 인기 있는 남자는 잘생긴 남자도, 돈 많은 남자도 아닌 재미있는 남자라고 하네요.

fun 재미있는, 즐거운

He's really funny. 걔 정말 재미있어.

He cracks me up. 그 애 때문에 정말 웃겨 죽겠어.

He makes us laugh. 걔 정말 재미있어.

He's a good laugh. 그는 재미있어요.

funny 재미있는, 웃기는

Ha ha,
하하!

That's really funny.
웃기지도 않네.

I heard you and boss got a little steamy with each other.
너랑 과장님이랑 섬씽 있었다던데?

fun과 funny는 의미가 비슷하지만 약간의 차이가 있습니다.

This is really fun. 이거 정말 재미있어요.

So how was the picnic? 소풍 어땠어?

{ It was fun. 아주 재미있었어.
{ It was funny. 좀 웃겼어. (뭔가 좀 이상했어.)

It tastes funny. 이거 맛이 이상하다.　　He sounded funny. 걔 말하는 게 좀 이상하던데.

이렇게 웃기는 것뿐 아니라 이상한 것에 **funny**를 쓰기도 합니다.

●●
ludicrous 우스꽝스런 바보 같은 | **fun loving** 즐거움을 찾는, 재미를 찾는 | **amusing** 즐겁게 해주는
hilarious (= extremely funny) 기상천외하게 웃기는

Ha ha! 원래 웃음소리를 표현한 것으로, 만화에서도 쉽게 찾아볼 수 있습니다. 그런데 종종 약간 비꼬거나 "말도 안 되는 소리하고 있네"정도의 뉘앙스로도 많이 쓴답니다. 누군가를 약올리거나 대꾸할 가치도 없는 말에 경멸하는 듯한 어조로 대답을 할 때 사용합니다.

Ha ha! I beat you! 하하! 그것 봐!

That's so hilarious. 그거 진짜 웃긴다.

hilarious 아주 웃긴

crack up 재미있다, 웃기다

It really cracked me up. 그거 진짜 웃겼어.

She is hilarious. 그 애가 진짜 웃겨.

It's killing me. 웃겨 죽겠어.(모든 사람을 쓰러뜨릴 정도로 웃기다는 의미로, kill은 '웃기다'는 의미 이외에도 '굉장하다'는 뜻을 나타낼 때 자주 쓰입니다.)

He has a great sense of humor. 그는 유머 감각이 뛰어나.

Tell me a joke. 웃긴 얘기 좀 해줘.

This is not a joke. 장난 아니야.

Just humor me. 맞장구 좀 쳐줘.

Humor me. 일상생활에서 자주 들을 수 있는 표현으로, 웃겨달라는 의미가 아니라 '(내 말이 좀 틀려도) 내 말에 맞장구 좀 쳐줘, 나한테 좀 맞춰줘, 모르는 척 해줘' 정도의 의미입니다.

tell joke 우스갯소리 하기

humor 유머

witty 재치 있고 재미있는

••
joke 농담 | joker 우스꽝스러운 사람 | crack up 마구 웃다, 웃음을 터뜨리다
jk (채팅에서 자주 쓰는 줄임말) 농담이야(=just kidding)

Knock Knock Joke

Knock Knock Joke

말장난 놀이인데 "똑똑" 하고 문을 두드리는 소리로 시작합니다.

1. "똑똑"이라고 문 두드리는 소리를 내면
2. 상대방이 "게 누구요?"라고 묻습니다.
3. 그러면 다시 문을 두드렸던 사람이 이름을 말합니다. 이때 일반적인 사람 이름이나 물건의 이름을 말하는데, 그 이름을 넣어 문장을 만들 수 있어야 합니다. 철자와는 상관없이 발음이 비슷한 단어로 끼워 맞추기도 합니다.
4. 그렇게 이름을 말하면 상대는 "~who?"하고 다시 묻습니다.
5. 그러면 문을 두드린 사람은 ~로 시작되는 재미있는 문장을 만들어 대답합니다.

글로 써놓으니 실제 놀이를 할 때만큼 재미있게 느껴지지 않지만, 말이 안 되는 것이라도 자꾸 하다 보면 이 놀이의 묘미를 느낄 수 있을 겁니다. 좀 재미없는 문장이라도 하고 싶은 말을 **Knock Knock Joke**를 사용해서 하는 사람도 많답니다. 전 아이들이 하는 이 놀이에 푹 빠져서 며칠 동안 이 생각만 한 적도 있답니다. **pun**동음이의어로 하는 말장난은 어느 언어에서나 즐거움을 주는 것 같아요.

Knock Knock! 똑똑   **Who's there?** 게 누구요?

Kuju. 쿠쥬예요.   **Kuju who?** 쿠쥬 누구예요?

Kuju move a little closer?(Could you move a little closer?) 조금 가까이 와주세요.

laughter
웃음

laugh about it 웃어 넘기다
laugh at 비웃다
being laughed at 비웃음을 당하다

laugh
웃다

Whatever.

될 대로 되라.

laugh about it
웃어 넘기다

Don't be afraid of being laughed at when you learn a new language. Try to say something. 새로운 외국어를 배울 때는 비웃음 당하는 것을 두려워하지 말고 뭐든 말해봐야 해.

He became a laughing stock since he wore bloomer to school. What was he thinking? 그는 속옷바지를 학교에 입고 와서 웃음거리가 됐어. 무슨 생각으로 그런 거지?

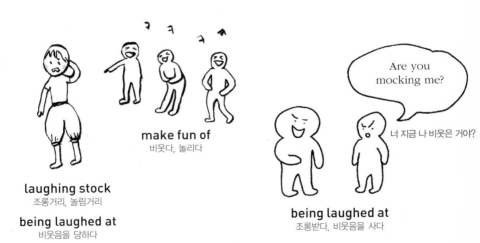

make fun of
비웃다, 놀리다

Are you mocking me?

너 지금 나 비웃은 거야?

laughing stock
조롱거리, 놀림거리

being laughed at
비웃음을 당하다

being laughed at
조롱받다, 비웃음을 사다

●●
bloomer 옛날에 많이 입던 벙벙한 속옷바지 | **mock** 조롱하다, 흉내 내다
chuckle 낄낄 | **cackle** 캬캬 | **laugh hard** 자지러지게 웃다

·· Genuine vs. Cunning

순수한 vs. 교활한

genuine 사람이든 물건이든 불순물이라고는 조금도 없이 순수한 것을 말합니다. 어떤 물건이 genuine하다면 그건 모조품이 아닌 '진품'이라는 의미이고, 사람이 genuine하다면 '순수하고, 성실한'이라는 뜻입니다. 하지만 살다보면 순수한 사람만이 아니라 cunning하고 간사한 사람들도 만나게 됩니다.

I'm genuine.

genuine
진짜의, 순수한, 진실한
(=real)

She is a genuine lady in every respect.
그녀는 어디로 보든지 말할 나위 없는 숙녀이다.

He is genuine. 그는 정말 진국인 사람이야.(진짜 인간다운 사람이야.)

He is very original. 그는 자신만의 진실한 개성이 우러나와.

authentic 진짜의, 원조의, 오리지널의

음식 얘기를 할 때 많이 사용되는 표현으로, 어떤 음식 앞에 사용하면 그 음식이 원래 고향의 맛을 낸다는 뜻입니다.

genuine leather
진짜가죽

**Authentic
Pyong-yang nang-myun**
원조 평양 냉면

We went to the authentic Thai restaurant.
우리는 원조 태국 음식점에 갔어.

원조 평양 랭면

indigenous
[인디즈너스] 토착의

authentic
진짜의

●●
pure 순수한, 아무것도 안 섞인 | **hide** 가죽 (가공되지 않은 가죽)
cow hide 소가죽 | **lambskin** 양털가죽, 양가죽 | **honest** 정직한
bona fide 진실된, 진짜의 (in good faith의 라틴어 표현)

sly
교활한, 잘 속이는

cunning
간사한

세상에는 순수한 사람만이 아니라 **cunning**한, 즉 교활하고 간사한 사람들도 있죠. 또 남을 잘 믿고 속는 사람이 있는가 하면, 의심을 잘하는 사람도 있습니다.

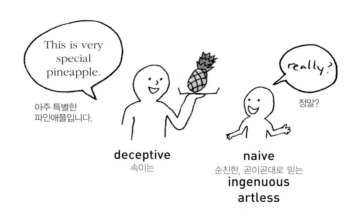

This is very special pineapple.

아주 특별한 파인애플입니다.

really?

정말?

deceptive
속이는

naive
순진한, 곧이곧대로 믿는
ingenuous
artless

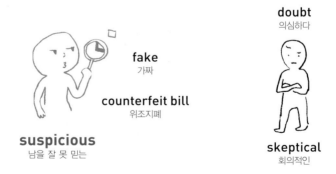

doubt
의심하다

fake
가짜

counterfeit bill
위조지폐

suspicious
남을 잘 못 믿는

skeptical
회의적인

●●
fabricated 짜여진, 위조된, 꾸며낸 | **fabric** 실로 짠 (천) | **forge** 날조하다, 위조하다; (대장장이가) ~을 만들다
blacksmith 대장장이 | **locksmith** 열쇠공 | **goldsmith** 금세공사

art가 들어가는 단어에는 가짜와 관련된 것이 많습니다. art라는 단어에 없는 것을 만들어낸다는 의미가 있어서인가 봅니다.

con-artist 사기꾼

pickup-artist 바람둥이

artifact 인공물

artificial 가짜의

acting 연기하는, ~ 한 척하는

artist 책략가

artful 교활한

crafty 간교한

deceitful 기만, 사기

devious 솔직하지 않은, 간교한

foxy 간사한, 섹시한

I declare Shenanigans!

이 사기꾼아!

Shenanigans! Shenanigans!

fraud 사기

This cures all diseases and it only costs

500만 원.

이건 만병통치약인데, 500만 원이야.

Shenanigans! I declare Shenanigans! 사기꾼이다! 이 사람이 사기친다!

He tricked me. 그가 날 속였어.(= He played tricks on me.)

I can do some tricks. Do you wanna see? 내가 묘기 한번 부려볼까?

칭찬을 받았을 때 **I feel very flattered.**라고 겸연쩍게 말하기도 하는데 칭찬을 받아 기분좋다는 말을 돌려서 이렇게 표현합니다.

ass kisser 아부쟁이   **flatter** 아첨하다, 칭찬하다

● ●

pseudo 가짜 | **charlatan** 허풍선이 | **quack** 돌팔이 | **impostor** 협잡꾼 | **swindler** 사기꾼 | **quasi** 유사한
scam 사기 | **gimmick** 속임수

B. S. bullshit을 그대로 부르면 너무 **vulgar**저속한 하게 들리기도 하기 때문에 이렇게 이니셜만 부르는 경우도 많습니다. 때로는 같은 **b**로 시작는 **baloney**를 대신 쓰기도 하는데, **baloney**는 이탈리아 북부의 볼로냐(Bologna) 지방에서 이름을 딴 Italian sausage이탈리아 소시지의 한 종류입니다.

That's totally B.S. 말도 안 돼! 터무니없는 말이야!

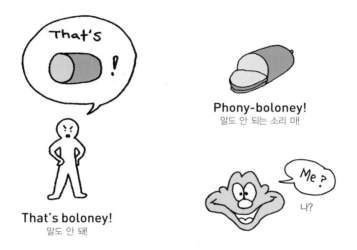

That's boloney!
말도 안 돼!

Phony-boloney!
말도 안 되는 소리 마!

나?

vulgar [벌걸] 저속한

〈내 친구 보거스Mr. Bogus〉를 기억하시나요? 역시 말도 안 되는 소리를 할 때 **That's bogus!**라고도 합니다. **b**로 시작하는 죄로 **bullshit**을 대신하게 되었습니다.

shit 똥이라는 의미지만 화가 났을 때나 일이 잘 풀리지 않을 때 '젠장' 정도의 의미로 쓰입니다. 이보다 좀 덜 과격한 표현을 사용하고 싶을 때는 **shoot**이라고 말하면 됩니다. 이런 완곡한 표현법을 **euphemism**이라고 합니다. 스코틀랜드에선 **shite**라고 하고 [샤이트]라고 발음합니다. Mogwai라는 스코틀랜드밴드의 공연에 갔을 때 blur: are shite라고 씌어진 티셔츠를 봤는데 그걸 사지 않은 걸 많이 후회했습니다. 사실 영국 그룹 Blur도 많이 좋아하는데도 말이에요. shit는 거의 나쁜 뜻으로 쓰입니다. 형용사처럼 **shitty**로 변형되어 '너무 형편없는'이란 뜻으로도 쓰입니다.

Shitty place, shitty life, shit hole.
거지 소굴 같은 집, 거지 같은 인생, 더럽고 추한 곳

shitty place
거지 같은 집

그런데 속어로는 좋은 뜻으로 쓰일 때도 있습니다. 보통 the가 앞에 들어갑니다. **This is the shit!** 하면 '이거 물건이다, 이거 죽인다.'라는 말입니다. He's the shit.처럼 사람에게도 쓰이기도 합니다. 젊은 남자애들이 많이 쓰는 속어입니다.

dung 짐승 배설물의 정식 명칭입니다. 똑똑 떨어진다고 해서 **droppings**라고도 많이 씁니다. **mice droppings** 쥐똥. 그 외에도 **excrement, fecal matter, feces** 등 여러 가지 명칭이 있습니다.

This is the shit!
이거 물건이다!

animal droppings

Dried animal dung has been used as fuel throughout the history.
역사적으로 짐승의 배설물을 건조해서 연료로 사용해왔다.

Bring me
money,
나에게 돈을 가져오라.

and you'll
live eternally
그러면 영생을
얻을 것이다.

cult
사이비종교,
사람들이 집단적으로 빠져 있는 것

sucker 어떤 것에 쉽게 넘어가는 사람, 혹은 어떤 것에 사족을 못 쓰는 사람을 말합니다. 롤리팝 사탕, 낙지나 문어의 빨판도 **sucker**라고 하죠. "이 놈!"하고 호통을 칠 때도 **You sucker.**라고 합니다.

I'm a sucker for cheesecakes.
난 치즈 케이크라면 사족을 못 써.

sucker

··Players

바람둥이

player 이 여자, 저 여자, 이 남자, 저 남자. 모두에게 좋아하거나 사귀는 것처럼 착각하게 해놓고 결국 상대방에게 상처를 남기는 사람을 말합니다.

She's a player. 그녀는 남자의 마음을 가지고 놀지.

womanizer 바람둥이

Casanova 로맨틱하게 여자를 유혹하는 남자

ladies man 여자를 잘 꼬시는 남자

pick-up artist 작업 남, 즉 여자를 잘 꼬시는 남자를 이렇게 부르기도 합니다. 이성을 유혹하기 위해 하는 말, 작업 멘트라는 것은 **pick up line**이라고 합니다.

skirt chaser
치마만 두르면 다 좋아하는 남자

flirt 여우, 선수. 이성에게 기대 이상으로 친근하게 대하며 유혹하는 사람을 말합니다.
She's a real flirt. 걔는 연애 선수야.

flirt
연애 선수

promiscuous [프라머스큐어스] 문란한

slut 남자 관계가 복잡한 여자. 문어다리의 여왕. 사실 남자에게 여자가 많은 것보다, 여자에게 남자 많은 걸 더 안 좋게 보는 시선이 담긴 단어가 **slut**입니다. 욕처럼 쓰이기도 하고요. 요즘엔 여자 관계가 문란한 남자에게 **male slut**이란 표현을 쓰기도 합니다.

skank
사생활이 문란한 여자

●●

seduce 유혹하다 | **seducer** 유혹남 | **seductress** 유혹녀 | **hussy** 개념 없는 바람둥이 여자 | **tramp** 문란한 여자
whore 창녀 | **brothel** 매춘굴 | **hooker** 매춘녀

Ho 역시 창녀라는 의미로 쓰이는데 whore과 비슷한 발음 때문에 이런 인식이 퍼지게 되었다네요. 안타까운 것은 Ho라는 슬랭이 널리 퍼지는 바람에, 원래 산타클로스의 웃음소리인 Ho-Ho-Ho를 못 쓰게 한 곳도 있다고 합니다.

pimp포주에서 나온 pimping이라는 단어도 최근에 젊은이들 사이에서 '멋지다'는 의미의 슬랭으로 사용되는 경우도 있습니다.

Your car is pimping! 네 차 끝내주는군!

fling 한때의 불장난

cheat 부정

affair 불륜

He was having an affair. 그는 외도를 했어.

Did you hear about his affair with his female coworker?
그가 여자 동료와 바람을 피웠다는 얘기 들었어?

I can't believe it. He seemed so faithful to his wife.
난 믿을 수가 없어. 그 사람 아내한테 충실하게 보였거든.

●●
scandalous (비정상 남녀 관계 등으로) 수치스러운 | **dishonorable** 명예가 실추된
disreputable 평판이 나쁜 | **sordid** 더러운 | **adultery** 간통, 부정

devoted 헌신적인

바람둥이와 달리 한 사람에게 헌신
적인 사람을 이렇게 표현합니다.

faithful 신뢰가 두터운

I'll be
right here
for you.

내가 옆에 있어줄게.

devoted
헌신적인

dedicated
헌신적인

This song is
dedicated to
my mother.

이 노래를
어머니께 바칩니다.

committed 진지하게 깊이 사귀는 것을 이렇게 말합
니다. 열심히 일을 한다는 의미로도 쓰입니다.

He's afraid of commitment. 그는 구속되는 것을 싫어해요.
He's fully committed to his job. 그는 일에 열중하고 있어.

'약혼하다'라는 의미의 **engage**도 무엇엔가에 몰두한다는 의미로 사용됩니다.
I'm engaged with a lot of tasks. 나 지금 할 일이 상당히 많아.

devoted friend 친구를 위해주는 친구

devoted husband 애처가, 공처가

devoted wife 열녀

faithful 충실한

fidelity 충실, 충성, (부부 사이의) 정절

infidelity 부정

dedicate 바치다

infidel 이단자

reliable
믿을 수 있는

dependable
의지할 수 있는

loyal
충성스런

He's a loyal friend. 그는 정말 의리 있는 친구야.

chastity 정조, 순결

abstinence [앱스터넌스] 금욕

세상이 개방적으로 변하면서 주위에서도 말초신경을 자극한 것들이 많아진 듯합니다. 세상이 어떻게 변하더라도 자신의 뜻을 확실하게 지키고 표현하는 것은 중요하겠지요.

demure
얌전한

chastity belt
(중세시대의) 정조 벨트

chastity
정숙, 순결

lust
욕정

lewd
색을 밝히는, 음란한

celibacy 독신주의 이성을 사귀는 것은 물론 결혼도 하지 않겠다는 신조입니다.

purity ring

chastity ring, purity ring 어른이 될 때까지 혹은 진정한 사랑을 찾을 때까지 순결을 지키겠다고 자신에게 약속함과 동시에 다른 사람에게 선언하는 반지입니다. 미국에서 성이 문란해지기 시작하던 90년대에 등장하기 시작했지요.

celibacy
독신, 금욕, 순결

They were very disturbed by the obscene scene in the movie.

그들은 그 영화의 외설스러운 장면이 거슬렸다.

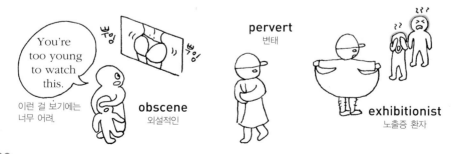

You're too young to watch this.

이런 걸 보기에는
너무 어려.

obscene
외설적인

pervert
변태

exhibitionist
노출증 환자

luscious 감미로운 관능적인 | **child molester** 어린이 성범죄자 | **pedophile** [페더파일] 어린이에 대한 이상 성욕자

누군가의 인품을 칭찬하면서 '법 없어도 살 사람'이라는 말을 자주 사용하죠? 아무도 없는 찻길에서도 신호등은 꼭 지키고 누가 보지 않아도 양심을 지키는 바로 그런 사람들에 대한 표현을 알아봅시다.

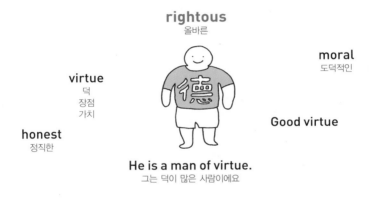

rightous
올바른

moral
도덕적인

virtue
덕
장점
가치

Good virtue

honest
정직한

He is a man of virtue.
그는 덕이 많은 사람이에요

He's doing well by virtue of his good work ethics.
그는 훌륭한 직업윤리를 가지고 있는 덕분에 일을 잘 해나가고 있어.

by virtue of가 '~ 덕분에'라면 **in spite of**는 '~에도 불구하고'라는 뜻입니다. spite는 '앙심, 악의'라는 의미인데, 마치 '악마가 꼬셨음에도 불구하고'와 같이 들리지 않나요?

conscientious [컨취엔셔스] 양심적인

wholesome 건전한, 정신이 건강하고 올바른

●●
conscience 양심 | **moral** 도덕적인 (⟷immoral[이모럴]) | **benevolent** [버네블런트] 자애로운

reliable
믿음직한

trustworthy
믿을 만한

사람들의 관계는 믿음으로 시작하죠. 친구들끼리 믿음을 테스트하기 위한 게임 중에 눈을 감고 뒤로 넘어지는 게임이 있습니다. 친구가 뒤에서 잡아줄 거라고 믿어야 자연스럽게 뒤로 넘어지게 되지요. 전 그게 잘 되지 않아서 친구한테 미안한 적이 있었습니다. 그런데 이것도 연습하면 됩니다.

TRUST GAME

Close your eyes and fall backwards, I'll catch you.

눈 감고 뒤로 넘어져봐. 내가 잡아줄 거야.

trustful
상대방을 믿는

Oops, you're heavier than I thought you were.

어이쿠, 생각보다 무거운데.

팍

trust
믿음

●●
trustful 남을 잘 믿는 | **trust building activity** 신뢰 쌓기 게임(= game of trust)

I got your back.

I'm scared.

무서워.

Don't worry. I got your back.

걱정 마. 내가 뒤에 있잖아.

trust와 back에는 깊은 관계가 있습니다. 아마도 등 뒤를 볼 수 없어 뒤쪽에 대해서는 항상 불안한 마음이 있기 때문인 듯합니다. 바로 그 등 뒤를 누군가 받쳐준다면 그 사람과는 신뢰가 쌓이게 되겠죠. 그래서 '나를 믿어, 내가 뒤를 봐줄 게.' 하는 의미로 I got your back.이라는 표현을 사용합니다. 데이터가 없어질까봐 컴퓨터 파일의 복사본을 만들어놓는 것도 backup이라고 하죠. 또 만약의 경우에 대비한 여유분도 backup입니다.

Watch your back.은 말 그대로 '뒤를 조심해.'라는 의미인데, '밤길 조심해. 뒤를 조심해. 너에게 무슨 일이 생길 수 있어.' 등 원수를 협박하는 뉘앙스로 쓰이기도 합니다. 또 다른 의미로 나와 마주보고 있는 상대가 자신의 등 뒤를 보지 못하고 지나가려는 사람을 무심코 막고 있을 때 혹은 등 뒤에서 일어나는 일을 알려주려 할 때도 쓸 수 있습니다.

Watch your back.

밤길 조심해라.

무1래?

Watch your back.

뒤를 좀 봐봐.
(네 뒤에 뭐(사람) 있다.)

저..

decent는 사람뿐만 아니라 좋고 알맞은 것에 대해 자주 쓰입니다.

I bought this in decent price.
나 이거 좋은 가격에 샀지(싸게 샀지).

He's a decent guy. 그는 참 괜찮은 사람이야.

courteous
정중하고 예의바른

decent
[디슨트]
친절하고 예의바른

polite
예의바른

안녕하세요

아이구 안녕하세요

respectful
다른사람을 존경하는, 정중한

modest
겸손하고 예의 바른

Thanks! I've never imagined I'd meet the "Modest Mouse!"

'모데스트 마우스'를 실제로 만날 줄은 꿈에도 몰랐어요.

modest mouse

After You!

먼저 가세요.

well-bred
예절 교육을 잘 받은

considerate
남의 입장을 잘 고려해주는

well-mannered
예의바른

아니예요

대단하세요

humble
겸손한, 자신을 낮추는

eat humble pie
자신의 잘못을 인정하고 자세를 낮추다

사람은 자란 환경에 따라 성격이 결정된다고 하죠? 그래서 영어에서도 bred(길러진) 앞에 어떤 단어가 오느냐에 따라 사람의 성격을 나타내는 표현이 되기도 합니다.

He's well-mannered. 그는 정말 매너가 좋아.

ill bred
못돼먹은, 버르장머리 없는

Grow up and
have some
respect.

철 좀 들어라.

irreverent
[이레버런트] 무례한, 불손한
cf. **irrelevant** [이랠러번트] 부적합한

disrespectful
무례한

rude
무례한

넌 내가
여자로 보이지도
않니?

굼적 굼적

That's
an inappropriate
behavior before
a lady.

그건 숙녀 앞에서
해서는 안 될 짓이야.

inappropriate
부적절한

● ●

good natured 심성이 착한 | **ill natured** 못된

boast
과시하다, 자랑하다

show off
과시하다

He's a stuck-up.

엄청 거만하게 구네.

stuck-up
자기가 잘났다고
생각하는 사람

난 또
뭐라고!

belittle
남을 과소평가하다,
얕잡아보다

I won
the prize.

나 상 탔지롱.

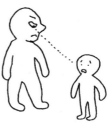

scornful
경멸하는, 업신여기는

conceited
자만심이 강한

Don't be so
conceited.

너무 자만하지 마.

Personality | **129**

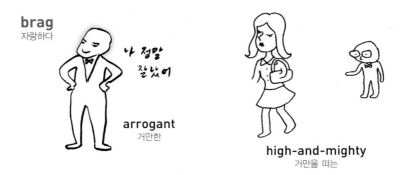

brag
자랑하다

arrogant
거만한

high-and-mighty
거만을 떠는

She always thinks she's so high-and-mighty. 걔는 항상 자기가 세상에서 제일 잘난 줄 안다니까.

He's on his high horse **again.** 저 녀석 또 으스대고 있군.

I hate his overbearing **attitude.** 나는 저 녀석의 오만한 태도가 싫어.

contemptuous
오만한, 사람을 얕잡아보는

haughty
[허티] 오만불손

bluff
허세를 부리다

••
on one's high horse 거만하게 굴다
overbearing 으스대는, 거드름 피우는
disdain 남을 멸시하다
look down on 얕잡아보다

My parents
would do
anything for me.

spoiled brat
부족한 것 없이 자라서 버릇없고
다른 사람을 무시하는 아이

우리 엄마 아빠는
내가 원하는 건
뭐든지 해줘.

Sure,
hon.

그래, 아가.

Don't give her everything.
You'll spoil her.

모든 걸 다 주지 마. 그럼 애 버릇 망쳐.

Daddy,
I want that car.

아빠,
나 저 차 갖고 싶어.

Whatever you
want, hon.

그래 네가 원하면
뭐든 해주마, 아가.

Daddy,
I want that
grand piano.

아빠, 나 저 그랜드 피아노
갖고 싶어.

daddy's little girl 아빠의 사랑을 듬뿍 받고 자란 딸
spoil 망치다 | **spoiler** 영화 줄거리 등을 미리 말해서 감흥을 망치는 것

think/ thoughtful 이 두 단어를 놓고 보면 생각하는 것과 사려 깊은 것이 서로 깊은 관계가 있다는 것을 알 수 있습니다. 생각이 깊은 사람이 사물을 잘 꿰뚫어보기도 하고, 남을 잘 배려하는 반면 생각이 짧은 사람은 경솔한 행동을 하는 경우가 많지요.

deliberate
곰곰이 생각하다

thoughtful
사려 깊은

considerate
사려 깊은, 남을 잘 배려하는

prudent
신중한

thinker
생각을 많이 하는 사람,
사색가, 사상가

로댕의 〈생각하는 사람〉도 영어로는 **The Thinker**입니다. 프랑스어로 **Le Penseur**. 영어 **pensive**깊은 생각에 잠긴도 프랑스어에서 유래한 단어입니다.

최근에 많이 쓰이는 **thinkering**이란 단어가 있습니다. **thinking**과 **tinkering**의 합성어로 '실험적으로 새로운 방법을 생각하기' 정도의 의미입니다.

She is very thoughtful and generous. 그녀는 정말 사려 깊고 인심도 후해요.

Think twice 다시 생각해봐.

●●
inconsiderate 남을 배려할 줄 모르는

scrupulous
[스크룹퓰러스]
주도면밀한

meticulous
아주 꼼꼼한

There's a hidden meaning in this photo.

이 그림에 분명
숨겨진 의미가 있을 거야.

perceptive
통찰력이 있는, 지각이 있는

I see the sadness inside you.

당신 안의
슬픔이 보이네요.

insightful
통찰력이 있는

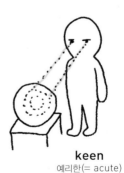

keen
예리한(= acute)

●●
sharp 날카로운 (통찰력이 있고 예리한)
sensitive 예민한

impetuous
생각이 없이 성급하게 행동하는

impulsive
충동적인

You only live once. 인생은 한 번뿐이야. 현실적인 이유로 하고 싶은 일을 하지 못하고 망설이다가 어느 순간 '그래 해야지.' 하면서 결정하고 격려하는 의미로 자신이나 다른 사람에게 해줄 수 있는 말입니다. '한 번밖에 없는 인생, 하고 싶은 것은 해봐야지.' 정도의 의미랍니다.

I was young and reckless.

내가 어리고 생각이 없었어.

reckless
생각 없는

인생은 학교가 다가 아냐.

dropout
낙후: 탈락자, 중퇴자

highschool drop out
고등학교 중퇴자

shameless
창피한 줄도 모르는

self indulgent
하고 싶은 대로 하는

drop off box
수거함

What a shame! 쯧쯧!

Shame on you! 창피한 줄 좀 알아라.

rebel
반항아

● ●
teenage rebel 십대 반항아 | rebellion 반항적인 | conventional 전통적인
conservative 보수적인 | traditional 전통을 따르는 | heedless 부주의한
reckless 무모한, 앞뒤 가리지 않는 | careless 조심성 없는, 건성의

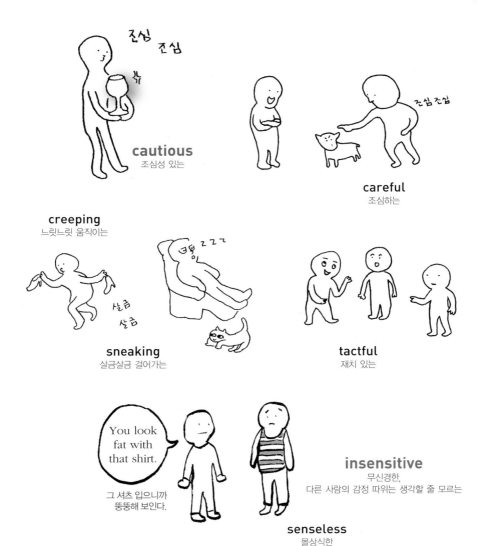

cautious
조심성 있는

careful
조심하는

creeping
느릿느릿 움직이는

sneaking
살금살금 걸어가는

tactful
재치 있는

You look fat with that shirt.

그 셔츠 입으니까 뚱뚱해 보인다.

insensitive
무신경한,
다른 사람의 감정 따위는 생각할 줄 모르는

senseless
몰상식한

indifferent 냉담한, 무관심한

Here's your coffee.

커피 가져왔습니다.

어 ... 어.

clumsy
항상 잘 걸려 넘어지고,
엎지르고, 미끄러지고,
운동신경이 없는

My fingers are clumsy. 내 손가락이 좀 무뎌.

klutz 여기저기에 잘 부딪히고 걸려 넘어지는 사람

klutzy 서투른

ditsy 어리바리하고 바보 같은

gawky 어리바리하고 어색한

athletic 운동신경이 좋은

I've never guessed that she was a klutz. 그녀가 그렇게 어리바리하리라고는 생각도 못했어.

저...

저...

먼저 하세요.

먼저 하세요.

awkward
어색한

klutzy

Hey.

Oh, hi!

klutz

Nope.
아니.

아니올시다.

No way.

글쎄.

Uh-uh.

Nah.
아니야.

No.
싫어.

How about this?
이건 어때?

picky

I only eat roundthings.
나는 동그랗게 생긴 것만 먹어.

choosy
까다롭게 고르는

picky eater
편식하는 사람

She's hard to please.
그녀의 입맛을 맞추기가 참 힘들죠.

fuss
야단법석을 떨다

이 떨지 된거아님?

어떡해~

나에 대해 이러쿵저러쿵 하지 좀 말라구.

Don't fuss about me.

I just love my fish.

난 그냥 내 물고기를 아낄 뿐이야.

I'm very fussy about my shoes.

난 신발은 아주 까다롭게 고른다오.

sigh...

fussy about
~에 대해 무척 까다로운

finicky about
~에 대해 까다로운

Choose us please!
제발 우리를 선택해주세요.

I'm very finicky about my hat.
난 모자에 대해서는 아주 까다로워.

I'm particular about the way of the person's walk.
난 사람들의 걷는 모습을 아주 중요하게 여기지.

be particular about
~에 대해 특별하게 깐깐한

squeamish
비위가 약한, 강박적인, 신경질적인

Try my favorite dishes.
내가 좋아하는 음식들 좀 먹어봐.

I'm very squeamish.
난 비위가 엄청 약한데.

텔레비전 드라마에 나오는 Mr. Monk형사 몽크는 꼭 Sierra Spring이라는 물만 마셨죠.

I only drink Sierra Springs.

나는 시에라 스프링만 마셔.

persnickety
[퍼스니키디]
까다로운, 세심하고 소심한

좋은데

critical
비판적인

art critic
미술 평론가

What do you do? 직업이 어떻게 되세요?

I'm an art critic. 저 미술 평론가입니다.

She's always critical about almost everything.

그녀는 거의 모든 일에 대해서 아주 비판적이야.

He's in hspital in critical cndition.

그는 병원에 있는데 위중한 상태입니다.

흠.. 뭔가 맘에 안들어..

짝가 →

strict
엄격한

●●
critic [크리딕] 비평가
critique 품평회, 평가회; 평가하다
critical issue 매우 중요한 사항

self-critical
자기 비판적인

My parents are very strict. I have to be back by 10 pm.

우리 부모님은 엄격하셔서 난 10시까지는 집에 들어가야 해.

He's very strict with himself. 그는 자기 자신에게 아주 엄격하지.

play hard to get 튕기다

She plays hard to get. 그 앤 참 꼬시기 힘들어.

●●
perfectionist 완벽주의자 | **perfect** 완벽한 | **impeccable** 완벽한 | **flawless** 흠이 없는

까다롭고 비판적이고 빈틈 없고 엄격한 사람들과 달리 편한 성격의 사람들도 있습니다. 웬만한 일에는 걱정도 하지 않고 어떤 말에도 상처를 받지 않는 사람들 말입니다.

easy going 까다롭지 않은, 마음 편한

Everything's good.

만사 오케이

happy-go-lucky 걱정이 없는 사람, 태평한 사람

carefree 걱정 없는

light hearted 마음에 짐이 없는 사람

thick-skinned 둔한

thick-skinned는 남이 자신에게 무례하게 행동해도 잘 모르는 경우입니다. 둔감하게 보일 수 있지만 상처도 잘 받지 않고 너무 감정적이지 않아서 정서적으로 안정되어 보인다는 긍정적인 면도 있어요. 반대말은 **thin-skinned**인데, 이런 사람에게는 말조심을 하는 것이 좋겠죠? **have some nerve**는 우리말로 '얼굴이 두껍다, 안하무인이다'라는 의미입니다.

걱정이 없는 사람이라고 해도 **easy going**한 사람은 성격이 원만한 사람을 뜻하는 반면 **happy-go-lucky**는 너무 태평스럽게 어떤 것에도 신경을 쓰지 않는 사람을 말합니다.

WHAT EVER

thick-skinned

thick skinned 어지간한 말에는 상처 받지 않는 사람

Easy, kid!

얘야, 진정해!

Aggg!

●●
carefree 걱정이 없는 | **easy going** 성격이 원만한 | **easy to get along** 쉽게 어울릴 수 있는
easily amused 쉽게 만족하는 | **easily distracted** 금방 집중력이 흩어지는

··Good Looking

선남선녀

Beauty is in the eye of the beholder.

제 눈에 안경이다.

Beauty is in the eye of the beholder. '제 눈에 안경이다.' 다시 말해 보는 사람에 따라 아름답게 느껴지는 게 다르다는 의미인데, 왠지 뉘앙스가 좀 다르게 느껴지는 것은 어쩔 수 없네요.

외모 하나는 아주 흠잡을 데 없이 생겼는데 목소리를 듣는 순간 환상이 깨지거나 무척 잘생긴 사람이 하는 행동은 어처구니 없는 경우가 있죠. 반면에 평범한 외모지만 아주 사랑스러운 이미지가 있거나 좀 못생겼어도 포스가 작렬하는 사람도 있고요. 사람의 외모는 겉에만 있는 게 아니라 사진으로 찍히지 않는 내면에 쌓인 자신만의 아우라aura 가 같이 어우러져야 진정한 매력이 나오는 것 같아요. 그럼 한번 선남선녀들의 매력 포인트를 짚어보아요.

Personality | **141**

stud
매력남

hunk
멋진 몸짱

남성에게 잘생겼다는 칭찬을 할 때 가장 일반적으로 사용하는 단어가 **handsome**이지요. 너무 **hunk** 같지도 않고 너무 **pretty**하지도 않으면서 잘생겼다는 의미로, 상대방을 띄워주는 무난한 말입니다. 참고로 **hunky-dory**라고 하면 "오케이!"라는 의미입니다.

I'm very attracted to her. 그녀에게 아주 끌려요.
I'm not attracted to him at all. 그 분 전혀 안 끌려요.
What a babe! 우와 예쁘다!

Hello, Doll face!

어이, 이쁜이!

Moi?

저요?

drop dead gorgeous
보면 쓰러질 정도로 아름다운 여성

●●

top dog 인기가 많은 남자 | **pretty boy** 꽃미남(gay도 포함) | **attractive** 매력적인 | **attracted** 끌린, 반한
hottie 섹시하고 매력적인 남녀 | **doll face** 예쁜 얼굴 | **adorable** 사랑스럽고 귀여운 | **good looking** 잘생긴, 예쁜

dazzling
눈부신

Come on.
여기예요.

bedazzle
현혹시키다, 눈멀게 만들다

I can't see! Lead me!
안 보여요. 인도해주세요!

dazzling beauty
눈부실 정도의 아름다움

dazzle 눈부시게 하다, 압도하다 | gorgeous 무척 아름다운, 훌륭한 | ravishing 황홀하게 아름다운
stunning 기절할 정도로 아름다운 | stunned 기절한, 뽕간, 놀라서 입이 벌어진 | splendid 빛나는, 화려한
splendorous 찬란한 | magnificent [매그(니)피슨트] 웅장한, 방대한, 위대한 | desirable 모든 이가 원하는
undesirable 아무도 원치 않는, 바람직하지 않은

She got sad since she was told that she was undesirable.
그 앤 아무도 자신을 원하지 않는다는 말을 듣고 슬퍼졌어.

He has a deep masculine voice. 그는 굵은 남자 목소리를 지녔다.

Don't get involve with machos. 마초 같은 남자랑 엮이지 마.

She has mannish character. 그녀는 좀 여성스럽지가 않아.

masculine
남자다운, 늠름한

manly
남자다운

tough
거친

macho 마초 | cocky 마초 같은 | mannish 남자 같은

sissy
패기 없는

wuss
겁 많고 마음이 약한 사람

●● **mama's boy** 마마보이

He is so manly but his brother is a wuss.
그는 아주 남자다운데 그 남동생은 겁쟁이야.

He's such a mama's boy.
걔는 정말 마마보이야.

wimp
겁 많고 잘 울먹거리는 사람

timid
소심한

Oh my goodness!

옴마야!

pansy
여자 같은

sassy

saucy

sexy도 아니고 **sassy**? 영화 〈엽기적인 그녀〉가 해외에 수출될 때에는 My Sassy Girl로 번역되었답니다. **sassy**는 섹시하고 건방지면서도 활달하고 귀엽기도 한, 섹시보다는 좀 복합적이고 더 감각적인 말이죠. 비슷한 단어로는 **saucy**. 건방지지만 예쁜 애, 섹시하면서 톡 쏘는 것 같은 여자를 이렇게 표현합니다. **cute**는 애기들한테 쓸 때엔 귀엽다는 의미지만, 성인들에게 쓰면 매력적이라는 뜻이 됩니다.

There's a new girl in my class. 내 수업에 못 보던 여자애가 있어.

Is she cute? 예쁘냐?

Yes she's really cute. 어, 무지 예뻐.

She's a girlie girl. 걘 천상 여자야.

●● **girlie** 아주 여성스러운 | **pussy** 계집애 같은(용기 없는 남자들을 말함)

glam shot(glamour shot) 모델이나 영화배우처럼 화려하고 멋지게 포즈를 잡고 찍은 사진을 말합니다.

glamour 가슴이 큰 여성에게 따라다니는 수식어 '글래머'. 하지만 원래 **glamour**의 뜻은 '매혹, 매력'입니다. 유명 잡지 중 〈Glamour〉라는 이름의 잡지가 있는데, 남자를 위한 잡지가 아닌 여성 패션지랍니다. 〈Allure〉라는 잡지도 있는데, 의미는 **glamour**와 비슷합니다. 영어식 발음으로는 〔알루어〕라고 합니다. 우리나라에서 '글래머'라고 부르는 여성적 몸매의 여성에게는 **voluptuous**[벌럽츄어스]나 **curvaceous**[컬베이셔스] 등의 표현을 사용합니다.

curvaceous
풍만한

curvy

이제 좀 S 라인 같아보임?

흠~

Don't try too hard.

Don't try too hard.

너무 무리하지 마.

gangly
휘청거릴 정도로
마르고 홀쭉한

plump
통통한

waif
너무 마른

lanky
아주 마르고 길다란

waif 요즘 여자 모델들 처럼 지나치게 마른 사람. 원래는 '부랑아, 집 없는 아이'란 뜻 이에요.

sexy하다는 말 중 가장 많이 쓰이는 것은 **hot**입니다. 그럼 천박해 보이는 것은 뭐라고 할 까요? **sleazy**입니다.

You look sleazy with that dress. 그 원피스 입으니까 천박해 보여.

●●
figure 몸, 체형 | **slender frame** 가냘픈 체형

classy '세련된'이란 뜻이에요. 글자 그대로 품위 있어 보이는 것을 말합니다. 점잖으면서도 답답하거나 보수적으로 보이지 않고, 어느 정도 섹시해 보이면서도 천박해 보이지 않는 스타일을 말합니다.

sophisticated look도 세련되고 지적인 스타일을 말해요. sophi- 는 philosophy나 sophomore 등의 단어에서 그 의미를 유추할 수 있죠. '우아한'은 elegant[(앨)레갠ㅌ]라고 합니다.

classy
세련된

Ms. Park is smart and classy.
박 여사는 지적이고 세련되었죠.

She's sophisticated and kind.
그녀는 지적이면서 친절해요.

sophisticated look
지적인 스타일

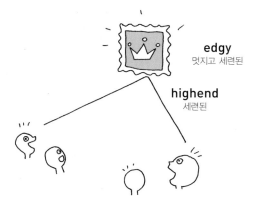

edgy
멋지고 세련된

highend
세련된

sharp
세련된

edgy 한때 '엣지 있게'라는 말이 유행한 적이 있습니다. '가장자리, 끝'을 뜻하는 edge에서 나온 형용사로, 예리하며 감각적이라는 의미입니다. 비슷한 뜻으로 sharp도 있습니다. edgy의 발음은 [엣지]가 아니고 [에쥐]입니다.

You're looking sharp today.
너 오늘 세련되어 보여.

edgy
감각적이고 세련된

mod 60년대 복고풍 의상을 말합니다. retro style이라고 하는데, retro style이라고 하면 그런 옷을 입은 사람을 뜻하기도 합니다. trendy는 최신 유행 스타일을 입는다고 할 때 사용합니다. 이와 반대로 촌스러운 것은 tacky라고 하죠.

mod
retro

hip
개성 있으면서 세련되고
유행에 뒤떨어지지 않는

swanky mom

swanky
아주 멋진(= posh)

멋진 건 한마디로 cool이라고 하면 되죠. cool하면서 trendy한 것을 hip하다고 하구요

This club is so swanky! 이 클럽 아주 멋진데!

Do you want to check out the new bar? It's really hip.
새로 생긴 바에 갈래? 아주 근사해!

suave
상냥하고 부드러운

ugly
못생긴, 행동이 추한

She is ugly as sin. 걔 정말 못생겼어.(못생긴 게 죄인 걸까요?)

He can be really ugly when he gets drunk.
그 앤 술 취하면 못 봐주겠어.

That's an ugly behavior. 그건 못된 행동이구나.

butt ugly
못생긴

Hum...I have a heart-shaped head.

음..내 머리는 하트모양인데.

Hi Butt-Head! Where's Beavis?

안녕 벗헤드!
비비스는 어디있어?
(Beavis and Butt-head 못생기고
덜떨어진 90년대 mtv 만화 캐릭터)

다른 사람이랑
착각하셨나봐요.

You must have mistaken me for someone else.

ugly as sin
정말 못생긴

ogre
못생긴 괴물
(대표적으로 슈렉)

끝에 나올라..

repulsive
혐오감을 주는

hideous 끔찍한

unattractive 못생긴, 매력 없는

ugly duckling 미운오리 새끼 (어렸을 때는 못생겼

는데 커서 예뻐지는 사람)

grotesque 기이한, 괴기한

uncanny 섬뜩한, 이상한, 초인적인

repulsive 불쾌한, 혐오감을 주는

repellant 쌀쌀한, 냉정한

The World of Sound

자연과 사물, 현상에서 나는 소리와 사람 입에서 새어 나오는 소리를 모아봤어요.

KA·Boom

HUH HUH HUH!
아-아-아!
(아니 안 돼, 그건 아니지!)

OY vey!
에궁. (Yiddish)
아이구야!

엣! 오잉!

POP! POP!
톡! (터지는 소리)

Ugh!

욱!

ROAR!

어흥!

으르렁, 어흥
(사자, 호랑이 등이)
울부짖다

SLAM

쾅!

TAP
TAP

톡톡 틱틱 두드리는 소리

wee woo

삐뽀삐뽀 (사이렌)

Boing
Boing

통통통

Just snap out of it. 까짓 거 박차고 나와 버려~!

snap button 똑딱 단

뽀요용, 띠용, 또요용

bowow!
왈왈! 멍멍! 컹컹!

woof!
월

pant pant
헥 헥

끼이익!

squeaky clean
아주 깨끗한 (뽀드득)

액! 으액!

철썩~! 물 부딪히는 소리

흥얼 흥얼

삭~! 휙! 휘리릭!

똑 똑 똑(물 떨어지는 소리)

짹짹

찌륵찌륵

쪽!
쪽!
(키스를 하는 소리)

쪼옥! (키스하는 소리)

lub dub

(심장이) 두근두근

팩!

쉬잇!

으...

아이 아이 아이! (한탄조)

아이구, 머리야!

boo
짧게 boo!하면
깜짝 놀라게 하는 소리.

Wake up, boo!
자기야, 일어나!
(사랑하는 사람을
boo라고도 함)

They booed him. 그들은 그에게 야유를 보냈다.(boo: 야유하다)

액! (짜증나는 투)

겁주려고 하악거릴 때

shrug
어깨를 으쓱하다.

Do you wanna come with us?
우리랑 같이 갈래?

어머나 귀여워라, 어머나 가엾어라,
어머나 날 눈물나게 하려고 하네… 등

그리 내키지도 않고, 또 싫지도 않을 때에
또 할 말이 없을 때에도 씁니다.

Meh~ Might as well. 뭐, 그러지.(같이 가서 나쁠 것 있나.)

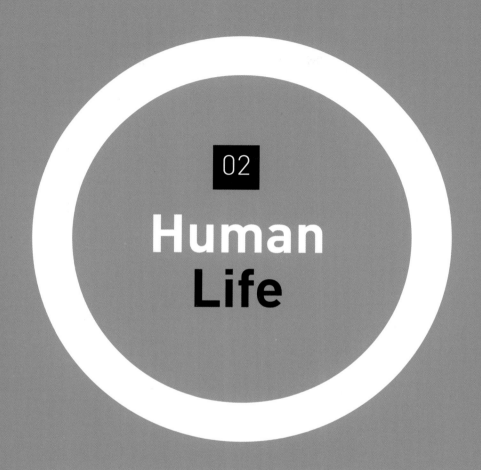

02

Human
Life

Life & Emotion

기쁘고, 슬프고, 화가 났다 다시 즐거워지고, 누군가와 싸우고, 미워했다 다시 화해하고….
이런 다양한 감정이 돌고 도는 것이 우리의 인생이겠지요 이 장에서는 이렇게 돌고 도는 우
리 인생에 대한 표현을 알아보기로 해요.

돌고 돌고 돌고

• We go round and round.

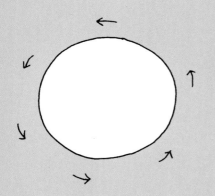

앞으로… 앞으로… 앞으로, 앞으로, 앞으로!

어렸을 때 이 노래를 들으면 항상 생각했어요.

"그래, 정말 앞으로 계속 가면 지구는 둥그니까 온 세상 사람들을 다 만나고 오겠구나! 그리고 계속 앞으로 가면 결국 제자리로 돌아오겠구나."

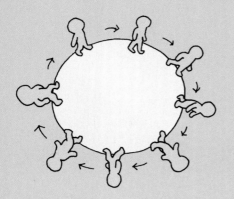

go forward 앞으로

move forward 앞으로

keep moving forward 계속 앞으로

keep moving like the arms of a clock
시계 바늘처럼 움직여

Oh, are you going around in circle?
오, 빙 돌고 있네요?

그런데 의문이 들기 시작했어요. 온 세상 사람들이 다 앞으로, 앞으로 걸어나간다면, 모든 사람들이 한 방향으로 걸어나간다면 세상 사람들을 다 만날 수는 없겠다는 생각이 들었죠.

"결국 아무도 만나지 못한 채 돌고 돌아 허망하게 그 자리로 돌아오게 되지는 않을까?"

그래서 생각했죠.

"아… 사람들은 여러 방향으로 가야 서로 만날 수 있겠구나. 그래, 앞으로도 가고, 옆으로도 가고, 뒤로도 가보자. 그러면 많은 사람들을 만나고 세상을 배울 수 있겠지."

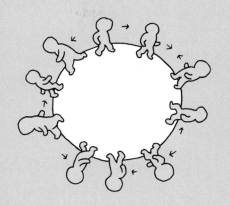

move backward 뒤로
and then forward 앞으로
move sideways 옆으로
try many different ways 이리저리로

그러다 보면 많은 이야깃거리가 나오면서 평화롭지만은 않은 사태가 발생하게 되겠지요. 사람과 사람이 부딪히며 사랑하고, 미워하고, 싸우고, 화해하고, 즐거운 날이 있다가 슬픈 날이 있고, 괴로운 일이 있다가도 좋은 일도 있고, 여러 가지 감정이 돌고 도는 것이 우리의 인생인 것 같아요

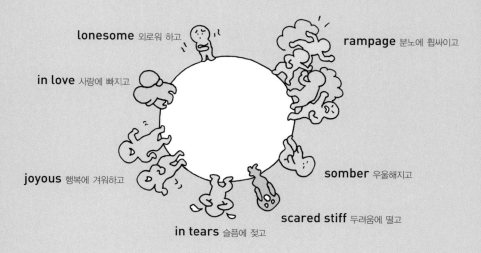

lonesome 외로워 하고

rampage 분노에 휩싸이고

in love 사랑에 빠지고

somber 우울해지고

joyous 행복에 겨워하고

scared stiff 두려움에 떨고

in tears 슬픔에 젖고

hyper
때로는 에너지가 너무 넘쳐
감당 못 하기도 하고

I'm going crazy.
어떤 날은 미칠 것 같아서
소리를 지르고도 싶어요.

depressed
어떤 때는 너무 우울해서
일어나기도 싫고

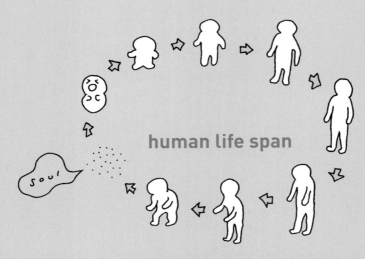

human life span

사람들은 저마다 여러 감정의 늪을 지나고 지나 인생이라는 단계를 하나하나 밟아나가고 있지만,
흙에서 나와 흙으로 돌아간다는 말이 있는 것처럼 그 또한 원점으로 돌아가 돌고 돌겠죠?

ashes to ashes, dust to dust
재에서 재로, 흙에서 흙으로

growing pain

아픈 만큼 성숙해지고….

인생의 단계가 바뀔 때마다 성장통을 겪기도 하죠. 그럴 때면 마음도 몸도 괴롭고 힘이 들지만 그 단계를 넘어서면 다시 평온해지며 새로운 단계로 올라서게 됩니다. 그 단계를 딛고 일어날수록 더욱 현명해지는 거죠.

인생의 마지막 단계로 향해 가고 있지만 언제나 현재진행형인 우리의 인생. 한 순간도 헛되지 않았으면 하고 바라지만 여전히 멍하게 있는 시간은 어쩔 수가 없네요. 가끔 멍하게 있는 시간도 우리의 소중한 인생의 한 부분이라고 생각도 해보기는 합니다. 인생의 마지막을 준비하는 프랭크 시나트라의 노래를 마음으로 한 소절 불러보고, 우리 인생에 대해 짧지만 굵게 한번 살펴보도록 해요.

And now, the end is near
And so I face the final curtain
이제, 인생의 끝자락이 다가오는 길목에서
내 무대의 막을 내려야 할 준비를 하려 한다네…

 Solomon Grundy,

Born on Monday,

 Named on Tuesday,

 Married on Wednesday,

 Took ill on Thursday,

 Worse on Friday,

 Died on Saturday,

 Buried on Sunday,

This is the end of Solomon Grundy.

일생을 요일로 나눈 이 시를 처음 접했을 때 무척이나 우울했던 기억이 납니다. 그때 저는 초등학생이었는데, 읽는 순간 인생무상이라는 생각이 들면서 일주일 인생의 반 이상이 질병과 죽음으로 채워져 있는 이 시가 너무 무서웠어요. 그래도 이건 어린이들을 위한 시가 맞답니다. 19세기에 씌어진 이 시는 현대의 유명한 만화 주인공 이름을 비롯해, 대중문학과 음악 등의 가사에 변형하여 등장할 정도로 많은 영향을 끼쳤어요. 어린아이들이 요일에 맞춰 인생의 단계를 시의 운과 형태를 배우는 데 좋은 것 같아요. Named on Tuesday 대신 다른 버전엔 Christened on Tuesday라 나오기도 합니다.

Solomon Grundy, 솔로몬 그런디
Born on Monday, 월요일에 태어나서
Named on Tuesday, 화요일에 이름을 얻고
Married on Wednesday, 수요일에 결혼하여
Took ill on Thursday, 목요일에 병이 들고
Worse on Friday, 금요일엔 악화되어
Died on Saturday, 토요일에 세상 떠나
Buried on Sunday, 일요일에 묻혔다네.

This is the end of Solomon Grundy.
그것으로 끝났다네. 그런디의 한 세상.

쓴 약을 먼저 먹는 것처럼 인생 사건 중에서 가장 우울한 죽음에 대해 먼저 살펴볼까요?

●●
christen 세례받다(= baptized) | **ill** 아픈, 병든 | **worse** 악화되다 | **buried** 묻힌

What would you want inscribed on your tombstone?

tombstone
묘비

epitaph
비문

당신의 묘비에 뭐라고 새길 건가요? 이런 걸 생각해본 적이 있나요? 우리나라에서는 묘비에 이름과 생년월일, 그리고 사망한 날짜 등만 간단하게 남기지만 서양에서는 그 사람의 인생에 대하여 요약하거나 그의 인생을 시로 표현해서 **epitaph**비문을 새겨 놓습니다. 자신의 묘비에 뭘 써넣을지 생각을 하라는 것은 자신의 인생을 돌아보며 죽는 날까지 아름답게 살라는 뜻을 내포하는 것이겠죠? 죽음을 준비하는 것은 곧 삶을 더 소중하게 생각하는 것이니까요.

죽음에 대해 생각해보고 마음을 다스리는 것이 정신적인 면이라면, 형식적으로는 유서를 쓰는 것이 있습니다. 유서는 **last will** 혹은 **testament**라고 하는데, 미국에서는 젊은 사람들도 미리 유서를

will & testament lawyer
유언 전문 변호사

will
유서, 유언장

Jerry will inherit all my money.

내 모든 재산을 제리에게 물려준다.

Jerry

hier
상속인 [에어]

heiress
상속녀

써놓는 경우가 많다고 합니다. 내용은 주로 자신이 죽으면 자신의 **properties**재산를 누구에게 **inherit**물려주다, 상속하다하겠다는 것이죠.

inherit는 재산뿐 아니라 부모에게 유전적으로 물려받은 것을 말할 때에도 쓰입니다.

He inherited his great voice from his father.

그는 아버지로부터 멋진 목소리를 물려받았죠.

'죽다'는 모두 알고 있다시피 **die**, 영화제목으로 알려진 **die hard**는 어지간해서 죽지 않고 끝까지 버틴다는 의미입니다. 형용사형인 **dead**와 명사형인 **death**는 **I'm dead tired.**피곤해 죽겠어. **I love you to death.**죽도록 사랑해.와 같이 강조의 의미로 많이 사용됩니다. 또한 **It's a matter of life and death!**이건 생사가 달린 문제야.진짜 생사가 달린 문제에도 쓰고 그만큼 중요한 문제에 강조하듯이 쓰이기도 합니다. '죽는다'는 의미를 완곡하게 표현할 경우에는 **pass away, go to heaven**라고 말하고, 좀 더 격식을 차려야 할 때는 **decease**라고 합니다.

I'm not your biological father. 난 네 생부가 아니다.

last word 유언

death bed 임종

She died of a lung cancer. 그녀는 폐암으로 사망했어요.
She's a die hard METS fan. 그녀는 메츠팀의 아주 열렬한 팬이다.
He passed away last month. 그 분은 지난 달에 돌아가셨어요.
She misses her deceased husband. 그녀는 세상을 뜬 남편을 그리워해요.

'죽다'라는 의미의 또 다른 표현으로 **bite the dust**가 있습니다. '죽다'라는 뜻 이외에도 '끝나다, 넘어지다, 실패하다' 등의 의미로 쓰이기도 합니다. 우리 말의 '눈에 흙이 들어가다'라는 표현과 어느 정도 통한다고 볼 수 있습니다.
Over my dead body! 내 눈에 흙이 들어가기 전에는 절대 안 돼!

kill '죽이다'는 의미이지만 **be killed**와 같이 쓰면 **be murdered**와는 다르게 사고 등으로 죽었을 때 쓰입니다. '죽이다'라는 의미로 **take a life**라는 표현도 있습니다.
She was killed in a car crash. 그녀는 교통사고로 사망했어요.
More than 1000 killed by tsunami last year. 1000명이 작년에 쓰나미로 사망했어요.
Tsunami took thousands of peoples lives. 쓰나미는 수천 명의 생명을 앗아갔어요.
He took his own life. 그는 스스로 생명을 끊었어요.(자살을 했다는 의미로 많이 사용됨)

●●
heir 상속자 | **heiress** [에어리스] 상속녀 | **inherit** 물려받다 | **inherited disease** 유전병

이 사건, 뭔가 수상해.

suicide note 자살하는 사람이 남긴 유서입니다.

obituary부고 어렸을 때 Obituary라는 death
metal 밴드가 있었는데요. 밴드 이름이 무슨
의미인지 궁금해서 이 단어를 찾아보고 '부고'
의 의미를 알게 되었습니다. 그 후로 신문을 보
면 정말 부고란이 있는지 찾아보곤 했죠. 지역
신문엔 일반인의 부고도 많이 실리고, 전국 신
문엔 주로 명사들의 죽음이 실립니다. 사진이
있을 때도 있구요. **death metal**은 톤이 낮은
헤비메탈 음악에 죽음을 포효하는 것 같은 보
컬이 추가된 음악이라고 보면 됩니다. 어떤 때
이런 음악을 들으면 집중이 잘 되기도 합니다.

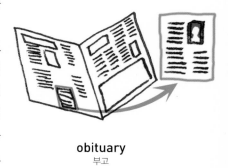

obituary
부고

●●
commit suicide 자살하다 | **case** 사건 | **fishy** 수상한, 미심쩍은

고인의 명복을 빌며 가족을 위로하는 메시지 몇 가지입니다.
I'm so sorry for your loss. You have my deepest sympathy.
Please accept my heartfelt condolence for your loss.
My thoughts and prayers are with you and your family.

wake
장례식 전에
손님을 맞는 행사

mourn
애도하다, 슬퍼하다

wake 장례식 전에 손님을 받는 행사를 말합니다. 우리는 보통 '상가집에 간다'고 하지요. 우리나라의 장례는 병원에 마련된 장례식장에서 많이 치뤄지지만 미국에선 **funeral home**이라는 곳에서 합니다. 우리와 달리 관을 열어놓고 말끔히 차려입은 고인의 마지막 모습을 보여주기도 합니다. **reincarnation**윤회설을 믿는다면, 죽고 다른 사람으로 다시 태어나는 것도 생각해 볼 수 있겠죠?

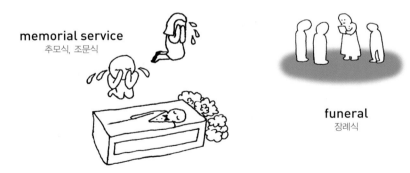

memorial service
추모식, 조문식

funeral
장례식

이렇게 어떤 곳에서는 누군가가 인생의 막을 내리고, 또 다른 곳에서는 새로운 생명이 잉태되기도 합니다.

●●
undertaker 장의사 (undertaker란 프로레슬러도 있습니다. 관을 들고 나오는…)

··Birth

탄생

Baby's on the way. 아기를 가졌어요.

I have a
bun in
my oven.

burn in the oven
임신한

She got a bun in the oven. 그녀는 아기를 가졌어요.

She's preggers. 그녀는 임신했어.

She's bearing a daughter. 그녀는 딸을 임신했어.

bun은 둥근 모양의 빵을 말하는데, 엉덩이를 **buns**라고 하기도 합니다. 머리를 동그렇게 말아 올린 것도 **bun hair**라고 합니다.

When's the due? 예정일이 언제야?

Did you find out what it is?

남자아기인지 여자아기인지 알아봤어?

아기의 성별을 알기 전까진 **it**이라 칭합니다.

She's
expecting
a baby in
June!

6월에 아기가
나올 거 같아요.

**expecting
a baby in __**
~에 아기를 낳을 예정인

Pink or
blue?

여자 아기야, 남자 아기야?

Bear in mind.

마음에 새기거라.
(잊어버리지 말아라.)

don't forget

bear
품다

conceive
마음에 품다. 임신하다

She bore a baby boy yesterday.

그녀는 어제 사내아이를 낳았어.

●●
preggers (슬랭)임신한(= pregnant)
due 예정일

172 | 마이 퍼니 잉글리씨 2

carry 아기를 갖다

She's carrying Michael's baby. 그녀는 마이클의 아기를 가졌어요.

baby bump 임신해서 볼록 나온 배

She's 5-month pregnant. 그녀는 임신 5개월째야.

Does she have a baby bump? 배 좀 나왔냐?

볼록

Is that a baby bump?

임신했니?
배가 나왔네.

Nah. That's just a beer belly.

아니야, 술배야.

labor 진통

I had 24 hours of labor. 난 24시간 동안 진통했어.

She's in labor. 진통 중이에요. (아기를 낳고 있어요.)

delivery room 분만실

breastfeed 모유 수유를 하다

nurse a baby 아기에게 젖을 주다   cf. **nursing home** 양로원

She's nursing her baby. 그녀는 아기에게 젖을 먹이고 있어요.

maternal instinct 모성(모성 본능)

kid 아이들을 가리킬 때는 가장 많이 쓰는 단어입니다. 어린아이들뿐만 아니라 큰 애들까지도 종종 이렇게 불립니다.

Hey there, Kids! 어이, 얘들아!

I have three kids. 애가 셋이에요.

college kids 대학생   **high school kids** 고딩들

kiddos 아그들   **6 graders** 6학년 아이들

I love you, kid. 사랑한다, 짜식(친구들 사이에서 쓰이는 표현)

Rugrats 어린이 만화 캐릭터

rugrat 어린애들

〈Rugrats〉란 만화도 있는데, 이것도 아이들을 가리키는 표현입니다.

● ●
be born 태어나다 | **bring to life** 태어나다

donut hole
munchkin
도너츠를 만들 때 생긴
작은 반죽으로 만든 도너츠

little munchkins
어린애들

donut holes이란 도너츠 만들면서 가운데 구멍을 뚫을 때 생긴 작고 동그란 도너츠를 말합니다. 던킨 도너츠에서는 이것을 **munchkin**먼치킨이란 이름을 붙여서 판매하죠. **munchkin**은 원래 《Wizard of Oz오즈의 마법사》에 나오는 먼치킨 나라의 작은 사람들에서 나온 단어인데, 지금은 아이들을 의미하는 표현으로 쓰이기도 합니다.

그리고 좀 더 큰 아이들을 지칭하는 표현들에는…
teeny bopper는 음악과 문화, 패션, 라이프 스타일에 관심이 많은 early teens를 귀엽게 이렇게 부릅니다. rhyme이 비슷한 **party pooper**는 '파티를 망치는 사람, 좋은 분위기에 찬물을 끼얹는 사람'을 말합니다.

teeny bopper
중학생 히피

teenager 십대(teen이 들어가는 13살부터 이렇게 부릅니다.)

early teens 십대 초반의 아이들   **late teens** 십대 후반의 아이들

아이가 태어나 자라고 사람들을 만나면서 여러 가지 관계가 형성됩니다.

내가
찬물을 끼얹었나

쌤~

Drinking and
smoking is bad
for you!
음주와 흡연은 건강에 해로워.

party
pooper

·· Relationship

relationship관계 가족에서부터 친구, 연인, 동료 사이까지, 만나고 헤어지는 모든 사람들 사이의 관계를 합니다. 길을 가다 부딪히는 것도 전생의 인연이 있기 때문이라는 말도 있듯이 모든 만남은 항상 특별합니다. 하지만 그만큼 복잡한 것이 또 인간관계입니다.

I'm in a serious relationship. 진지하게 만나는 사람이 있어요.
How's your relationship with your parents? 부모님과의 관계가 어떻습니까?
We get along pretty well. 문제 없이 잘 지내요.

relate는 '관련되다'는 뜻입니다. I can relate.라고 하면 '나도 그래, 나도 그런 적 있어'와 같이 다른 사람과 서로 통하는 사건이나 사고 등을 언급할 때 일반적으로 쓰입니다.

I've been procrastinating to clean my house.
집 청소하는 걸 계속 미루고 있어.
Oh yeah, I can relate. 오, 나도 그래.

어떤 종류든 **relationship**이 형성되려면 우선 누구든 만나야겠죠. 만남 중에 우연한 만남에 대한 표현부터 알아볼까요?

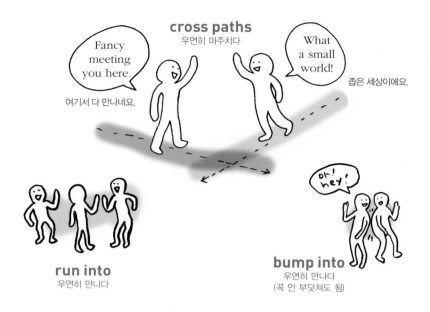

I hope our paths cross again soon. 곧 다시 만나길 바래요.

come across 우연히 생각나다, 발견하다

I was looking out the window and came across the idea of new curtain.
창문을 바라보다가 문득 새로운 커튼에 대한 아이디어가 떠올랐어.

미국에선 친구와 아는 사람의 구분이 확실합니다. 동료나 이웃들 중에도 정말 마음이 맞는 사람만을 **friend**라고 합니다. 친하지 않고 그냥 안면이 있는 정도의 사람들은 **acquaintance**, 생면부지의 낯선 사람은 **stranger**라고 합니다.

She's my neighbor. 그녀는 이웃이야.   **He's a family friend.** 그는 우리 가족과 친한 사이야.

He's a drinking buddy. 그는 술친구야.   **He's a chess buddy.** 그는 장기를 같이 두는 친구야.

She's a friend from work. 직장 동료야.(친한 친구와 구분하여 사용하는 표현)

I know her from work. 그녀는 일 때문에 알게 된 사이야.

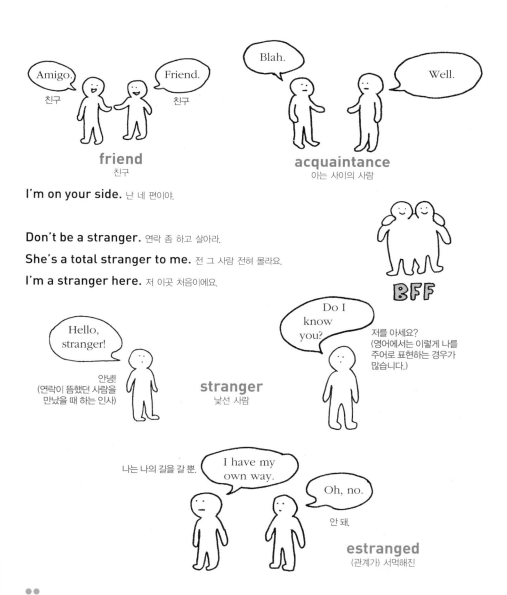

friend
친구

acquaintance
아는 사이의 사람

I'm on your side. 난 네 편이야.

Don't be a stranger. 연락 좀 하고 살아라.
She's a total stranger to me. 전 그 사람 전혀 몰라요.
I'm a stranger here. 저 이곳 처음이에요.

BFF

안녕!
(연락이 뜸했던 사람을
만났을 때 하는 인사)

stranger
낯선 사람

저를 아세요?
(영어에서는 이렇게 나를
주어로 표현하는 경우가
많습니다.)

나는 나의 길을 갈 뿐.

안 돼.

estranged
(관계가) 서먹해진

●●
close friend, best friend 절친한 친구 | **BFF**(Best Friend forever) 절친(10대들 사이에서 많이 쓰이는 표현)
enemy 적 | **foe** 적 | **alien** 이방인, 외국인, 외계인 | **estranged** 멀어지게 하는
alienate 따로 떨어뜨리다, 추방하다 ex. **They deported illegal aliens.** 그들은 불법체류자들을 추방했다.

dump
버리다

dumpee
버려진 사람

Things we're going great between us.

우리는 정말 잘 지냈어.

And one day, he dumped me.

그러던 어느 날 그가 날 차버렸지.

She dumped me.

그 여자한테 차였어.

Don't worry. You'll meet a girl of your dream soon.

걱정 마. 곧 이상형을 만나게 될 거야.

dump 버리다, 차다 쓰레기뿐 아니라 사람들 사이의 관계를 정리한다는 의미에도 이 단어를 사용합니다. **dump**가 한쪽에서 일방적으로 관계를 정리하는 것이라면 '헤어지다'라고 할 때는 **break up, end, over** 등을 사용합니다.

●●
a girl(boy) of your dream 이상형 | **dream date** 이상형 (데이트하고 싶은 이상형)

soul mate 말 그대로 영혼이 통하는 아주 특별한 사람, 천생연분을 말합니다.

significant other 동반자를 요구하는 파티 등에서 wife나 husband, boyfriend, girl friend, fiance보다는 더 자주 사용하는 표현입니다.

partner 같이 일을 하는 관계를 말하기도 하지만 애인을 의미하기도 합니다. 또 동거 하는 사람을 칭하는 경우도 있어 애매하게 들릴 때가 있습니다. 특히 동성의 커플이 자 주 사용하는 표현입니다.

You may bring your significant other.
파트너와 함께 오셔도 좋습니다.

significant other
특별한 사이에 있는 사람

We were meant for each other.

우리는 하늘이 맺어준 인연.

soul mate
애인, 이성 친구

He's my partner.

partner

Oh, my other half!

오, 나의 반쪽
(부인이 남편 가리키는 말)

Oh, my better half!

오, 나의 더 나은 반쪽!
(남편이 부인을 가리키는 말)

my other half 나의 반쪽

'나의 반쪽'이라는 의미로 **my other half**가 가장 흔히 쓰이는데, **my other half**는 여 자가 남편을 부를 때, **my better half**는 남자가 아내를 부를 때 더 많이 쓰입니다.

wife

ball and chain

ball and chain 죄수들이 도망가지 못하도록 발에 채우는 족쇄를 말하는데, 아내를 이르는 속어입니다.

May-December relationship
나이 차이 아주 많이 나는 커플

gold digger
돈보고 결혼하는 사람

최근 들어 연상연하 커플이 유행이라고 하죠? 어린 연하들만 사귀는 누님들을 **cougar**, 반대로 돈을 많이 벌어서 젊디젊은 여자친구의 뒤치다꺼리를 해주는 어르신은 **sugar daddy**라고 합니다. 너무 나이 차이가 나는 배우자와 결혼하는 사람을 도둑이라고 하죠? 영어에서도 이런 경우를 **rob the cradle**라고 합니다.

●●
find a mate 짝 구하기 | **courtship** 구애
separated 별거하고 있는 | **divorce** 이혼하다 | **divorcee** 이혼녀, 이혼남
eligible bachelor 결혼하기 딱 좋은 남자(여자보다는 남자한테 많이 쓰임)

사람은 그리 길지도 않은 인생의 1/3을 잠으로 보낸다고 하죠. 물론 그보다 적게 자는 사람도 있죠. 잠을 안 자도 된다면 인생이 더 길어질 텐데 하는 생각에 잠자는 시간이 아까울 때가 많지만, 자고 일어나면 다시 활력을 찾으면서 또 다른 하루를 시작할 수 있게 됩니다. 잠 덕분에 매일 다시 태어나는 것 같은 느낌도 받을 수 있어요. 그럼 이러한 소중한 잠에 대한 표현을 살펴볼까요?

우선 잘 자라는 인사도 Good night.이라고만 하지 말고 여러 표현을 알아두고 사용해보세요.

I'm so sleepy, I'm gonna hit the sack.

나 너무 졸려서 잘래.

crash
자다

hit the sack
자다, 잠자리에 들다.

Sweet dreams!

좋은 꿈꿔.

Sleep tight!

푹 자.

I missed my bus. Can I crash at your house?

나 버스 놓쳤는데 네 집에서 자도 되니?

Don't let the bed bugs bite!

잘 자~!
(빈대한테 물리지 말고 잘 자.)
옛날 표현이지만 요즘에도
종종 사용됩니다.

Sleep well!

잘 자.

Did you get a good night's sleep? 잘 잤니?

Why don't you get some sleep? 너 잠 좀 자야 할 거 같다.

I didn't get enough sleep last night. 어젯밤에 잠을 별로 못 잤어요.

잠이 안 오면 계속 이리저리 뒤척이게 되죠.

toss and turn 잠을 설치다

I was tossing and turning all night. 어젯밤에 잠을 설쳤어요.

| sound sleep | My arm is asleep. |
| 단잠 | 팔 저려. |

잠을 달게 자는 것을 **sound sleep**이라고 합니다.

She's asleep. (= She's sleeping.) 그녀는 자고 있어.

She fell asleep quickly. 그녀는 금방 잠들었다.

● ●

asleep 잠든: 저린 | **fall asleep** 잠들다 | **nightmare** 악몽

put to sleep '잠들게 하다, 재우다'라는 의미이지만 이밖에도 다양한 표현으로 사용됩니다.

put to sleep
재우다

It's time
for bed, kids!
얘들아,
잘 시간이야!

We don't
want to go
to bed.
우리는
자기 싫은 걸요.

put to bed
재우다, 잠자리에 들게 하다

She's trying to put her kids to bed. 애들을 재우려고 노력 중이에요.

This injection
will put you to sleep
so you won't feel
any pain.
이 주사를 맞으면 바로 잠들어서
통증을 느끼지 못할 거예요.

anesthesia
마취

put to sleep
마취하다

We're sorry.
We had to put
him to sleep.
안타깝게도 안락사를
시킬 수밖에 없었어요.

vet
수의사

euthanasia
안락사

anesthesia[에네스띠지아]와 **euthanasia**[유써네지아]는 철자는 비슷하지만 발음도 의미도 전혀 다르답니다.

This book puts me to sleep.

이 책을 보니 잠이 오네.

yawn

Why don't you try this one?

그럼 이거 읽어봐.

drowsy
졸려운

I feel drowsy after big meals.

밥을 많이 먹고 나면 졸려요.

Sorry about the noise last night.

어젯밤에 시끄럽게 굴어서 죄송해요.

Don't worry. I slept through it.

괜찮아요. 안 깨고 잤어요.

The baby slept through the party.

아기는 파티하는 내내 안 깨고 잘 잤어.

sleep through
깨지 않고 계속 자다

I love Sundays because I can sleep in.

나는 늦잠을 잘 수 있어서
일요일이 좋아.

sleep in
늦잠자다

sleepy head
잠꾸러기

oversleep
늦잠자다

I missed my bus because I slept in.

늦잠을 자는 바람에 버스를 놓쳤어.

I was late for work because I overslept.

늦잠 자는 바람에 회사에 지각했어.

I slept like a log in my parents' house.

부모님 댁에서 아주 잘 잤어.

They have a sleep-in maid.

걔네 집엔 항상 있는 입주 가사도우미가 있어요.

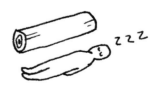

sleep like a log
숙면을 취하다

sleep like a baby
아무것도 모르고 자다

●●
sleep-in 숙식을 함께 하는 (고용인)

I took a nap.

나는 낮잠을 잤어.

nap 낮잠
(잠깐 자는 잠, 시간과 상관없이 소파에서 잠깐 눈을 붙이는 것은 nap이라고 합니다.)

Who's disturbing my slumber?

slumber
편안히 자다

누가 내 잠을 방해하지?

cat nap
짧게 자는 잠

doze off
졸다

snooze 선잠
(알람시계에서 snooze 버튼을 누르면 5분쯤 후에 다시 울리죠. 그 정도의 짧은 잠을 말합니다.)

He's having a cat nap.

그는 선잠(쪽잠)을 자고 있어.

dormant
잠자는, 휴지기의

dormant volcano
휴화산

beauty sleep
건강과 피부 미용에 좋은 초저녁 잠

I need my beauty sleep.

나는 일찍 잠을 자야 해.

hibernate
겨울잠을 자다

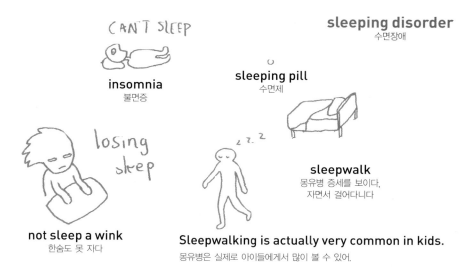

CAN'T SLEEP

insomnia
불면증

sleeping disorder
수면장애

sleeping pill
수면제

losing sleep

sleepwalk
몽유병 증세를 보이다.
자면서 걸어다니다

not sleep a wink
한숨도 못 자다

Sleepwalking is actually very common in kids.
몽유병은 실제로 아이들에게서 많이 볼 수 있어.

lose sleep 잠이 줄다

lose sleep over 걱정을 많이 하다(잠이 안 올 정도로)

I've been losing sleep lately. 요즘 통 잠을 잘 못 자요.

Don't lose sleep over the small stuff. 하찮은 일로 잠 뒤척이지 마세요.(하찮은 일에 너무 걱정 마세요.)

(Don't sweat the small stuff.란 말 많이 들어보셨죠? 작은 일에 너무 연연하지 말아요.)

꿈꾸고 있구나

REM

(Rapid Eye Movement)

I'm losing sleep oops! I'm losing my religion. ♫

안 움직여

잠에서 깨고 싶어

sleep paralysis
가위에 눌리는 것

Michael Stripe of R. E. M.

sleep with
~와 같이 자다(= have sex)

우리말에서도 '같이 자다'라고 하면 글자 그대로의 의미 이상을 뜻하듯이 영어도 마찬가지입니다. 그러니 '~와 잤다'와 '~옆에서 잤다'는 구분해주세요.

We've been sleeping together.
우리는 좀 찐한 관계야.

He/She sleeps around. 걔는 생활이 문란해.

sleep together
같이 자다

I slept with Sarah.

나는 사라하고 같이 잤어.

둘이 무슨 관계?

sleep next to
옆에서 자다

Oh! I mean... I slept next to Sarah.

아니, 내 말은 사라 옆에서 잤다고.

oh·oh

I need to straighten up.

똑바로 살아야 해.

straighten up
바르게 살다

sleep around
이 사람 저 사람과 자다

sleepover 친구집에서 하룻밤 자면서 즐기는 파티
(= pajama party, slumber party)

sleep over 건너와서 자다

We had a sleepover at Holly's house.
할리네 집에서 잠옷 파티 했어.

She slept over at my place.
그녀가 우리집에 와서 잤어.

sleep over
건너와서 자다

over를 이용한 다른 표현들도 같은 맥락인데,
over를 잘 쓰면 훨씬 자연스러운 영어가 됩니다.

I'll be right over. 금방 갈게.

I'll have my friends over on my birthday.
내 생일날 친구들 좀 부르려구.

Come over here! 이리로 와봐!　　　　**come over**

have some friends over
have people over
친구들(사람들)을 초대하다

pull over
차를 대다

pullover
풀오버(머리를 끼워 입는 단추 없는 셔츠나 옷)

·· Are You Happy?

What's the true happiness? 사람들은 행복이라는 말의 정의를 많이 되새기며 살아갑니다. 과연 행복이란 무엇일까요? 어쩌면 모든 사람들이 살면서 이 간단한 happy란 단어에 대해 한 번쯤 의문을 던지게 마련입니다. 행복의 정의는 사람에 따라 모두 다르겠지만, 자신에게 한번 물어보고 답을 써보세요. 아마 그것만으로도 행복해질 거예요.

Happiness belongs to the self-sufficient. 스스로 할 수 있는 사람이 행복하다.
아리스토텔레스가 한 말입니다. 자기 스스로 무엇을 하고 자신의 존재감을 느낄 때에 행복을 느낀다는 말이죠.

Success is not the key to happiness. Happiness is the key to success. If you love what you are doing, you will be successful.
성공은 행복의 열쇠가 아니다. 행복이 성공의 열쇠다. 자신의 일을 사랑할 때 성공할 것이다.
슈바이처 박사의 말입니다. 즐거운 마음으로 일하면 행복하고 성공한다는 말. 정말 마음에 와 닿는 것 같습니다. 2008년 베이징 올림픽에서 금메달 딴 최민호 선수는 운동하는 동안 힘들었지만 운동을 하는 자체가 좋았고 행복했다고 얘기하더군요. 무슨 일을 하든지 자신이 좋아하는 것을 꼭 찾으세요.

Whoever is happy will make others happy, too. 행복한 사람은 다른 사람도 행복하게 만든다.
《The Adventure of Tom Sawyer톰소여의 모험》을 쓴 마크 트웨인은 행복한 사람이 행복 바이러스를 퍼뜨린다는 허클베리 핀 같은 말을 남겼어요.

그럼 먼저 기쁘고 즐거운 감정부터 살펴볼까요?

Let the good time roll! 자, 멋진 시간을 즐겨봅시다!

pleasant 즐거운

have a blast
즐겁게 놀다

We had a blast!

I had a blast. 너무 즐거웠어.

What a pleasing music! 정말 즐거운 음악이군요.

I'm in a pleasant mood. 나 기분이 좋아.

They seemed very pleased. 그들은 아주 기뻐(흡족해)하는 듯 보였어요.

I had a quality time with my family. 가족과 아주 좋은 시간을 보냈어요.(굿타임보다 더 강한 의미입니다.)

have a ball
즐거운 시간을 보내다

drop the ball
실수하다, 실패하다

I'm having a ball. 난 지금 잘 놀고 있어.

●●
please 즐겁게 하다 | **pleased** 즐거운

Full of Life

vibrant
활발한, 활기가 넘치는

joyous
기쁨에 찬

vivacious
활달한

He's full of life.
He's high spirited. 그는 활력이 넘쳐요.
My little niece is full of life. 우리 어린 조카는 아주 생명력이 넘쳐요.

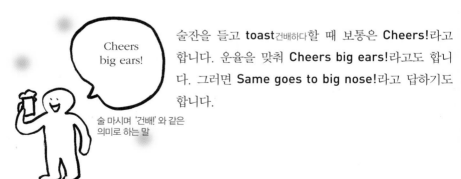

Cheers
big ears!

술 마시며 '건배!'와 같은
의미로 하는 말

술잔을 들고 **toast**건배하다할 때 보통은 **Cheers!**라고
합니다. 운율을 맞춰 **Cheers big ears!**라고도 합니
다. 그러면 **Same goes to big nose!**라고 답하기도
합니다.

●●
full of life 인생이 즐겁고 활기찬 | **high spirited** 원기 왕성한, 활달한

as happy as a dog 강아지처럼 행복한, 아주 행복한

as happy as a clam 조개처럼 행복한(조개가 익으면서 입을 벌리는 것이

꼭 노래하는 것 같이 보여서 그런 건 아닐까요?)

룰루랄라

cheery
명랑한

chipper
쾌활한

I feel like a million dollars. 기분이 너무너무 좋아.

You look like a million dollars. 너 무지 멋져 보인다.

She's a one in a million. 그녀는 백만 명 중 하나 나올까 말까 한 사람이야.

I'm on cloud nine. 기분 너무 좋아, 붕 뜬 기분이야. (high의 뜻도 됩니다.)

see the bright side
긍정적인 태도를 갖다

He always sees the bright side of life.

그녀는 인생에 대해 항상 긍정적이죠.

I'm happy about my new pair of jeans.

나는 새로 산 바지에 만족해.

I'm content with me life. 난 내 삶에 만족해.

gratify
만족하다

content with
만족하는

satisfied
만족스러운

● ●

bright 밝은 | **cheerful** 기분 좋은 | **happy go lucky** 별 걱정 없는 사람
on cloud nine 구름 위에서 날아가는 기분인

proud자랑스러운 가족이나 친구가 일을 잘했을 때 칭찬하는 표현으로 자주 사용됩니다. 세계 어디든 자식이 잘하면 부모님이 좋아하는 건 마찬가지인가 봅니다.

I'm so proud of you! 난 정말 네가 자랑스러워.
Your parents must be so proud. 부모님이 정말 자랑스러워하시겠다.
I'm honored to be here. 이 자리에 있게 되어 영광입니다.

proud
자랑스러운

pride 좋게 말하면 자부심, 나쁘게 보면 오만함이죠. 낭만주의 시대의 유명한 소설 《오만과 편견》의 원제가 바로 《Pride and Prejudice》입니다.

pride
자부심

dignity 존엄성, 위엄   **human dignity** 인간의 존엄성
hurt dignity 자존심에 상처를 주다   **have dignity** 위엄 있다, 자존심이 있다
lose dignity 존엄성을 잃다   **honored** 영광스러운
You hurt my dignity 넌 내 자존심을 짓밟았어.

self-fulfilling prophecy 자신은 앞으로 이러이러하게 될 거라는 믿음을 가지고 주위 사람들에게 말하고 다니면 정말 그렇게 되는 현상을 말합니다.

self-fulfilling prophecy

● ●
achieve 이루다, 달성하다 cf. **archive** 아카이브, 기록물 | **over achiever** 항상 목표보다 더 잘 하는 사람

annoy '귀찮게 하다, 괴롭히다, 짜증나게 하다'라는 말인데,
수동으로 **annoyed**라고 하면 '짜증난다'는 뜻이 됩니다.

I'm very annoyed. 나 무지 짜증나요.

She's so annoying. 걔 짜증나는 인간이야.

Her voice is annoying. 걔 목소리 엄청 거슬려.

She has an annoying voice. 걔 목소리 엄청 거슬려.

Her voice always annoys me. 걔 목소리 듣는 건 정말 고역이야.

She is annoyance. 걔 정말 짜증이야.

바쁜 거 안 보이니?

Don't you see
I'm busy.

annoyed
짜증나는

Let's
hang
out.

놀자.

bug
귀찮게 하다.

pain in the neck
짜증나고 귀찮은 것, 골칫거리

clingy
끈질기게 달라붙는

I've had this
neck pain for over
a year now.

목 통증 때문에 일 년
넘게 고생하고 있어.

tenacious
끈질긴

I'm
your
pain

정말 골치 아프네.

And it's such
a pain in the butt.

pain in the neck 귀찮고 짜증나고, 걸리적거리
며, 신경쓰이는 상황 또는 그런 사람을 말합니
다. **pain in the butt, pain in the ass, pain in the
buttocks** 모두 같은 의미입니다. 친구들끼리는
pain in the ass를 훨씬 더 많이 쓰고 좀 얌전한
자리에선 **pain in the neck**을 많이 써요.

I've had this neck pain for over a year now.
목 통증 때문에 일 년 넘게 고생하고 있어.

And it's a pain in the butt. 아주 짜증나 죽겠어요.

··

annoyance 짜증 | **annoy** 괴롭히다, 짜증나게 하다, 귀찮게 하다

pain in the neck
걸리적거리는 것

clingy
끈질기게 달라붙는

tenacious
끈질긴

이런 것들의 공통점이 어지간해서는 떨어지지 않는 것입니다. 아주 끈질기죠. 끈질긴 것은 **tenacious**하다고 합니다. (잭블랙의 밴드 Tenacious D를 생각하면 까먹지 않을 단어죠.)

한때 주위에서 '폐인'을 pain이라고 쓰는 것이 유행이었던 적이 있었습니다. 폐인은 정신적으로 **painful**하니까 잘 맞아 떨어진다고 생각하며 재미있다고 여겼죠. 그런데 또 그 **pain**이 '폐' 자 들어가는 걸 연상시키는 단어가 있습니다. 그것은 바로 '민폐'와 '폐를 끼치다'입니다.

I'm sorry for being such a pain.
귀찮게 해드려 죄송해요.

She's a real pain in the arse.
걔 때문에 신경쓰여 죽겠어.

pain은 이렇게 폐인이 주위에 우울 바이러스를 전파시키듯, 폐가 되는 존재입니다. 언어는 살펴볼수록 재미있는 구석이 많은 것 같아요.

You have to do all these procedures to complete your application.
접수를 하시려면 이 모든 절차를 밟아야 합니다.

What a hassle! 으이그 귀찮아. 뭐가 그리 복잡해.

She wants me to help her with almost everything.
그녀는 내가 모든 것을 다 도와주기를 바라.

What a pain! 짜증나겠다.

pain이 동사로 사용되기도 합니다.

It pains me to see you cry. 당신이 우는 모습에 제 마음이 아픕니다.

●●
cling 달라붙다(= stick, attach) | **cling to** 착 달라붙다

irritate
귀찮게 하다, 신경쓰게 하다.

It's really irritating. 아 참 그거 신경쓰이네.
I have irritated skin. 저 피부가 따끔거려요.

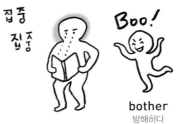

집중
집중

Boo!

bother
방해하다

I'm sorry to bother you but···

방해해서 죄송합니다만···

Don't bother. 신경쓰지 마세요.

Don't bother me.(나 좀 방해하지 마.)와 의미가 다릅니다.

She won't take any advice. She was screening my calls all day yesterday.

걔는 어떤 조언도 듣질 않아. 어제 하루 종일 내 전화를 피하더라고.

Why bother? 뭐 하러 신경써? (신경쓸 가치 없어.)

Stop distracting
me or
I'll kick you
in the nuts.

This image is
disturbing.

이 사진은 좀
거슬리네.

밤해 좀 작작 하라고,
네 거시기 걷어차기 전에!

distract 방해하다

That's really disturbing. 역겨워.

●●
bothersome 방해가 되는 | **disturb** 방해하다 | **disturbing** 보기 나쁜, 역겨운

He's getting on my nerve!
걔 자꾸 내 신경을 긁어!

get on one's nerve 신경질 나게 하다

aggravate

어이가 없우

부드득

머리는 큰데, 머리가 나쁘구나.

aggravate '더 나쁘게 하다(make worse), 악화시키다'라는 뜻인데 실제 구어에선 '화나게 하다, 짜증나게 하다'라는 의미로 아주 많이 쓰이는 표현입니다.

Do not aggravate me. 나를 화나게 하지 마.

This is such a time consuming, aggravating task. 정말 시간 낭비에 짜증나는 업무군.

I was aggravated when I was doing my homework. 숙제를 하면서 정말 짜증났어.

I can't learn this poem by heart. It's so aggravating.

이 시 못 외우겠어. 정말 짜증나.

aggravating
[(애)그러베이팅]
짜증나게 하는

Do you want to share my strawberry ice cream?

딸기 아이스크림 나눠 먹을래?

weight watcher
몸무게가 늘까봐
걱정하는 사람

tease
약올리다

teaser 맛보기로 조금만 보여주거나 알려주는 것을 말합니다. 그래서 약오르고, 궁금하고 안달나게 만들죠. 그래서 영화의 예고편은 **trailer** 혹은 **teaser trailer**라고 하죠. 스트립 클럽에서 스트립 댄서들이 추는 춤인 **striptease**도 옷을 훌렁 벗는 것이 아니라 벗을 듯 말 듯하며 사람들의 애간장을 타게 만들기 때문에 **teaser**가 들어갑니다.

●●
brain teaser 뇌를 간지럽히기(두뇌 게임 종류) | **learn by heart** 외우다

He always pushes my buttons.

걘 항상 날 짜증나게 해.

push buttons

짜증나게 하는
(민감하거나 거론하기 싫은 걸
자꾸 생각나게 하는)

누르면
폭발

nag

잔소리하다

궁시렁
궁시렁
바가지
Drop it! Stop harassing me!

그만해!
나 좀 그만 괴롭혀!

Stop nagging me! 잔소리 좀 그만해!

harass

괴롭히다, 못살게 굴다

grumpy old man

심통 맞은 노인네
(영화 제목도 있습니다.)

I'm in a peevish mood right now.

나 기분 무지 안 좋거든.

peevish

심술부리고 투정부리는

grumpy

심술궂은, 까다로운

●●

pick on 놀리다, 괴롭히다 | **harassment** 괴롭힘, 희롱 | **grouchy** 성난, 짜증내는
old farts 노친네들 | **old folks** 노인들

cranky 짜증 내는, 투정부리는

Babies get cranky when they are sleepy. 아기들은 졸리면 투정부린다.

cranky와 뜻도 어느 정도 통하고 운율도 비슷한 **crabby.** 게가 양발을 치켜 올리고 당신을 째려보고 있다고 생각해보세요. 매릴랜드 주에는 게가 많아서, 마스코트로 게를 사용합니다. 기념품 가게에 가면 게가 그려진 앞치마에서 머그컵, 마그넷, 모자, 티셔츠 등 **souvenir**기념품를 많이 만들어 파는데 게의 그림과 함께 **Don't bother me. I'm crabby.** 방해하지 마.

crabby
까탈스러운

cranky
짜증내고 투정부리는

난 까다롭거든.라고 씌어 있는 기념품도 많았습니다. 볼티모어엔 게 레스토랑도 많고 **crab cake sandwich**게 샌드위치도 파는데 입에서 살살 녹지요. 게 레스토랑에 가면 테이블 위에 종이를 깔고 찐 게가 담긴 바구니와 함께 개인별로 나무 망치와 쓰레기통을 주고 간답니다. 그럼 상 위에서 망치로 게를 뽀개서 먹는데 맛도 있고 재미도 있습니다. 너무 세게 치면 게 다리가 날아갈 수도 있습니다.

crabby
까탈스러운, 퉁명스러운

crab restaurant
게 요리 전문 식당

blow는 blow candles촛불을 끄다처럼 '혹 하고 불다'는 뜻이
지만 blow up, blow up fuse라고 하면 '폭발하다, 터지다',
사람한테 쓰는 경우 '화가 많이 난'의 뜻이 됩니다.
I was so furious and I blew my top. 난 너무 열받아서 폭발했어.
The terrorist blew up the building.
테러분자들이 그 빌딩을 폭파했어.

blow up
폭발하다

blow top
뚜껑 열리다

furious
분노한

끔찍하지만 **He blew up his own head.** 하면 '그는 머리에 총을 쏴
서 자살했어(자기 머리를 날려 버렸어).'라는 의미가 됩니다. 뇌진탕의
주요 원인인 머리에 심한 충격이나 타격을 주는 것도 **blow to the
head**라고 합니다. 또 **blew off steam** 하면 '억눌렸던 감정을 토해
내다'의 뜻입니다.
She was furious with me. 걔는 나한테 화가 났어.

blow에는 '일을 망치다'는 뜻도 있습니다. 같은
의미로 **screw (up)**도 많이 쓰입니다.
I blew it! 그래서 결국 내가 다 망쳐버렸어.
She blew him off. 그녀는 그를 그냥 무시해버렸지.
He screwed up. 걔가 완전히 망쳐버렸어.
He's so screwed. 애가 완전 망가졌지.
We're screwed. 우리 망했다.
Screw it. 그만둬.
Screw you! 재수없어! 꺼져! 망해라!

blow to the head
머리에 충격을 받다

burst with anger 화를 터뜨리다

우리 말에서도 격한 감정을 나타낼 때 '터지다' 혹은 '터뜨리다'라는 표현을 사용하듯 영어에서도 마찬가지입니다.

burst 갑자기 터지다

burst into tears 울음을 터뜨리다

burst with joy 기뻐서 어쩔 줄 모르다

burst out laughing 웃음을 터뜨리다

They burst to laughter. 그들이 갑자기 웃음을 터뜨렸죠.

burst with anger
화가 난, 화가 폭발한

short tempered
hot tempered
quick tempered
성질이 급한

성미가 나쁜
bad tempered
ill tempered
ill natured

성미가 좋은
good natured

저 놈
나한테 죽었어.

He's
a dead
meat!

outraged
성난

infuriate
화나게 하다

furious

enrage
화를 돋우다

Please
calm down.

제발 진정해요.

Football fans were outraged over referee's bad call. 풋볼 팬들은 심판의 오심에 격노했다.

That's outrageous! 그건 정말 터무없어. 말도 안 돼!

(혹은 '정말 미쳤군!', '엄청나군!')

She was infuriated. 걔는 화가 났어.

lose mind 이성을 잃다, 정신이 나가다

lose head 이성을 잃다

Keep your head. 진정해.

그냥 head 대신 it을 넣어서도 많이 쓰죠.

lose

lose it 이성을 잃다

He lost it. 걔 완전 이성을 잃었어.

Lose yourself (이것저것 따지지 말고) 푹 빠져봐.

lose it
이성을 잃다

I'm really pissed off. 나 완전 열받았어.

He always pisses me off. 걔는 나를 항상 열받게 해.

She's pissed. 걔는 열받았어.(미국에서는 off를 빼고 사용하기도 합니다.)

Piss off! 꺼져!

piss off
화나게 하다. 열받게 하다

butthurt
삐지다, 마음이 상하다

grit one's teeth
이를 악물다

ticked off
화나다, 삐지다, 열받다

He is in a bad mood
기분이 나쁘다

bent out of shape
화나다

·· Psyched! 흥분한

psyched
많이 흥분되는

excited
흥분된, 신나는

thrilled 신나는
무서울 때뿐 아니라 너무 좋을 때 오싹하기도 하죠 그
래서 아주 신나고 좋을 때 thrilled을 쓰기도 합니다.

I'm so excited to see the Broadway Musical.
브로드웨이 뮤지컬 보러 간다니 신난다.

I'm so psyched to go to Hawaii for free!
끼약~~~ 나 공짜로 하와이 간다.

I'm so thrilled to meet up my family.
가족들을 만난다니 너무너무 신나.

thriller
공포영화

thrill
전율, 오싹, 감동

My heart is racing. 심장이 두근거려요.

My heart is pounding. 심장이 쿵쾅거려요.

I'm having a short breath. 나 숨차.

I'm running out of my breath. 나 숨이 너무 가빠.

My heart stood still. 심장이 멎는 줄 알았어.(무서워서)

쿵랑
쿵쾅

pulse
맥박

●●
have short breath 숨이 가쁘다 | **panting** 숨을 가쁘게 쉬는 | **heart stand still** 심장이 멎다

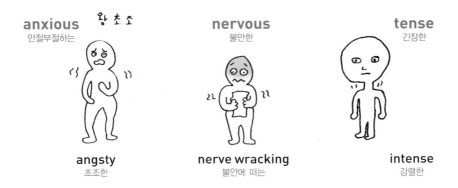

anxious 왕초조
안절부절하는

nervous
불안한

tense
긴장한

angsty
초조한

nerve wracking
불안에 떠는

intense
강렬한

I'm so anxious to see you. 보고 싶어 죽겠어요.

He's a nervous wrack. 그는 항상 불안에 떨어.

It's really nerve wracking. 이건 정말 떨리는 일이야.

restless
불안한, 침착하지 못한, 쉴새 없는

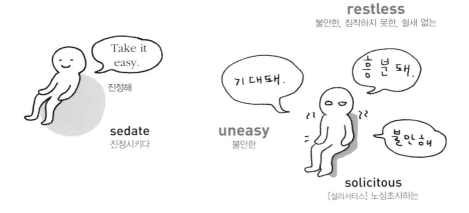

Take it easy.
진정해

sedate
진정시키다

기대돼.

흥분돼.

불안해

uneasy
불안한

solicitous
[설리서터스] 노심초사하는

I can't control myself, I want to be sedated.

내가 나를 어떻게 할 수 없어. 날 좀 진정시켜줘요.

●●
solicitude 걱정거리, 염려 | **sedative** 안정제

freaking out

freak out
무지 흥분하다
(좋던 나쁘던 상관없음)

She won the lotto and she's flipping out.
걔 복권에 당첨되어 완전 흥분했어. 좋아서 난리도 아니야.

She'll flip out if you tell her the news.
소식을 전해주면 걔 뒤로 넘어 갈 거야.

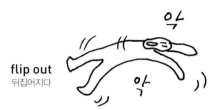

flip out
뒤집어지다

ain't는 원래 am not의 줄임말이지만 원 뜻보다는 슬랭(isn't)으로 (젊은이들 사이에서 혹은 랩 가사 등에) 더 많이 쓰이는데, 미국 선생님들이 아이들에게 못 쓰게 하는 말 중 하나예요. 못 하게 하면 더 하고 싶은 것처럼 래퍼처럼 보이고 싶을 때 한 번쯤 해보세요. 품위는 조금 떨어지겠지만요.

flip
뒤집다

Ain't it fun when you're flipping pancakes high?

팬케이크 높게 뒤집는 거
재미있지 않나?

flip off 가운데 손가락을 치켜든 욕

He flipped him off. 그는 걔한테 엿먹으라고 했어.

I never loved you. I only loved your money.

난 널 사랑한 적 없어.
네 돈을 좋아했을 뿐이야.

go ballastic
미치다

go nut
미치다

go bonkers
미치다

위에서 설명한 **go ballastic, go nut, go bonkers**은 **go crazy**와 같은 뜻으로 거의 광적으로 흥분한 상태를 나타냅니다.

agitated
동요된, 흥분한

commotion
동요, 소요

chaotic
혼돈의 도가니

go nut
미치다

flurry
광풍, 동요

helter-skelter
난장판, 정신 없는

turmoil
소란, 소동

disorder
질서가 없는

느므좋아 ~
I'm so touched!

impressed
아주 강한 인상을 받은,
감명을 받은

fascinated
완전히 반한

I'm so touched. 저 정말 감명 받았어요!

It's such a touching story. 정말 감동적인 얘기예요.

touchy 신경질적이고 예민한(touch에 y가 붙어 싫어할 것 같은 느낌을 풍기는 말로 변했습니다.)

Wow, did you make this drawing? I'm very impressed!와, 이 그림 네가 그린 거야? 아주 인상적인걸! ('이렇게 잘하다니 놀랍고 감명받았다.' 정도의 느낌으로 칭찬할 때 자주 씁니다.)

I've been trying to impress her but it's not been working so far.

그녀에게 잘 보이려고 노력하는데 아직까지 잘 안 되네.

stunned
기절할 정도로 놀란

I was so fascinated by their music. 그들의 음악에 완전 반했어요.

It was fascinating. 정말 대단했어요.

It was really moving. 감동적이었어.

What a stunning job she did! 걔 이번에 정말 잘했어.

She's a stunner. 그 앤 완전 여신이야!

This new app seems intriguing. 이 새로운 앱은 흥미로운 것 같아.

He made a good first impression. 그는 좋은 첫인상을 남겼어요.

mesmerized
매료된

●●
impress 감명을 주다 | impress someone ~에게 잘 보이다 | impressionisst 인상파 화가
intriguing 흥미를 유발하는 | mesmerize 매료시키다 | stunning 기절할 정도로 아름다운
enchanted 매혹된 | spell-bound 마법에 빠진

cathartic

[커땔딕]
카타르시스를 느끼는
(마음이 정화되는)

요건 Adam's apple

catharsis

카타르시스

lump in one's throat

감정이 북받쳐서 목이 메다

The old man had a lump in his throat as he met his long-lost son.

그 노인은 잃어버린 줄 알았던 아들을 만나자 목이 메어 말이 나오지 않았다.

mind blowing

대단한, 압도적인
(마음을 송두리째 빼앗길 만한)

This is mind-blowing. 정말 환상적이다.

This is so overwhelming. 빨려들어갈 것 같아.

Her new work is mind blowing. 그녀의 새 작품은 정신을 쏙 빼놓을 정도로 좋아요.

It blew my mind. 그건 절 완전 감동시켰어요.

I was blown away by his performance. 전 그의 공연에 넋이 나갔어요.

That is rad! 와 굉장해, 아주 좋아!

와 좋다!

Amazing! Wonderful! 등도 '놀라워라! 와~ 대단하다!'의 의미로, 다른 사람을 칭찬할 때 쓰입니다.

좋와~!

좋다 좋아! (히피 톤)

Incredible! 정말 대단해! (경이롭고)

Marvelous! [마블러스] 정말 빼어나!

Exquisite! [익스퀴짓] 정말 아름답고 정교해!

Outstanding! 정말 최고야!

Superb! [수퍼브] 대단해! (믿기지 않을 정도로)

Fabulous! [패블러스] 대단해! 아주 좋아!

Splendid! 대단해!

Phenomenal! [피나미날] 굉장해!!

●●
blown away 감동으로 쓰러지다 | **overwhelmed** 압도당한, 감정적으로 어쩔 수 없이 꽉 차게 만들다

Peace! 지금은 그렇지 않지만 10년 전에 젊은이들끼리 인사
대신으로 많이 사용하던 표현입니다. '평화!' 하고 인사하는
게 평안을 뜻하는 우리말의 '안녕!'과 비슷하기도 하네요.
Peace out!이라고 하면 요즘에도 '잘 가. 또 보자.' 하는 인
삿말로 쓰입니다.

See you on
the flipside!　다음에 보세.

난 쿨한 것 이상이지.
정말 굉장한
고양이야!

I'm beyond
phat. I'm a
phenomenal
cat.

우와, 돼지 고양이다!

Sup,
fat cat!

Sup? (What's up?의 줄인 말)

What's up?은 '안녕!' 하는 식으로 젊은이
들이 가장 많이 쓰는 인삿말입니다.
nothing much. not much, nothing
particular 등으로 답합니다. 그 뒤에
다시 What about you? 하고 물어도 되
고요. 아니면 그냥 Hi, Hey, Yo! 등으로 간단
하게 대꾸해도 됩니다. 유학 초에는 그걸 모르고 친구가 이렇
게 인사했을 때 진짜로 무슨 일이 있는지 얘기해주려고 했죠. How're you doing?과
같은 안부인사에는 Good, Pretty good, Not bad, 등으로 말한 다음 How about you?
로 되물으면 됩니다. 흔하기는 해도 가장 많이 쓰고 안전한 인삿말은 역시 How're
you?입니다. How are you?나 How have you been? 등은 서로 최소 몇 분 이상은 안
부를 묻고 대화를 나누려 할 때 말하고, How're you doing?이나 What's up?은 그냥
지나가면서 '안녕하세요'라고 인사할 때 쓰입니다. 하지만 상황에 따라 What's up?이
꽤 진지하게 '무슨 일인데?'라고 원래의 의미로 쓰일 수도 있습니다. 또 관심 있는 여자
에게 남자들이 말을 트려고 할 때도 쓰기도 합니다.

크기에 대해 말할 때에도 big and small, very big and very small, very very big 등만 쓰면 재미없잖아요. 좀 더 다양하게 크기에 대해 말할 수 있는 표현 몇 가지 알아볼까요?

Gigantic!

[쟈이갠틱]
어마어마하게 큰

Humongous!

[휴멍거스]
무지하게 큰

내 머리 무지 크지?

I have a giant head.

This thing is giant. 그거 무지 커.

Gigantic,

Gigantic,

Gigantic,

Our big big love

- By Pixies

Take it.

받아 줘

tiny
아주 작은

itsy-bitsy

teeny weeny

It was an itsy bitsy
teeny weeny yellow polca dot bikini
That she wore for the first time today

1960년를 풍미한 Bryan Hyland의 〈Itsy Bitsy Teeny Weeny Yellow Polca Dot Bikini〉라는 곡이 있습니다. 60년도엔 미국에서도 대담하지 않으면 비키니를 입기 힘들었나 보네요. 비키니를 조그마한 천조가리 몇 개로 가리고 다닌다고 뭐라 하는 어른들 보셨죠? 비키니를 itsy bitsy로 표현한 것도 같은 맥락인 것 같아요.

She was afraid to come out of the locker 그녀는 탈의실에서 나오기가 두려웠죠

She was as nervous as she could be 안절부절 어쩔 줄 몰랐어요.

She was afraid to come out of the locker 탈의실에서 나오기 두려웠어요.

She was afraid that somebody would see 누가 볼까봐 두려웠죠.

Tell the people what she wore 그녀가 뭘 입었나 사람들에게 말해보아요

It was an Itsy Bitsy Teenie Weenie Yellow Polka Dot Bikini 그건 바로 손바닥만 한 노랑땡 땡이 비키니였어요

That she wore for the first time today 오늘 처음으로 입은 거예요.

An Itsy Bitsy Teenie Weenie Yellow Polka Dot Bikini 손바닥만 한 노랑땡땡이 비키니

So in the locker she wanted to stay 그녀는 탈의실에 그냥 계속 있고만 싶었어요.

enraptured
기뻐서 어쩔 줄 모르는

head over heels
완전히 (사랑에) 빠진

He fell head over heels for her. 걔는 그 여자애한테 완전히 빠졌어.

Is this love or infatuation? 이게 사랑일까, 콩깍지일까?

What's the difference between love and infatuation? 사랑과 콩깍지의 차이는 뭘까?

infatuated
푹 빠진

turn on
달아오르다, 좋아지게 하다
(성적으로도 많이 쓰임)

smitten
홀딱 반한

turn off 환상이 깨지는, 실망의

She was very narcissistic and that turned me off.

그 여자는 너무 자기애에 빠져있더군, 그녀에 대한 호감이 사라져버렸어.

●●
infatuation 홀림 | **rapture** 환희, 황홀 | **enraptured** 기뻐 어쩔 줄 모르는 | **turn off** 환상이 다 깨지다, 실망하다

·· Bewildered

혼란스러운

baffled ?
혼란스러운

confused
혼란스러운

bewildered
당황한, 혼란스러운

What went
wrong?

뭐가 잘못된 거지?

perplexed
난감한, 영문을 잘 모르겠는, 헷갈리는

boggle은 '놀라서 움찔하다, 문제를 앞에 놓고 어쩔 줄 몰라하다' 정도의 의미입니다. 단어의 생김새만 보면 보글보글 생각이 나는데, 머릿속이 바글바글해지는 것 같은 상태는 **mind boggling**입니다.

This question is mind-boggling.

이 문제는 이해하기 어려워.

mind boggling
헷갈리는, 이해하기 힘든, 어려운
굉장한, 믿기지 않는

●●
baffle 당황하게 하다, 혼란스럽게 하다

brain boggle
두뇌퍼즐

This boggles my mind.

이거 헷갈리는데.

맞혀봐

rainb oggleb

boggle someone's mind 헷갈리게 하다

astonished

헉스!

야옹~

startled
깜짝 놀란

dumbfounded
어안이 벙벙한,
어리둥절한, 말문이 막힌

You startled me! 놀랐잖아.

쉬익~!

I'm flabbergasted.

깜짝 놀랐잖아.

flabbergasted
기이한 일을 보고 충격을 받으며 놀라는

우울한

overcast
구름이 가득한

blue

I'm making jijimi, does anybody wanna come?

부침개 만들고
있는데, 올래?

blue에는 푸른색 외에도, '우울한'이란 뜻도 있습니다.

overcast 역시 '구름이 잔뜩 낀 날씨'를 의미하지만 '우울한, 침울한'이라는 감정을 나타내기도 합니다.

somber 어두운, 침울한.

I'm so blue blue by you. 당신 때문에 우울해요.

depressed
슬픈, 우울한

gloomy
우울한

sullen
시무룩한

sulk
샐쭉한, 삐진

pout
뽀르퉁한

melancholy
우울한, 암울한

비가 올 때만 즐거워요.

I'm only happy when it rains.

sappy
감상적인

sappy '감상적인'이라는 뜻인데, '물이 많은, 즙이 많은'이라는 의미도 있습니다. sap은 나무의 수액인데, 눈에서 눈물이 나는 것과 연결시켜 '감상적인'이라는 의미가 생긴 것 같습니다. 또 sad와 happy를 합성해서 만들어졌다는 말도 있어요.

This song is really sappy. 이 노래는 눈물이 나게 만들어.

서로 반대 의미를 가진 단어를 나열해서 함께 쓰는 표현이 있는데 그걸 **oxymoron**〔악시모란〕모순이라고 해요. oxymoron의 예를 들어볼까요?

jumbo shrimp큰 새우 jumbo는 '큰', shrimp 는 작은 것을 빗대어 쓰는 말입니다.
pretty ugly꽤 못생긴 pretty는 '예쁜'이라는 의미지만 '꽤, 어느 정도'의 뜻도 있죠.
random order아무 순서로 random은 '임의로, 대충' order는 '순서대로, 정돈된'

long face
시무룩한

Why the long face?

왜 그렇게 우울해 하는 거야?

long face '시무룩한, 우울한'이라는 의미입니다. 우울할 때 입꼬리가 내려가며 얼굴이 길어 보이기 때문에 나온 표현입니다.

sorrow
슬픔

in grief
슬픔에 잠긴

distress
고민거리, 고뇌, 고통

grief
슬픔, 비통

distressed
괴로워하는, 슬퍼하는

lament
애달파 하는

괴로워...

agony
고통, 고뇌

anguish
고뇌, 번민, 괴로워하다

Give yourself time to grieve. 슬퍼하는 시간을 가지세요.

사랑하는 사람을 잃는 등의 큰 슬픔과 충격이 있은 후에 너무 빨리 잊으려고 **move on**하기 보다는 충분히 슬퍼하는 시간을 가지는 것이 정신 건강에 더 좋다고 합니다.

가슴 아픈 일을 당했을 때 마음에 애도의 기간을 **grieving period**라고 합니다. 배우자가 세상을 떠나거나, 이혼 후 새로운 이성을 만나기 전까지 어느 정도 지켜야 할 슬픔의 기간 등을 의미하기도 해요.

self-pity
자기 연민.

I've done so many bad things.

나쁜 짓을 너무 많이 했어.

anguish
심한 고통 (몸이나 마음)

agonized
고통스러운, 괴로움에 가득찬

Good grief! 어머나 세상에! (= Shocking!)

She had an agonized face. 그는 시름이 깊은 얼굴을 하고 있었다.

●●
grieve 몹시 슬퍼하다, 슬프게 하다 | **grievous** 매우 슬픈, 고통스런

afflict
괴롭히다

torment
심한 괴로움, 고통

Torturing you is my job.

널 괴롭히는 게 내 일이야.

torture
(몸이나 마음) 고문

He was in torment. 그는 아주 괴로워했어.

He was afflicted by your failure.

그는 너의 실패에 아주 괴로워했어.

I've got my feelings hurt. 나는 상처받았어.

You hurt my feeling. 너 때문에 마음 상했어.

I hurt my leg. I hurt my left forearm.

나 다리 다쳤어. 나 왼쪽 팔 다쳤어.

Did you get hurt? 다쳤니?

hurt
상처입다

hurt feeling
마음에 상처를 주다

hurt dignity
자존심을 상하게 하다

hurt는 '상처를 입히다'는 말인데 몸뿐만이 아니라 마음에도 사물에도 씁니다.

They hurt my dignity. 그들은 내 자존심을 뭉갰어요.

It wouldn't hurt to try. 해봐도 손해보진 않을 거야. (밑져야 본전이야.)

●●

afflicted 괴로움에 시달리는| affliction 고통
affiliated 관계된, 제휴된 ex. **We are not affiliated with the government.** 우리는 정부와 아무 관련이 없습니다.

I can't do anything.

난 안 돼.

breakdown
좌절한

hopeless
가능성이 없는, 구제불능

downfall
몰락, 실패, 막 쏟아짐

downward spiral
점점 꼬여만 가는 상황, 점점 더 우울해지는 인생

downward가 '아래쪽으로'이고, spiral은 '나선형'이라는 걸 상상하면 쉽게 의미를 짐작할 수 있습니다.

basket case
희망이 없는, 완전 폐인이 된

hit rock bottom
바닥을 친, 더 내려갈 곳이 없는

I need to rise up from this depth of despair.

despair
희망을 잃은

이 절망의 구렁텅이에서 빠져나가야 해.

He's a mess. He needs help. 그 애 상태가 엉망이야. 도움이 필요해.
It can't get any worse than this. 더 나빠질 데도 없다구.(최악이야.)

Devastated! 망연자실

I lost everything. The dreadful fire took everything I have.
난 모든 것을 잃었어. 끔찍한 화재가 내 모든 것을 앗아갔어.
I was so devastating. 난 정말 참담했어요.

devastated
[데비스테이티드]
참담한, 처참한, 망친,
무너진, 망연자실한

Never be daunted even if you face another failure. 또 실패한다고 해서 절대 기죽으면 안 돼.

frustration 일이 뜻대로 되지 않아 짜증나고 우울한 상황
discouraged 낙담한
frustrated 좌절한, 실망한,

I'm so frustrated. 잘 안 돼서 미치겠어.
This is really frustrating. 이거 왜 이렇게 하기 힘드냐.

discouraged
낙담한

daunted
풀이 죽다, 기가 꺾이다

I was dismayed after I got fired from a well paying job.

보수가 좋은 직장에서 해고당한 후 난 정말 망연자실했어요.

To my dismay, I discover that it no longer exists.

실망스럽게도 그것이 더 이상 존재하지 않는다는 걸 깨달았다.

망연자실...

I was delusional.

나는 망상에 빠져 있었던 거야.

dismay
절망감이 들게 하다, 망연자실하게 하다

"One man's remorse is another man's reminiscence."

한 사람의 후회가 다른 사람에게는 추억이 된다.

It began to start weighing on me.

그것이 점점 중압감으로 다가오기 시작했어.

I shouldn't have done it.

그거 하지 말았어야 했어.

I shouldn't have said that.

그 말을 하지 말았어야 했어.

I'm stressed out.

나 스트레스 쌓였어.

stress
스트레스, 강조하다

••
to my dismay 실망스럽게도
disillusion 환상을 깨뜨리다, 환멸을 느끼게 하다
regretting 후회하는
remorse 후회, 양심의 가책
reminiscence 추억
delusion 망상

This is very stressful.

이거 진짜 스트레스 받네.

I can't stress enough how important it is.

이건 아무리 강조해도 지나치지 않아.

I really need to get myself motivated.

정말 마음을 다잡아야 해.(생기 넘치게 무언가를 하려고 달려들고 싶어.)

I wasn't motivated to do it. 그걸 할 마음이 별로 들지 않았어.

motivated
의욕이 넘치는

motivation
동기

get oneself motivated
의욕이 넘치게 하다

I was so inspired by your smile.

당신의 웃음이 저에게 영감을 주는군요.

Your painting is very inspirational.

당신의 그림은 영감을 많이 주는군요.

get inspired
영감을 얻다

invigorating
기운을 나게 하는

●●
inspired 영감을 받은 | inspiring 영감을 주는 | inspiration 영감 | inspiring music 영감을 주는 음악

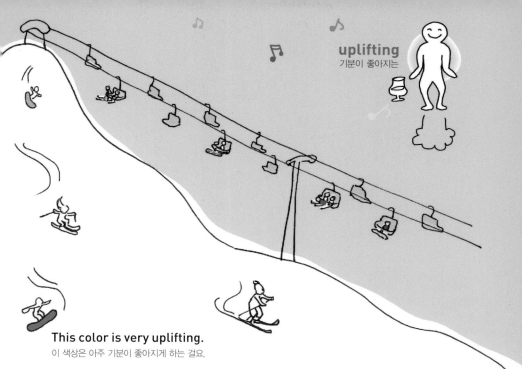

uplifting
기분이 좋아지는

This color is very uplifting.
이 색상은 아주 기분이 좋아지게 하는 걸요.

Give me
a boost.

나 좀 올려줘.

give a boost
올려주다

boost
올리다

mood booster
energy booster

This drink will boost your energy.
이거 마시면 기운이 생길 거야.

lift '끌어올리다' 란 뜻인데, 영국인들은
elevator를 lift라 부르죠. 스키장에 있는
리프트는 chairlift라고 합니다.

It gives me a lift.
이거 기분을 좋아지게 하네.

태워줄게.

I'll give
you a
lift.

타!

Hop in!

not lift a finger 손도 까딱하지 않다(게으르다)

He doesn't lift a finger at home.
그는 집에서 손도 까딱 안 해.

She merely move muscles.
그녀는 거의 꼼짝도 안 해.

I feel young again
탱탱
난 다시 젊어지는 것 같아.

rejuvenating
젊어지게 하는

●●
juvenile 연소자
juvenile delinquency 청소년 범죄
juvenile delinquent 비행 청소년

revitalizing
생기를 되살리는

refreshing
상쾌한

●●
restore 복구하다, 회복시키다, 재생시키다
recover 회복하다
vital 생명의
vitamin 비타민 (생명유지에 꼭 필요하죠.)

살아있다!

vital sign
생체 징후

●●
pulse rate 심박동수(=heart rate)
respiratory rate 호흡 수
blood pressure 혈압
temperature 체온

This tea is stimulating.
이 차는 내 기분을 고취시키군.

stimulating
자극하는, 활기를 띠게 하는, 격려하는

●●
stimulate 자극하다
stimulative 자극적인, 흥분시키는
stimulus 자극, 흥분, 고무, 격려

lethargic
무기력한

listless
맥 풀린, 진이 빠진

exhausted
녹초가 된

board
지루한

tedious
지겨운
cf. hideous 끔찍한

bored to death
지루함을 느끼는

feeling lazy 왠지 축 늘어지고 나른하고, 아무것도 하기 싫은

I'm feeling lazy today. 오늘은 그냥 아무것도 하기 싫어.

unmotivated 할 마음이 생기지 않는

I feel heavy. 몸이 무거워.(몸이 찌부드하네.)

She looked lethargic. 그녀는 무기력해 보이더라고.

I'm exhausted. 나 힘 다 빠졌어.

I'm so bored. 너무 심심해.

I'm bored to death. 지루해 죽겠어.

I'm bored out of my mind. 지루해 미치겠어.

The new TV show is so boring.
새로 시작한 텔레비전 프로그램은 너무 재미 없어.

●●
boring 재미 없는, 진부한 | **ennui** 권태 | **boredom** 지루함 | **tired of** 지겨운 | **sick of** 진절머리 나는, 지긋지긋한

They tried to frame her. 그들이 그녀를 모함하려 했어요.

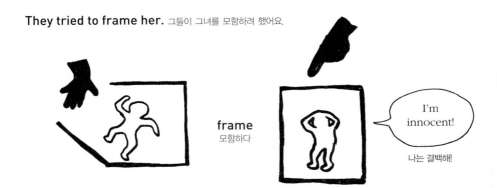

frame
모함하다

I'm innocent!

나는 결백해!

vent 억눌렸던 감정을 표출해내는, 감정적으로 쌓인 것을 푸는. cf. ventilation (vent) 환기구

I finally vent my spleen. 드디어 쌓였던 거 다 말해버렸어.

If you need to vent, I'm here. 속 털어놓고 싶으면 나 여기 있어.

vent one's spleen
울분을 터뜨리다.

spleen
비장

You got me wrong. 그건 오해야. (너 내 말 잘못 이해했어.)

There were some misunderstanding. 좀 오해가 있었습니다.

vengeance
[벤전스] 복수, 원한 갚기

영화 제목에 많이 등장하는 단어입니다. 우리나라 영화 〈친절한 금자씨〉의 영어제목도 Sympathy for Lady Vengeance죠.

lady of vengeance 복수의 여인
angel of vengeance 복수의 천사
sword of vengeance 복수의 칼

vendetta
피의 복수

grudge
원한

hold grudge
한을 품다, 원한을 품다

Don't hold a grudge. 마음에 담아두지 말거라.
I don't hold grudges. 나는 마음에 잘 담아두지 않아.

No hard feelings.

나쁜 감정 없어.
(괜찮아. 나 화 안났어.)

상당히 무서웠던 공포영화 〈Grudge〉가 생각나는군요. 우리나라에서는 쓰여 있는 그대로 〈그루지〉라는 제목으로 개봉되었습니다. 실제 발음에 가깝게 '그뤄지'라고 했다면 그렇게 공포스럽게 느껴지지는 않았을 것 같네요.

animosity [애니마서티] 악의, 원한, 증오, 앙심

"Those who are free of resentful thoughts surely find peace." - Buddha
원한에서 벗어난 사람이 분명 마음의 평화를 찾는다.

resentful
분개한

resentment
분개, 분노, 원한

hatred
증오

I swear I will get his revenge.

revenge
복수

맹세코 그의 원한을
갚고 말 거야.

There's been bad blood between us. 우리 둘 사이에 안 좋은 감정이 있어요.

This murder is not personal. 이 살인은 원한관계에 의한 건 아니야.

pay back
갚다

retaliate
복수하다

I will retaliate.

복수하고 말 거야.

빌린 돈을 갚는 것뿐만 아니라 앙갚음을 하는
것도 **pay back**이라 합니다.

You are gonna pay for this. 너 나중에 두고 보자.
You get what you pay for. 뿌린 대로 거둔다. (혹은
싼 게 비지떡이다)

←chip

He has a chip on his shoulder.

그는 앙심을 품고 있어.

have chip on one's shoulder
앙심을 품다

jealous
질투하는

I'm so jealous of her. 난 그녀가 질투 나.

envy와 jealous는 비슷하면서도 약간 의미가 다른 면이 있습니다. 일상회화에서 '부럽다, 질투난다'라고 할 때는 보통 jealous를 더 많이 사용합니다. 사전적 의미를 보면 envy는 다른 사람이 가진 것을 부러워하고 시기하는 것이고, jealous는 내가 가진 것을 뺏길가봐 두려운 감정을 말합니다. 특히 인간관계에서 나보다 더 사랑받는 사람을 질투하는 것과 같은 감정을 말하는데, 일상적으로는 '부럽다'라는 의미를 말할 때 **I'm jealous.**가 가장 자주 사용됩니다. **I envy you. I envy her. I'm envious of her.**라고 하면 진짜 심각하게 부러워하여 시기하는 것처럼 들리기 쉬우니 주의해서 사용해야 합니다. 우리 말에서 '아 부러워, 좋겠다!' 정도의 뉘앙스로는 **Lucky you! Lucky her!** 등이 가장 자연스러운 표현입니다.

eat one's heart out 무척 부럽거나, 약 오르거나, 괴롭거나, 안 좋은 감정이 끓어오르는 것 등을 말합니다. bitter와도 비슷한 의미입니다.

Eat your heart out! 용용 죽겠지! (부럽쥐? 샘나냐? 샘나라!)
She is eating her heart out over the rejection.
그 앤 거절 당한 것 때문에 속상해 하고 있어.

She is so bitter. 그녀는 원통해 하고 있어.

eat one's heart out
샘내다

I'm envious of his Corvett. 그의 콜베(미국 쉬보레 사의 포츠카)가 부러워.

●●
turn green 질투하다

·· I'm scared to death!

무서워 죽겠어요.

fear
두려움

마음속의 정신적인 두려움과 상상 속의 두려움, 괴물, 귀신 등에 대한 공포 등 모든 종류의 무서움을 포함하는 단어입니다.

I fear ghost. 난 귀신을 무서워해.

I have a fear of rats. 난 쥐를 무서워해.

I'm afraid of darkness. 나는 어둠을 무서워해요.

I'm afraid to say that I have to leave now.

미안하게도 전 지금 떠나야 해요.

fearful
무서운

afraid
무서운, 유감인

panic은 정신적인 공포감으로, 귀신보다는 실제 생활에서 느끼는 여러 가지 두려움을 말합니다. 아픔, 죽음, 실패, 실연, 극한의 스트레스와 걱정 등에서 기인한 것이죠.

panic
갑작스런 공포,
정신적인 공황상태

No need to panic.

겁먹을 필요 없어.

I'm panicking.

두렵고 불안해
미치겠어.

I have a panic attack.

무서워서 숨 막힐 것 같아.

panic attack 공황 발작
극한 공포감이나 불안감이 엄습해와서 몸이 견디지 못하는 상황(숨을 못 쉬고, 식은 땀이 나며, 기절할 것 같고, 속이 울렁거리는 등의 증상이 동반됩니다.)

She started panicking as I entered the office. 그녀는 내가 사무실로 들어가자 퍼렇게 질렸어.

phobia 특정한 것에 대한 공포심이나 두려움을 말합니다. 사람마다 다르지만 누구나 특별한 공포의 대상이나 꺼려하는 것이 있게 마련입니다. 그 공포심 중에서 흔히 나오는 것 몇 가지를 살펴볼까요.

agoraphobia 광장(공공장소)공포증
homophobic 동성애자 혐오증
germophobic 세균공포증 (= mysophobia)

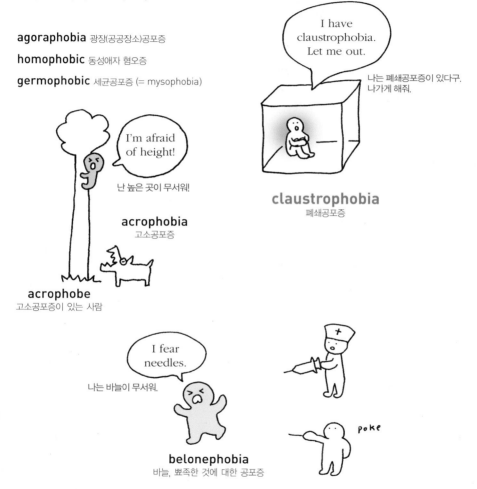

> I have claustrophobia. Let me out.

나는 폐쇄공포증이 있다구. 나가게 해줘.

claustrophobia
폐쇄공포증

> I'm afraid of height!

난 높은 곳이 무서워!

acrophobia
고소공포증

acrophobe
고소공포증이 있는 사람

> I fear needles.

나는 바늘이 무서워.

belonephobia
바늘, 뾰족한 것에 대한 공포증

poke

이런 증상은 그냥 **needle phobia**나 **I fear needles.**라고 많이 얘기합니다.
trypanophobia 주사 맞는 걸 무서워하는 것

arachnophobia 거미류를 무서워하는 것. 이것도 그냥 **fear of spider**라고 자연스럽게 말하죠.

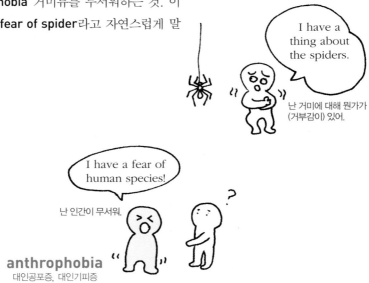

I have a thing about the spiders.

난 거미에 대해 뭔가가 (거부감이) 있어.

I have a fear of human species!

난 인간이 무서워.

anthrophobia
대인공포증, 대인기피증

공포증 중에 **coulrophobia**란 것도 있는데, clown광대을 무서워하는 증상입니다. 가끔은 광대처럼 얼굴에 변장을 하거나 가면 등을 쓰고 나타나는 것이 무척 섬뜩하게 느껴질 때가 있죠. 조커도 그렇구요. 광대는 무서운 이미지나 슬픈 이미지가 떠올라요. 일곱살 때 화장을 해보겠다고, 이모를 졸라서 얼굴에 화장품을 덕지덕지 발랐는데, 화장을 한 채로 잠이 들면 내 혼이 나를 다시 못 찾아와서 깨어나지 못한다는 말을 듣고 어찌나 무섭던지 얼른 세수하고 그 후로 대학에 가서도 한동안 화장을 하지 않았습니다.

무서!

coulrophobia
광대를 무서워하는 것

●●
fright 공포 | **stage fright** 무대공포증
I have a thing about~ ~에 거부감이 있다.

chill down one's spine
등골이 오싹하다

eerie
으스스한

chills
오한

send chill down(up) one's spine 등골이 오싹하게 하다
This story will chill down your spine.
이 얘기 들으면 등골이 오싹할 걸!

chill to the bone
(marrow)
뼈속까지 춥다

chill someone
겁주다, 오싹하게 하다

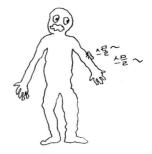

It gives me a chill. 소름 돋게 해. 오싹하게 해.

It gives me the creeps. 그거 진짜 무서워.

creep 아주 천천히 다가가는 것
(명사로는 아주 기피하고 싶은 loser 같은 남자를 말할 때도 쓰입니다.)

He's creepy. 그 애는 좀 섬뜩해.

give creeps
움찔하게 하는 오싹한 느낌이 들다
(벌레가 팔 위를 스물스물 기어올라갈
때의 느낌을 상상하면 됩니다.)

It makes my hair
stand on end!

무서워서 머리카락이
쭈볏 섰어.

shivering
후들후들 떠는

trembling
덜덜 떠는

Her voice was trembling. 그의 목소리는 떨렸어요.

dread
공포

dreadful
무시무시한

dreadful work

ghastly
오싹한, 소름끼치는

gory
피투성이의

gruesome
섬뜩한, 끔찍한

What the hell are you doing?

너 지금 도대체 뭐하는 거야?

possessed
~에 홀린, 귀신 들린

spooky
음산한, 유령이 나올 것 같은

spooked
겁먹은

lurid
으스스한, 소름 돋는, 야한

●●
scared 겁먹은 | 철자가 비슷한 **sacred** [새크리드] 신성한

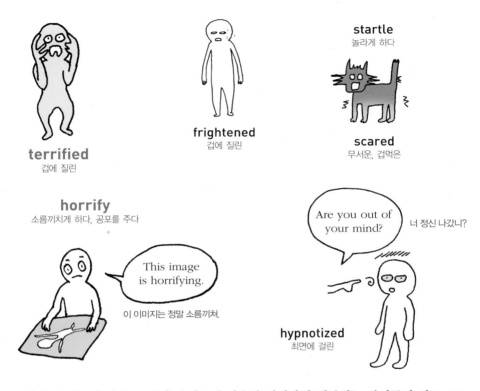

terrified
겁에 질린

frightened
겁에 질린

startle
놀라게 하다

scared
무서운, 겁먹은

horrify
소름끼치게 하다, 공포를 주다

This image is horrifying.

이 이미지는 정말 소름끼쳐.

Are you out of your mind?

너 정신 나갔니?

hypnotized
최면에 걸린

비슷해 보이는데 다르고, 달라 보이는데 비슷한 의미라서 헷갈리는 단어들이 있죠. 그 중 공포감과 관련된 것들을 정리해보았으니 비교해가면서 쓰세요.

horrible 너무 싫은

horrifyingly 소름끼치게

terrifying 무서운, 겁나게 하는

terrorize 공포의 도가니로 몰아넣다

terror 공포, 테러

He's horrible. 그는 정말 상종하기 싫은 인간이야.

This place is terrific. 이 곳은 정말 좋군요.

horrific 무서워서 끔찍한, 너무 나빠서 끔찍스런

horror movies 공포영화

terrified 공포에 질린

terrible 끔찍한, 너무 별로인(horrible과 비슷)

terrific [터리픽] 끝내주는, 아주 광장한

petrified
공포에 질려 굳어버린, 석화되는

scared stiff
겁에 질려 몸이 굳은

paralyzed
[패럴라이즈드]
마비된(사람이나 현상에도 사용됨)

stiffened 몸이 굳은, 뻣뻣해진

scared stiff(=scared to death, scared hell out of) 겁에 질려 몸이 굳은

I've been paralyzed since I lost my best friend.
가장 친한 친구가 죽은 후부터 난 아무것도 할 수가 없었어.

I was paralyzed by fear. 무서워서 전 얼어붙었어요.

He was paralyzed after the car crash. 그는 사고 후에 마비가 왔어요.

● ●

paralysis [퍼랠러시스] 마비 | **parallel** [패럴렐] 평행인 cf. **horizontal** 수평인 | **paramedic** 응급구조원
para–는 라틴어에서 온 접두어로 '근접한, 같이 가는, 도와주는' 등의 여러 뜻이 있어요.

겁을 주는 방법도 여러 가지입니다. 보통 겁을 주는 것은 **scare**라 하는데요 이는 무섭게 보이게 하거나, 실제로 공포감을 조성하는 상황을 만드는 것이고, 갑자기 화들짝 놀라게 하는 것은 **startle**이라 합니다. 폐가에 같이 들어간 친구가 귀신 흉내로 놀라게 하는 경우는 **scare**, 예상하지 않은 상황에 놀라게 하는 것은 **startle**이라고 합니다.

You are scaring the kids!

애들이 무서워하잖아!

딸꾹 HICCUP Hiccup HICCP 딸꾹

~ 꺄악

Boo!

You startled me!

놀랐잖아!

재밌으라고 그런 건데.

I thought it'd be fun.

You scared me!라고 말하기도 합니다. 참고로 You surprised me.는 뜻밖의 선물이나 놀라운 일에 대한 표현이니 이런 상황에 쓰면 이상해져 버립니다.

말과 행동으로 겁을 주기도 하죠.

threaten 협박하다

threat 협박, 위협

I'll kill you!

널 죽일 거야!

Someone threatened to kill me.

누가 날 협박해요.

Same number!

전화받기 무서워!

I'm so scared to answer!

You are blackmailing me!

너 지금 나 협박하냐!

내 숙제 안 해주면 너 나중에

나랑 결혼해야해.

blackmail 공갈 협박하다 어떤 행동을 강요하면서 조건을 달아서 괴롭히는 것을 말합니다.

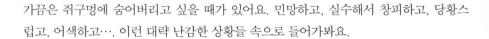

·· That's Embarrasing!

대략난감

가끔은 쥐구멍에 숨어버리고 싶을 때가 있어요. 민망하고, 실수해서 창피하고, 당황스럽고, 어색하고⋯. 이런 대략 난감한 상황들 속으로 들어가봐요.

embarrassed 민망한, 당황한

blunder
실수, 치명적인 실수

오줌 쌌네.

I wet
the bed!

wet the bed
오줌 싸다

I felt so humiliated. 나 너무 쪽팔렸어.

I laughed so hard and I almost peed myself. 너무 웃어서 바지에 오줌 쌀 뻔했어.
I peed myself at school. 나 학교에서 바지에 오줌 쌌어.

●●
pee one's pants 바지에 오줌을 싸다

humiliating
쪽팔린

My stupid mouth! 내 입이 방정!

She put her foot in her mouth. 그녀는 난감한 말실수를 했어.

> Oops
> I did it
> again.

에구, 또 실수를 했네.

foot-and-mouth disease에서 나온 말로, 뜻보다는 단어에 초점을 맞춰 만들어진 표현입니다.

foot-in mouth disease
말실수를 하다

put foot in someone's mouth
말실수해서 난감하게 되다

He has a foot-in mouth disease.
그는 항상 말로 제 무덤을 제가 파지.

Oops!

ouch

What the heck
is he talking
about?

도대체 뭐라고
하는 거야?

쏼라 ?

intimidated
겁나는 (= chickened)

intimidating
겁먹게 하다, 위압감을 주다

step on a person's toes
남을 난처하게 하다
자기가 낄 데 아닌 데 나서서 참견하고 다른 사람을 방해하고 피해 입히며 감정을 상하게 하는것

I wish I could take back the words that came out of my mouth.

내 입에서 나온 말 주워담고 싶네요.

I was intimidated. 좀 쫄았어.

●●
mortify 창피를 주다

선생님 지퍼가 열려 있어.

His fly is open.

내강의는 역시 재미있어

ㅋ

fly is open
바지 지퍼가 열려 있다

Examine Your Zipper.(=XYZ) 너 바지 지퍼 확인해봐(너 대문 열렸다를 완화하여 표현한 말)

He is fly. 그는 멋져.(fly는 바지의 앞섶을 뜻하기도 하지만 멋지고 쿨하다는 의미도 있습니다.)

홀라딩

ㄲ갸 **She flashed her boob.**
그녀가 갑자기 가슴을 노출했어.

flash
깜짝 노출

우리나라에선 보기 힘들지만, 미국의 케이블 프로그램에서 가끔 출연자가 갑자기 신체를 노출을 해서 모자이크 처리가 되는 상황이 발생하기도 합니다. 제리 스프링거 쇼 같은 프로그램에 잘 나오는 광경이죠.

실수로 옷이 내려가서 의도하지 않게 노출이 되는 경우도 있습니다. 이것을 **wardrobe malfunction**이라고 합니다. 가끔 파파라치 사진으로 많이 볼 수 있죠. 좀 우스꽝스럽게 **nipple slip** 혹은 더 짧게 줄여 **nip slip**라고도 합니다.

홀라딩

wardrobe malfunction
의도하지 않은 노출

●●
nippy 아주 추운

상대방을 당황하게 하는 상황을 **faux pas**라고 합니다.

faux pas
당황스러운, 상대방을 난감하게 하는

fashion faux pas는 상대를 난감하게 하는 옷차림을 말합니다. **too much patterns**패턴이 다른 옷을 여러 개 입는 것이나 **socks on sandals**샌들에 양말을 신는 것은 좀 아니죠? 발가락이 보이는 하이힐에 스타킹을 신는 것도 아니래요.

too much patterns
패턴이 다른 것을 여러 개 입는 것

socks on sandals

corny
유치한

tutu
발레복같이 생긴 치마

too much color

garish
너무 화려한, 요란한

flashy
겉이 번지르르한, 차려입은

suit and sneakers
정장 차림에 운동화

suit and sneakers정장에 운동화를 신는 것은 Justin Timberlake가 즐겨 입는 스타일로, 잘 입으면 괜찮아 보여서 faux pas는 아니죠.

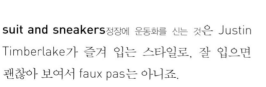

dress socks and athletic shoes
신사 양말에 운동화
black socks and white shoes
검은 양말에 흰 신발

Do not wear pants sit too high or low. 바지를 너무 올리거나 내려 입지 마세요. skinny jeans 이후 하이웨이스트 팬츠가 인기 있을 거라고 잠깐 등장했지만 그렇다고 일반 바지를 너무 끌어올려 입으면 아이 같거나 아니면 아저씨 같거나 둘 중 하나죠.

baggy pants가 헐렁바지라면, **saggy pants**는 헐렁한데다 늘어져서 속옷이 다 보이는 바지로, 미국의 많은 학교에서 금지시킨 복장입니다. 속옷이 약간 보이는 게 아니라 아예 엉덩이까지 내려올 정도로 입고 다니는 아이들도 있습니다.

showing thong 속옷 자랑하듯 이렇게 입은 사람도 봤어요. 자신들은 멋지고 섹시하다고 생각하지만 주변사람들은 좀 괴롭죠. 고래꼬리가 물에 나온 것과 비슷해 보인다고 **whale tail**이라 부르기도 합니다.

우리는 오렌지 색 속옷을 좋아해.

We love orange underwears..

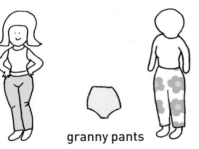

whale tail

saggy pants

hip huggers는 바지 자체가 난감하다기보다 **skintight**아주 꼭 끼는하면 좀 난감해 보일 수 있습니다.

미국엔 우리나라와 비교가 안 될 정도로 고도 비만인 사람들이 많은데 그런 사람들이 타이트하게 입으면 소시지 같기도 해서 **sausage casing**이라 부르기도 합니다.

hip huggers
엉덩이와 허벅지가
타이트하게 맞는 바지

granny pants

grandma pants

그렇게 밑위 길이가 길고 품이 큰 청바지를 **mom jeans**이란 별명으로 부르고, 집에서 입는 펑퍼짐하고 편한 바지를 **grandma pants**라고 해요. 또 비슷한 어감의 **granny pants**는 보통 여성의 크고 펑퍼짐한 면 삼각팬티를 말합니다.

Loosen up! 어이, 긴장 풀어.

tense 긴장한

tension 긴장감

intense 강렬한

discomfort 불편함

Relax, buddy!
긴장 풀어, 친구.

Hey, loosen up!
어이, 긴장 풀어.

He looked really tense. 그는 아주 긴장한 듯이 보였어요.

comfy
편안한
(comfortable을 줄여서도
이렇게도 씁니다.)

comfort
편안함, 달래주다

relaxed
긴장을 풀고 편안히 있는

mellow out
편안히 있다

cozy
아늑한 (= snug)

It will give you a comfort. 이게 마음을 편하게 해줄 거야.

She's crying. Why don't you go and comfort her? 쟤 울잖아. 가서 달래주렴.

The World of Taste

taste '맛' 혹은 '맛을 보다' 라는 동사로 자주 쓰입니다.

Do you want some? 좀 줄까?
I just want to taste. 그냥 맛만 보려고.

taste bud
혀에 있는 맛을 느끼는 곳, 우리말로 '미뢰' 라고 하지요. 영어에선 taste buds라고 하며 일상대화에서도 잘 씁니다.

I don't have any taste buds. 입맛이 없어. (입맛이 안 느껴져.)
This will bring back your taste buds. 이걸 먹으면 입맛이 돌아올 거야.
This chocolate is tempting my taste buds.
달콤한 초콜릿이내 입맛을 현혹시키고 있다.

taste bud

tempt는 '넘어가게 하다, 꼬시다' 라는 뜻이에요.

I was tempted but I didn't eat it. 너무 먹고 싶었지만 참았어.

appetite

I lost my appetite 나 식욕을 잃었어.
She has a big appetite. 그녀는 식욕이 왕성해.
Lucky her! 좋겠다!

Hmm...
So tempting.

but I'm
on a diet.

아, 먹고 싶다.
하지만 다이어트 중인데.

●●
appetizer 식욕을 도우는 전채 음식

맛있다··· 전 국민이 알고 있는 **delicious**가 있지만 상황에 따라 다양하게 표현하면 재미있습니다. '좋다' 는 뜻의 형용사를 골라 갖다붙이면 어지간히 의미가 통합니다.

How is it? 맛이 어때?

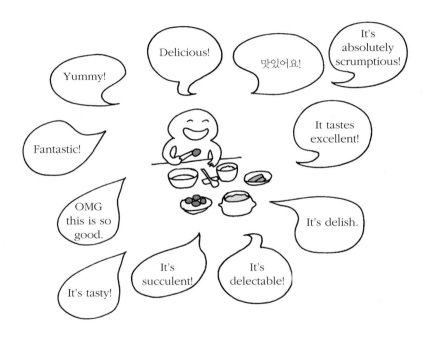

Yummy. 맛있네요.

Scrumptious. 엄청 맛있어요.

Delectable. 맛있어요.

Succulent. 촉촉하고 맛있어요.

Tasty. 감칠 맛 나네요. 맛이 끝내주네요.

Delish. delicious를 줄인 말로 종종 쓰입니다.

Lots of Different Tastes 여러 가지 다른 맛

cheesy
치즈 맛이 강한, 유치한

cheesy 치즈맛이 나는, 유치한

cheesy song 좀 오버스럽게 달콤한 발라드, 유치한 멜로디와 율동이 곁들여진 팝

cheesy outfit 어른이 파스텔 색으로 아이들처럼 입거나 너무 과도하게 꾸며 어색한 복장

cheesy movie 오글거리게 만드는 영화나 지나친 멜로 영화 등

cheesy guy 느끼 남

사실 우리 말처럼 정말 '느끼하다'의 느낌과 딱 맞아 떨어지는 한 단어를 찾기 힘든 것 같아요. 치즈가 너무 많이 들어가서 느끼하거나, 기름기가 너무 많아서 느끼하거나, 고기 맛이 느끼하거나 등 그냥 각각 그 맛의 느낌으로 표현하는 경우가 많습니다.

oily 기름기가 많은   **greasy** 기름기가 많은

oily skin 지성 피부   **greasy hair** 번들번들 떡진머리

I'm in the mood for greasy food today. 오늘은 기름진 음식이 땡기는군.

savory
맛이 좋은, 풍미 있는

buttery 고소한 (버터맛 나는 부드러운 고소함)   **nutty** 고소한(콩, 깨 등의 고소함)

fruity 과일 같은 상큼한 맛   **citrusy** 귤맛 같은 상큼한 맛

vinegary 식초맛 나는   **gingery** 생강맛 나는

lemony, chocolatey, oniony, garlicky과 같이 y붙여서 맛을 나타내는 경우가 많습니다. 그런데 **meaty**는 '고기맛이 나는'이라는 의미보다는 '살이 많은, 튼실한'이란 뜻으로 더 많이 쓰입니다. 또 **meaty sauce**는 고기가 많이 들어간 소스, **meaty face**는 흔히 큰바위 얼굴과 같이 상대적으로 얼굴이 큰 사람을 의미하죠. 그리고 **meaty role**은 영화 등에서 중요한 역할을 뜻합니다. **fishy**도 '생선맛 나는'이라는 의미보다는 '비린내 나는, 수상한'의 뜻으로 더 많이 쓰이고요.

What fish doesn't taste fishy? 비리지 않은 생선은 뭘까요?

heart에도 y를 붙여서 사용합니다.

hearty 정성을 다한

hearty meal 엄마가 차려준 밥상처럼 정성어리고 영양 만점에 양도 풍부한 식사

sugary 아주 달달한, 설탕맛이 많이 느껴지는(sweet와는 좀 다른 어감이에요.)

peppery 후추맛이 많이 느껴지는   **salty** 짠

stale 맛이 없어진(과자 등은 눅눅해진, 탄산수 등은 김이 빠진)

These chips are stale.

이 과자는 눅눅해졌어.

stale
눅눅해진

I love salty chips.

나는 짭짤한 과자가 좋아.

salty
소금 맛이 강한, 짠

sweet달콤한 맛뿐만 아니라 마음의 달콤함에도 쓰입니다. **nice**보다 좀 더 달달한 표현이에요. **That's very sweet of you.**당신은 정말 친절하시네요. 앞에서 마음이 따뜻한 사람한테 쓰이는 표현으로 한번 보았죠?

Sweet!? 기분 좋을 때 쓰는 감탄사이기도 해요. '아이 좋아라~! 아싸~!' 정도의 의미입니다.

〈사우스파크〉의 캐릭터 중 제가 가장 좋아하는 욕쟁이 **Eric Cartman**도 기분 좋으면 이 단어를 남발합니다.

Eric Cartman

sweet
달콤한

Sweet!

sweetie pie
사랑하는 사람을 부르는 말

hot
뜨거운, 매운

떡볶이
spicy
매운, 강한 양념 맛이 많이 나는

tangy

tangy
새콤한 맛

sour lemon
신 레몬

오묘하고 시큼하면서도 상큼하고 칼칼하면서도 깊은 맛이 풍겨나오는 우리나라의 대표적인 음식, 김치. 그 맛을 무슨 단어로 표현할까요? 보통은 외국 친구에게 김치를 권하면서 꼭 하는 말이 있어요. 저도 그랬구요. **I'm warning you. This is very spicy.** 경고하는데 이거 아주 맵다. 하면서 말이에요. 그런데 김치를 맛본 친구들은 **It's not that spicy. It's rather sour.**그렇게 맵진 않고 좀 신데.라고 의외의 반응을 보이는 경우가 많았습니다. 김치는 **fermented**발효된 맛이 있기 때문에 **sour**신맛이 나고, 또 마늘이 많이 들어가서 **pungent**자극적인 맛이 나기도 합니다. 여러 가지 양념, 특히 **Korean hot pepper powder/flakes**고춧가루가 들어가서 **spicy**하기도 하고 소금에 **pickled**절인 음식이라 짠맛도 나지요. 또 **crunchy**아삭거리는 식감 덕분에 **refreshing**개운한한 느낌도 나죠.

garlicky
마늘맛이 강한

pungent
자극적인, 강한 맛이나 냄새의

sour
신맛, 쉰맛
(fermented된 맛)

MILK

sour milk
상한 우유

우유가 상하면 시큼한 맛이 나죠. 그래서 상한 우유를 sour milk라고 합니다. sour dough는 보통 이스트를 발효시켜 만든 빵을 말합니다. 미국에서 흔히 먹는 rye bread호밀빵도 약간 시큼한 맛이 나는 sour dough의 일종이에요. 그냥 크림은 달콤하지만 sour cream은 새콤시큼하며 너무 맛있지요.

sour는 맛뿐만 아니라 쉰내 나는 상황에도 쓰입니다

After the incident, our relationship got sour. 그 사건 이후 우리 관계는 서먹해졌어.

My life is sour. 내 인생은 참 모질기도 하지.

bitter는 맛뿐만 아니 감정을 나타낼 때도 쓰입니다.

bitter
쓴

She's so bitter. 그녀는 지금 괴로워하고 있어.(분하고, 질투나고, 억울하고, 화나고, 실망스럽고 괴로운 감정을 모두 포함합니다.)

Life is bitter. 인생은 고달프다네.

bittersweet 달콤 쌉싸름한

bland 싱거운

flat
밍밍한, (탄산음료 등에) 김이 빠진

gross
역겨운, 토할 것 같은

'○○○ 맛'이라고 할 때는 '○○○ taste'라고 할 것 같지만, 대부분의 경우 그런 맛을 내도록 향료를 사용하기 때문에 ○○○ **flavor**라고 합니다. **natural ingredient**천연 재료, 다시 말해 진짜 그 재료를 사용하여 맛을 낸 경우에는 그냥 **chocolate cake**, **banana**

What is your favorite Baskin Robins flavor?

배스킨라빈스에서 제일 좋아하는 맛이 뭐야?

plain
아무 맛도 첨가하지 않은 기본 맛. 원래의 맛

icecream과 같이 씁니다. 재미있는 것은 가끔 음료수를 사면 **artificial flavor**라고 크게 써 있는 경우가 있습니다. **jelly bean** 가게에 가면 해리포터에 나온 여러 가지 맛들을 만들어 놓았는데, 다 인공향료죠. 화학은 참 신기한 것 같습니다.

Pickled ginger acts to clean the palate.
생강절임은 음식의 뒷맛을 없애는 작용을 한다.

clean the nasal passage
코가 뻥 뚫리다(특히 와사비 먹었을 때의 느낌)

clean the palate
입가심을 하다

Food Textures 식감

crispy
바삭한

crunch 와삭와삭 씹다

Do not crunch ice! 얼음 씹어먹지 마세요!

munch (과자 등을) 먹다, 가볍게 먹다

crunch 와그작, 와그작
초코바 이름도 센스 있죠. 초콜릿
속에 바삭거리는게 들어 있어요.

crunchy
아삭아삭한

crunch는 윗몸 일으키기 종류인 **curl-up**을 부르는 말이기도 해요. **sit up**이 완전한 윗몸 일으키기인 반면 **crunch**는 등과 허리는 붙이고 가슴 윗부분만 들어올리는 운동을 말합니다. 유명한 피트니스클럽의 이름이기도 해요.

brittle 잘 바스러지는(구운 김을 떠올리시면 됩니다.)

peanut brittle 땅콩에 설탕과 버터를 넣어 얇게 구워
부셔놓은 과자

crunch
일종의 윗몸 일으키기

my scalp is flaky!

좀 지저분하지만 비듬이 잘 생기는 두피는 **flaky scalp**, 각질이 잘 생기는 피부 **flaky skin**이라고 합니다. 정신머리 없는 사람, 진지하지 않은 사람을 가리킬 때도 **He's flaky.**라고 합니다.

flakey, flaky
얇게 부스러지는(페이스츄리, 파이 등)

breadcrumbs
빵가루

crumbly
부스러지기 쉬운

crumbs 부스러기

crumble 부수다, 가루로 만들다

That's the way the cookie crumbles. 세상 일이 그렇지 뭐.

(뭐 어쩔 수 있는 것도 아니고.)

fluffy 벙벙한

fluffy가 솜털같이 벙벙하고 폭신한 것이라면, **puffy**는 공기가 들어가서 부푼 것을 말해요. 튀밥은 **puffed rice** 혹은 **rice puff**.

fluff rice
밥이 다 되고 처음 밥을 뜰 때 밥이 떡지는 걸 방지하기 위해 헝클어뜨리는 것을 말합니다. 많이 쓰는 표현이에요.

light and fluffy
가볍고 벙벙한 (솜사탕 같은 느낌을 말합니다.)

juicy fruit 즙이 많이 나오는 과일
creamy 크림처럼 부드러운
velvety 벨벳처럼 아주 부드럽고 매끄러운
smooth 매끄러운
mushy 무른
squishy 말랑말랑하고 부드러운(두부나 젤리 등)

juicy
즙이 많은

juicy steak
육즙이 풍부한 스테이크

soft
부드러운

moist
촉촉한

fizzye
기포가 나는

gooey
쫀득쫀득한, 찐득찐득한(브라우니나 케이크, 파이 등의 안쪽에 찐득거리고 끈끈한 것)

tingle
톡쏘는

stringy
피자 치즈와 같이 실처럼 늘어지는 것

chewy 쫄깃쫄깃한
rubbery 질긴
hard 딱딱한

This is too rubbery.

이거 꼭 고무 씹는 것 같아. (질기군.)

hmm.. luscious peach!

luscious
감미로운

cooking time~

cook 요리하다; 요리사
cooker 요리기구

chef

cook은 요리사를 가장 흔하게 부르는 말입니다. **I'm a good cook.**난 요리를 잘해.는 **I'm good at cooking**보다 훨씬 자연스러운 표현이죠.

I'm not a good cook. 난 요리를 잘 못해.
I'm a beginner cook. 난 이제 초보자 수준이야.

> Stir throughly otherwise it'll stick to the bottom.

바닥에 눌러 붙지 않게 잘 저어.

good cook

beginner cook

throughly는 예전 룸메이트에게 배운 말인데 전 이 말이 정말 마음에 들었습니다. 뉴욕에서 태어나고 자란 그녀의 발음은 [떠얼리]하며 떠를 엄청 강조했죠. 그래서 r 발음은 굴리면서 묻혀 거의 들리지 않았고 정말 완전히 **native speaker**란 뉘앙스가 팍 풍겨왔어요. 아마 저 혼자서 글자만 봤다면 [뜨루울리] 라고 읽었을 거예요.

Make sure the meat is throughly cooked.
고기가 완전히 익었는지 꼭 확인하세요.

cook은 '익다' 라는 뜻도 있어요. 여기에서 보듯이 직업이 **cook**이 아니라도 자연스럽게 쓰는 걸 볼 수 있죠. 전문 요리사, 주방장은 **chef**라고 하죠.

cooking을 써서 **What's cooking?** 이라고 하면서 안부나 새로운 소식이 없나 묻기도 합니다. **What's up? How's it going? What are you up to?** 등과 같은 인사입니다.

cooked
완전 뻗다

또 **cook**은 너무 피곤해서 혹은 술을 먹고 뻗거나 향정신성물질을 취해 맛이 간 상태를 말하기도 하죠.

raw 날것
uncooked 안 익힌

cooked 익은

overcooked 너무 익힌
undercooked 덜 익은

burnt 탄

unripe 덜 익은

ripe 익은

overripe 너무 익은

rotten 썩은

cut
자르다
cut in half
반으로 자르다

cut into three pieces
3등분으로 자르다

cut into four pieces
4등분하다
cut off one fourth
1/4을 잘라내다

cut into cubes
깍둑썰기하다.
dice
깍둑썰기하다
(주사위 dice 모양으로)

cut in thin slices
얇게 썰다

cut in chunks
큰직하게 썰다
chunky
큰직한 덩어리가 들은
(chuncky soup)

julienne cut
채썰다

onion chopper
양파다지는 기구

chop 잘게 썰다
chop off 잘라내다

mince
다지다

grater 강판

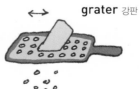

grind 갈다

grate 강판에 갈다

ground pepper 간 후추
grated cheese 갈아놓은 치즈

sauté
[써테이] 볶다

stir fry
볶다 (특히 중국식 프라이팬 Wok에
기름을 두르고 팬을 들썩여가며
요리하는 것)

deep fry
튀기다
frying pan
(fry pan이 아니고…)

drain
물기를 빼다

dredge
밀가루 묻히다
dip in eggwash
달걀물을 묻히다 (eggwash: 달걀물)

toss
흔들어주다, 버무리다
toss the salad

boil
끓이다

simmer
뭉근하게 끓이다
약한 불로 오래 끓이다

blanch
데치다

poach
끓는 물 속에 넣어 익히다

poached egg 수란
달걀을 끓는 물에 깨어 넣어 익힌 것인데, 기름
등 다른 재료 없이 순수한 달걀 맛이 좋은 데다
집에서 만들기 힘들기 때문에 저는 식당에서는
주로 이걸 시켜 먹곤 했습니다.

steam
찌다(야채나 만두 등
수증기로 찌는 것)

smother
찌다(닭찜 등 뚜껑을 덮고 속까지 푹 익히는 것)
(smother는 덮어서 숨막히게 한다는 뜻이 있죠 suffocated)

marinate
(양념이나 소스에) 재우다

baste
(소스 등을) 바르다

roast
(고기 등을) 굽다

bake
(빵 등을) 굽다

garnish
고명처럼 음식을 다 완성한 후
마지막에 잘 어울릴 만한 음식이나
장식을 올려주는 것

self proclaimed 자칭
connoisseur [커너수어] 감정가
wine connoisseur 와인 감정가

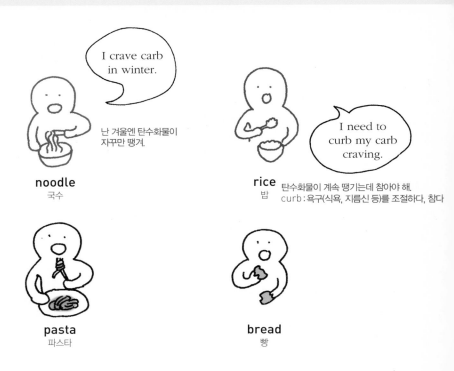

noodle
국수

I crave carb
in winter.

난 겨울엔 탄수화물이
자꾸만 땡겨.

rice
밥

I need to
curb my carb
craving.

탄수화물이 계속 땡기는데 참아야 해.
curb : 욕구(식욕, 지름신 등)를 조절하다, 참다

pasta
파스타

bread
빵

carbohydrates탄수화물은 일상생활에선 줄여서 **carb**라고 많이 쓰여요.

low carb 탄수화물이 적은

carby food 탄수화물 식품

다른 영양소는 짧아서 그대로 부릅니다.

protein 단백질   **fat** 지방

vitamin 비타민   **calcium** [캘씨움] 칼슘

fiber 섬유소

minerals 무기질   **fatty acid** 지방산

My favorite
comfort food is
denjang jige.

내가 가장 좋아하는
음식은 된장찌개야.

comfort food란 평소에 편하게 먹기 좋아하는 음식이나, 어렸을 때부터 많이 먹고 자라 익숙하며 먹고 탈나지 않는 음식, 엄마 손맛이 생각나는 음식. 계속 외식만 하거나 외국을 여행을 할 때 생각나는 집 음식 등 마음을 편안하게 하는 음식을 가리킵니다.

My comfort
food is pepperoni
pizza.

내가 가장 즐기는 음식은
페퍼로니 피자야.

03

Culture
and
Issues

History & World Issues

수많은 사람들이 다양한 모습으로 살아가는 것이 바로 우리가 살고 있는 세상이랍니다. 그렇게 많은 사람들이 살아가는 방식, 그리고 그 과정에서 일어나는 크고 작은 사건과 이슈들에 대해 알아볼까요.

What in the world is going on in the world?

I'm the biggest fish.

내가 제일 큰 물고기다.

그래요. 난 어항 속의 물고기.
그중에서 가장 똑똑하고 몸집도 크죠. 평온한 나의 생활에 불만은 없어요.
익숙한 물. 익숙한 밥. 말 잘 듣는 내 쫄병들.

돌고래가 말이야…

What is he talking about?

뭔 소리래?

그러던 어느 날, 난 내가 알고 있는 어항 밖에
다른 세계가 있는 게 아닐까 하는 궁금증을 갖게 되었어요.

그래서 난 그 궁금증을 해결하려고

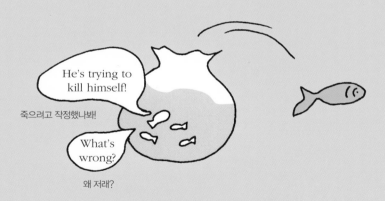

어항 밖의 세상을 경험해보기로 결심했어요.

어항 밖에서는 숨을 쉬기 힘들어 조금 지쳐 있었을 뿐인데
나의 주인은 내가 죽은 줄 알았나봐요.

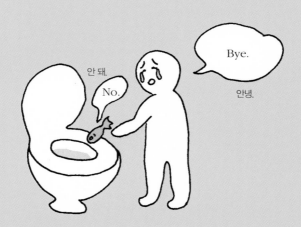

그리고는 나를 변기에 버린 채 그만 물을 내려버렸어요.

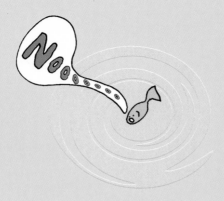

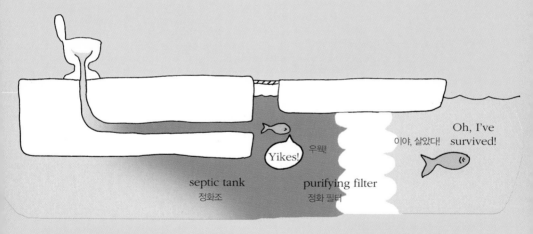

septic tank
정화조

purifying filter
정화 필터

Yikes!
우웩!

이야, 살았다!

Oh, I've survived!

그리고 난 하수구로 흘러들어갔고,
역거움을 참고 헤엄쳐나간 끝에 깨끗한 물에 닿을 수 있었어요.

그리고는 내가 지금까지 살던 세상과는 다른 세상이 펼쳐졌죠.
새로 부딪히는 모든 것들이 신기하고도 흥미로웠어요.
정신이 없고 두렵기도 했죠.

하지만 세상과 가까워지며 호기심과 두려움은 줄어들었고
세상이 어떻게 돌아가는지 이해해가면서
전 이전의 편안한 생활에서 누릴 수 없었던 많은 것을 갖게 되었어요.
나는 세상을 이해하는 물고기가 되어가는 중이에요.

piracy 해적, 해적질 | **radioactive** 방사능 | **oil spill** 기름 유출 | **Somali** 소말리아의

In the meantime at home...
반면에 내가 살던 집에서는…

Now that the real
biggest is gone,
I'm the biggest
fish in the world.

진짜 큰 물고기가 사라졌으니
이젠 내가 가장 큰 물고기야.

한편 고향집에서는 여전히 편안한 시간들이 계속되고 쫄병 중 똑똑한 녀석이 제 자리를 꿰차고 대장노릇을 하고 있다네요. 집 떠나면 고생이라지만 이제 제 집은 전 세계니까 그런 걱정일랑 마세요.

그래도 집밥이 세계 어느 진수성찬보다 맛있는 건 사실이에요.

No place like home. 집만 한 곳은 없다네.
safe and sound 편안하고 안전하죠.

맛있게
먹어라.

What in the world
is the world?

도대체 세상이란 어떤 곳일까?

난 나의 고향을 잊지 않고 여전히 세상을 헤엄쳐 다니며
세상을 알아가고 있어요.

History

우리나라 대학 입시의 필수과목에서 국사가 빠졌다는 얘기를 듣고 깜짝 놀랐던 기억이 있습니다. 모든 공부는 그에 대한 역사가 기본이 되어야 하는 것처럼 우리나라 사람이면 우리 역사를 가장 중요하게 다루고 연구하는 것이 당연하지 않을까요? 사실 저도 학창시절에 국사, 세계사 등등 '…사'자가 들어가는 시간에는 왜 그리 좋았는지, 그 대가로 유학시절에 고전 미술작품을 이해하는 데에 더 많은 노력을 해야 했어요. 수업뿐만 아니라 토론, 뉴스, 심지어는 여러 종류의 모임에서 나누는 대화 중에 알게 모르게 깔려 있는 역사적 배경과 문화적 이야기들은 그 사회에 대한 이해를 더 풍부하게 해줍니다.

미국에서 우리나라 영어나 수학처럼 중요하게 여기는 과목은 역사인데, 많은 학생들이 좋아하는 과목으로 꼽기도 하는 게 신기했어요. 친구들마다 서로 다른 관점을 갖고 있기도 해서 파티에서는 유독 역사나 문화에 대한 대화를 길게 나누게 되기도 합니다. 우리 역사를 얘기해줄 때 세계사와 비교하여 얘기해주려면 관련된 단어들을 알아두면 좋아요. 그들이 해주는 이야기도 잘 듣고 우리의 역사도 얘기해준다면 자연스런 문화의 교류도 이루어질 수 있겠죠?

역사에 대한 quote 몇 가지를 살펴볼까요?

History is written by winners. 역사는 승자에 의해 씌어진다. 라는 말도 있듯이 우리에게 유리한 역사를 만들어가려면 역사를 이끌어갈 수 있는 발판을 마련해야겠죠.

또 **History repeats itself.** 역사는 돌고 돈다. 라는 명언처럼 역사를 공부함으로써 앞의 일을 예측할 수도 있구요.

Know thyself and you'll know others better. 나를 알아야 남을 안다. 라는 말도 있듯이 우리 역사를 제대로 알고 바로 세우며 세계와 우리의 관계를 이해할 때 외교도 잘할 수 있게 되겠죠.

미국은 역사를 분야별로 또 여러 관점에서 볼 수도 있기 때문에(동부인, 서부인, 북부인 남부인, 중부인, 인디언, 이민자, 소수 인종 등) 생각도 다양하고 토론도 많이 합니다. 세계 정세 이야기도 결국은 근현대 역사에서 기인한 것이죠. 여기에선 그 많은 것을 모두 다루기는 어려우니 미국 사회 속에서 자주 다루어지는 주제를 아주 조금만 살펴보려고 합니다.

··History

역사

Do you still drink a lot?

너 아직도 술 많이 마시나?

No. That's a history.

아니 그건 다 과거야. (이제 안 마셔.)

history '역사'라는 의미 외에 '과거'라는 뜻으로도 많이 쓰입니다.

Thank you for the history lesson.

진짜로 역사에 대한 이야기를 듣고 고맙다고 할 때도 있겠지만 보통은 지나간 일을 들추어내서 잘난 척하며 떠벌이는 사람에게 대꾸할 때 자주 쓰는 표현입니다.

She's just a history.

그녀는 나에게 이제 과거일 뿐이야.

Now we're a history.

우리는 이제 헤어졌어.

lesson 수업, 교훈처럼 가르침이나 깨우침을 주는 것들에 넓은 뜻으로 많이 쓰여요

Let me give you a history lesson of the 90s.

90년대에 무슨 일이 있었는지 알려주지.

← Kurt Cobain
커트 코베인

Stop lecturing me! 나에게 좀 이래라 저래라 하지 마!
I learned a lesson. 한 가지 깨우친 게 있지.
Let me give you a lesson.
Don't ever come around here.

한 가지 똑똑히 가르쳐주지. 이 근처에 얼씬도 하지 말라구.

역사는 문자가 발명된 후 기록된 **history**문자로 기록된 역사와 문자가 생기기 이전의 역사 **prehistory**선사시대로 구분할 수 있습니다. **prehistory**는 기록이 남아 있지 않으니 **historic relic**역사적 유물으로 그 시대 상황을 추측합니다.

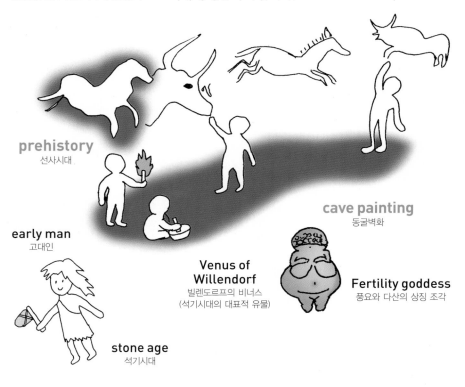

prehistory
선사시대

early man
고대인

cave painting
동굴벽화

Venus of Willendorf
빌렌도르프의 비너스
(석기시대의 대표적 유물)

Fertility goddess
풍요와 다산의 상징 조각

stone age
석기시대

●●
Paleolithic Age 구석기시대(= Old Stone Age) | **Neolithic Period** 신석기시대(= New Stone Age)
ice age 빙하기(= glacial period) | **Iron Age** 철기시대 | **Bronze Age** 청동기시대

prehistory는 그 시대에 사용되던 도구의 종류에 따라 **Paleolithic Age**구석기시대,
Neolithic Age신석기시대, **Bronze Age**청동기시대, **Iron Age**철기시대로 구분할 수 있습니다.
간신히 **flint**부싯돌이나 사용하던 인류의 조상들이 점차 새로운 도구를 사용하기 시작하
면서 인류는 **civilization**문명화되기 시작합니다. 참고로 석기시대를 배경으로 한
〈Flintstone〉이라는 만화도 있습니다.

Ice Age
빙하기

flint
부싯돌

civilize   civilization
문명화하다   문명화

mammoth
[매머드] 맘모스

primitive man 원시인(barbarian과 헷갈리면 곤란합니다.)

The Earliest Civilizations 세계 4대 문명

He is civil today. 오늘은 얌전하네.

tame
길들이다

●●
civilization 문명 | **civil** 시민의
civil action 민사소송 | **civilian** 민간인
civil engineering 토목공사 (도로, 항만, 다리 등 여러 민간시설 공사)

Ancient Egypt고대 이집트 고대문명 하면 가장 먼저 떠오르는 것이 Egyptian Civiliza-tion 이집트 문명입니다. Ancient Egypt고대 이집트는 **polytheism**다신교 사회였습니다. 그들이 믿었던 다양한 신들의 모습은 이집트의 미술품에 남아 있습니다.

polytheism
다신교

profile face
옆모습

이집트의 벽화를 보면 인물들이 모두 옆을 보면서 독특한 포즈를 취하고 있죠. 흔히 **profile**[프로파일]이라 하면 '사람에 대한 기본 정보'라는 의미로 많이 사용하지만 실은 사람 옆모습을 가리키는 말입니다. 초기의 초상화를 보면 동양에서는 정면을, 서양에서는 옆얼굴을 많이 그렸습니다. (아무래도 코가 큰 사람들은) 옆얼굴이 그 사람의 특징을 잘 보여준다고 생각한 듯합니다. 그래서 서양 동전에는 인물의 옆모습이 새겨져 있습니다. 고대 이집트에서도 인물의 모습을 '최대한 이상적'으로 표현하기 위해 코를 옆에서 볼 수 있도록 얼굴은 옆면을, 눈은 앞면을, 그리고 팔이 연결된 것을 보여주도록 몸은 정면을 향하게 하고, 다리는 발의 모양을 보여주기 위해 옆면을 그렸습니다. 그러다 보니 신기한 자세가 나오게 되었습니다. 재미로 이런 모습을 흉내를 내면서 손바닥과 다리 등을 옆으로 보이게 해서 걷는 모양을 **walk like an Egyptian**이라고 합니다.

walk like an Egyptian
이집트인처럼 걷는다

이집트에서는 오늘날의 스모키 화장 비슷한 것을 했답니다. **Kohl**이라는 가루를 눈 주위에 발라서 강조했는데, 그 가루는 **soot**(우리나라 숯 같은 발음이네요)과 **galena**방연광이라는 광물을 섞어서 만들었다고 해요. 지금은 **Kohl**이 색깔의 이름으로 쓰이기도 해요. 재미있는 건 알콜 **alcohol**도 이 **Kohl**에서 유래했다는 사실입니다. 또 **soot**은 물과 섞어 잉크로 만들어 기록을 남기는 데 사용되기도 했습니다. 그 작업을 한 사람들이 바로 **scribe**서기인데, 이집트에서 가장 존경받는 직업이었다고 합니다. 서기가 되는 교육만도 12년 정도가 걸리고 되기도 힘들었다 하네요. 이들이 정성들여 남긴 기록물은 이집트 **hieroglyphic**상형문자로 씌어 있어요.

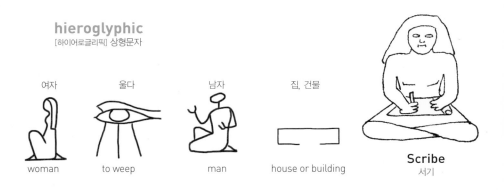

hieroglyphic
[하이어로글리픽] 상형문자

여자
woman

울다
to weep

남자
man

집, 건물
house or building

Scribe
서기

고대 이집트인들은 시신을 부패하지 않은 상태로 보존하는 것을 아주 중요하게 여겼습니다. 그래서 발달한 것이 바로 **mummification**미이라로 만드는 것입니다. 그리고 이집트의 왕인 **Pharaoh**의 미이라를 보관하기 위한 것이 **pyramid**입니다. 그중에서도 가장 웅대하기로 유명한 것이 **Pyramids of Giza**기자의 피라미드입니다.

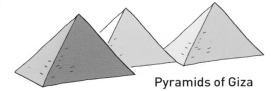

Pyramids of Giza

••
polytheism 다신교 | **monotheism** 일신교
hieroglyphic 상형문자 | **pyramid** 피라미드 | **mummy** 미이라 | **mummify** 미이라로 만들다
Pharaoh [패로] 이집트의 왕 (incarnation of god Horus 호루스 왕의 환생이라 여김)

King Tut
킹 텃

그리고 **pharaoh**라고 하면 **Tutangkamen**투탕카멘 왕의 얼굴이 떠오르죠. 앳된 얼굴의 유명한 **mummy mask** 때문이에요. 흔히 **Tutangkamen**의 앞 세 글자만 따서 **King Tut**라고 불립니다. 젊은 나이에 죽은 그의 무덤은 도굴되지 않은 채 원형 그대로 남아 있어 화려한 유물이 많이 출토되었다고 합니다.

pharaoh의 미이라는 마스크를 씌운 뒤 딱 맞는 화려한 관에 넣은 다음 또 좀 더 큰 관에 넣고 그렇게 몇 단계를 거친 뒤 단단하고 큰 관이나 석관에 넣어집니다. 가장 바깥에 있는 큰 관은 **sarcophagus**라고 해요. 일상에서는 이집트 왕의 미이라가 들어 있는 관을 통틀어 **sarcophagus**라 부르더라구요.

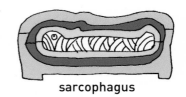

sarcophagus

polytheism 사회였던 이집트에서도 잠시 **monotheism**의 분위기가 무르익었던 적이 있었습니다. 이집트의 **Pharaoh** 중 **Akhnaton**이크나톤 왕은 다른 여러 신들을 무시하고 오직 **Aton**태양신을 신봉하고 인간과 자연중심으로 사회를 개혁하려 노력하였으나 그 후 다른 왕들이 다시 예전 체제로 돌려놓게 됩니다.

King Tut만큼 유명한 이집트의 유물이 바로 **Akhnaton** 왕과 왕비의 조각입니다. 왕보다는 왕비의 조각이 훨씬 많이 알려져 있습니다. 왼쪽 눈알이 빠져 있어 왼쪽에서 보면 좀 무섭게 보이기도 하지만, 대단한 미인상입니다. 공식을 암기하여 그린 듯한 딱딱한 이집트 미술에서 좀 더 사실적이고 인간에 더욱 가까이 다가간 작품으로 평가받고 있습니다.

missing left eyeball
왼쪽 눈알 분실

Queen Nefertiti
네페르티티 여왕

Mesopotamian Civilization 메소포타미아 문명

이집트 문명이 피라미드를 건설하며 화려한 문명을 발전시키기 400여 년 전부터 지금의 중동지방인 **Mesopotamian**메소포타미아 지방에서는 또 다른 문명이 형성되고 있었습니다.

Sumerian sculpture
수메르의 조각상

Eyes are the window to the souls.

눈은 영혼의 창.

Mesopotamian

이 지방의 미술품은 눈이 아주 큰 것 특징입니다. 눈은 마음의 창이라는 사실을 알고 있었던 것일까요? 사실 고대 메소포타미아 지역인들은 종교에 대한 강한 믿음이 있었고 눈으로 신과 소통한다고 믿었는데, 그런 그들의 믿음이 미술 작품에까지 영향을 미친 것이죠. 이 지역이 기독교, 유대교, 이슬람교의 성지인 것이 왠지 통하는 것 같네요.

Lamassu
메소포타미아의 대표적 조각상
(눈이 왕방울만 합니다.)

Lamassu라마수 궁전의 수호신 역할로 주로 게이트 기둥에 세워진, 메소포타미아의 대표적인 조각입니다. 날개 달린 황소(또는 사자)의 몸에 수염이 달린 남자 얼굴이 합성된 상상의 동물입니다. 앞에서 보면 다리가 두 개로 보이지만, 옆에서 보면 네 개로 보이게 하기 위해 다리를 다섯 개로 한 것이 특징입니다.

Winged Bull of Assyria

현재 **Middle East**중동 지방의 조상들의 나라와 도시 이름들을 짚어보고 가죠.

Sumer 수메르	**Assyrian** 앗시리아
Syria 시리아	**Babylon** 바빌론
Persia 페르시아	**Ottoman** 오스만 (터키)
Phenicia [페네이시아] 페니키아	**Turk** 투르크족, 터키인 (요즘엔 Turkish라고도 씁니다.)

Mycenaean Civilization 미케네 문명

Mediterranean Sea지중해 연안에서는 Greece그리스 문명의 시초가 되는 Mycenae미케네 문명이 고개를 들고 있었습니다. 그 중심이 바로 Crete크레타였습니다.

Crete에서는 King Minos미노스 왕의 전설이 유명한데, King Minos가 Poseidon포세이돈과의 약속을 어기자, 화가 난 Poseidon은 King Minos의 부인에게 황소를 보내 사랑에 빠지게 만들어버립니다. 결국 둘 사이에서 머리는 황소이고 몸은 사람인 Minotaur미노타우로스라는 괴물이 태어나게 되고, 이에 격분한 왕은 Minotaur를 복잡한 maze미로 속에 가두었는데, 그 maze의 이름이 Labyrinth[래버린쓰]입니다.

Please don't hate me.

저를 너무 미워하지 마세요.

Labyrinth
라비린토스(미로)

Minotaur
[미너토어]
미노타우로스

Centaur
[센토어]
켄타우로스

Labyrinth는 보통 maze와 달리 들어가는 길은 하나이고 중앙으로 연결되어 있었다고 하네요. half man half bull이 나왔으니 그럼 half man half horse는 뭘까요? 바로 Centaur[센토어]입니다.

●●
Mycenae [마이씨니] 미케네 | Mycenaean [마이시니언] 미케네의, 미케네인 | Crete [크릿] 크레타 섬
Minotaur [미너토어] 미노타우로스 | Taurus [토러스] 황소자리
antiquity 고대의(특히 고대 그리스·로마 시대를 일컫는 말)

Ancient Greece 고대 그리스

Ancient Greece고대 그리스 역시 **polytheism**다신교 사회였습니다. 그리스 문화의 근간이 되는 Greek mythology그리스 신화에는 Mount Olympus올림푸스 산를 배경으로 신들의 왕 Zeus제우스, 술의 신 Dionysus디오니소스 비롯해 인간과 같이 희로애락의 감정을 가진 다양한 신들이 등장합니다.

Dionysus
디오니소스(술의 신)

Bacchus
바커스

현재 Greece의 수도인 Athens아테네도 지혜의 여신 Athena의 이름에서 유래했고, The Parthenon파르테논 신전도 바로 Athena를 모신 곳입니다. 이밖에도 많은 신전이 있었다고 전해지지만, **Persian War**페르시아 전쟁으로 파괴되었다고 합니다. 우리에게 친숙한 승리의 여신 Nike나이키도 Athena를 보좌한 신 중의 하나로, Zeus가 사용하다가 Athena에게 주었다는 방패 겸 갑옷 Aegis는 메두사의 머리가 달려 있고 goatskin염소 가죽과 snake skin뱀 가죽으로 만들어져서 그야말로 천하무적이었다고 하죠. 여기서 나온 단어 **aegis**는 '보호, 방패, 지원'의 뜻으로 쓰입니다. 이지스 함의 이름도 여기에서 유래한 것입니다. Greek mythology는 이후 Roman mythology로마 신화에까지 영향을 미치며 문학은 물론이고 정치, 문화, 예술, 건축 등 다양한 부분에서 서양 문화의 골격을 형성하고 있습니다.

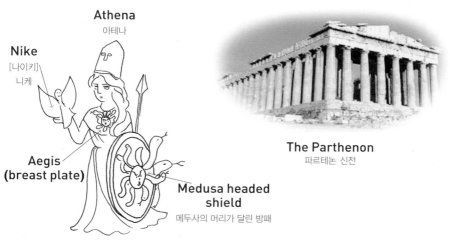

Athena
아테나

Nike
[나이키]
니케

Aegis
(breast plate)

Medusa headed
shield
메두사의 머리가 달린 방패

The Parthenon
파르테논 신전

Greece는 **polis**폴리스라고 불리는 많은 **city state**도시국가로 이루어진 나라였습니다. Athens아테네도 Greece의 city state 중 하나였습니다. **polis**폴리스의 중심에는 Acropolis 아크로폴리스라는 신전이 위치하고 있었고, 그 아래쪽으로 사람들이 물건을 사고팔거나 의견을 교환하던 **agora**아고라라는 광장이 있었는데, 여기서 나온 단어가 **agoraphobia**, 즉, 사람들 많은 곳에 가는 걸 꺼려 하는 광장공포증입니다. 또한 **polis**는 **citizen**시민들이 정치에 직접 참여하는 **sovereignty**[서버런티]자치공동체를 형성하고 있었는데, 이것이 바로 오늘날 **democracy**민주주의의 기초가 되었습니다. 이런 이유로 **political**, **policy**, **politician** 등 정치에 관한 단어들이 모두 **polis**에서 유래한 것입니다.

ΟΔΥΣΣΕΙΑ

Odyssey

Trojan horse
트로이 목마

Greece는 또 철학과 문학의 나라였다고 해도 과언이 아닙니다. 그중에서도 그리스의 장군 오디세우스가 Trojan Horse 트로이 목마를 이용해 Trojan War트로이 전쟁을 승리로 이끌고 고향으로 돌아오기까지의 대장정을 그린 **Homer**호머의 **epic**서사시 《**Odyssey**오디세이아》의 문학사적 가치는 말로 형용할 수 없을 정도입니다. 요즘은 꼭 문학작품이 아니더라도 대장정 이야기를 통틀어 **odyssey**[아더씨]라고 합니다. 〈2001: A Sapce Odyssey〉라는 Stanley Cubrik스탠리 큐브릭 감독의 영화 제목도 그런 맥락에서 만들어졌습니다. 대사도 별로 없지만 독특한 영상과 음악 때문에 집중해서 보게 되는 신기한 영화입니다. 최근에는 Trojan Horse가 컴퓨터 바이러스의 이름으로 더 유명합니다. 겉으로 보기에 안전한 프로그램 같아서 다운을 받으면 컴퓨터 곳곳에 침투해 컴퓨터를 망가뜨려버리죠. 적군에 심어놓은 파괴공작원도 이렇게 부릅니다.

문학에 Homer호머가 있다면 철학에서는 **Know thyself.**너 자신을 알라.라는 격언으로 유명한 **Socrates**소크라테스가 있습니다. 그가 남긴 또 다른 명언 중 하나가 **An unexamined life is not worth living.**반성 없이 사는 인생은 살 가치가 없다.이랍니다. **Would you rather be a sad Socrates or a happy pig?** 종종 듣는 질문입니다. 우울한 소크라테스와 행복한 돼지 중 무엇이 되는 게 나을까요? 그냥 행복한 소크라테스가 되면 안될까요? 참고로 **pig**는 영어에서 안 좋은 의미로 많이 쓰입니다.

너 자신을 알라.
Know thyself.

philosopher
철학자

Socrates
소크라테스

내가 돼지라는 건 알죠.
I know I'm a pig.

Socrates의 제자였던 Plato플라톤의 제자 Aristotle[애리스타틀]아리스토텔레스는 Alexander the Great알렉산더 대왕의 스승이었습니다. Macedonia마케도니아의 왕이었던 Alexander the Great가 도시국가 형태의 그리스를 통일하면서 신 중심의 Greece에 인간 중심의 휴머니즘이 퍼져나가며 Hellenism헬레니즘 시대가 열리게 됩니다. 그가 페르시아와 이집트를 정복하고 북인도까지 세력을 넓혀나가며 그리스 문화와 미술이 중동과 아시아까지 퍼져 나갑니다. 인도의 불상이 그리스 조각과 많이 닮아 있는 것도 이 때문입니다.

Alexander the Great는 인간적, 사실적 미술에 관심이 많아 자신의 흉상을 많이 남겼습니다. 이 시대의 조각상들 중에는 사람들을 미화해서 표현한 것들보다는 실제 인간과 닮은 작품들이 많습니다. 그리스는 Alexander the Great 사후 150년 정도 지나 Roman Empire에 정복당하게 됩니다.

Alexander the Great
알렉산더 대왕

**Discobolos by Myron
(Discus Thrower)**
미론의 원반 던지는 사람
(클래식기의 작품)

그리스가 **birth place of western culture**서양문화의 발상지 라 불리는 것은 철학과 문학뿐 아니라 찬란한 고대 건축 물과 조각들이 있기 때문입니다. 유명한 작품의 원제를 알아두면 영어로 말할 때 훨씬 편하답니다. 우리가 떠올 리는 그리스 조각상 대부분은 클래식기 작품들인데, 사 실 그리스 조각은 크게 세 시기로 나누어 구분합니다.

Archaic period아르카익기(고졸기)

이 시기의 작품은 흙을 구워서 만든 것terracota으로, 뻣 뻣하게 서 있는 모습에 소박하고 투박하면서, 웃을 듯 말 듯 미묘한 미소를 띠고 있는 것이 특징입니다. 어떤 것은 좀 더 행복해 보이죠. 이러한 미소를 **archaic smile**이라 불러요. 또 **archaic**이란 단어 는 아주 오래된 것을 가리키거나, '고지식한'이란 뜻으로 쓰입니다.

That theater is really archaic. 그 극장은 정말 오래되었어.

He is old-fashioned. 그는 구식이야.

archaic smile
웃을 듯 말 듯한 미소

Should I smile or not?

Kouros

You are archaic.

조선시대 사람 같은 소리하고 있네.

Miniskirt should be banned!

미니스커트는 못 입게 해야 해.

Classical Period 클래식기(고전기)

이 시기엔 **bronze**청동로 작품을 만드는 기술이 발달하여 표현하기 힘들었던 과감한 포즈와 더욱 섬세하고 고운 얼굴을 만들게 됩니다. 대부분 미화되고 이상적인 외모를 가진 신의 모습을 하고 있는데, 거의 무표정하거나 담대한 표정이 특징입니다. 화려하게 채색하고 보석으로 장식했고, 눈은 실제처럼 보이게 하려고 유리구슬로 만들었다고 해요. 현재 청동작품을 많이 볼 수 없는 건 전쟁 때 모두 녹여서 무기를 만들어버렸기 때문이라고 합니다. 그리스 미술을 흠모하던 로마인들이 그리스 조각을 카피하거나 전수해 견고한 하얀 **marble**대리석로 만들었고, 그 작품들이 오늘날까지 전해지고 있답니다.

> I need to look cool.

poseidon
포세이돈

classic이란 단어는 **classical music**클래식 음악처럼 고전 예술 분야를 말할 때 많이 사용되며, 형용사로는 '격조 높은, 최고 수준의'의 의미입니다. 또는 '전형적인, 대표적인'의 뜻이나 오래되었지만 유행을 타지 않는 것을 의미할 때도 쓰입니다.

> I'm in extreme pain

These guys are class act. 이 사람들 정말 대단해.
classic symptom 대표적인 증상
classic car 옛날 스타일의 멋진 차

Laocoön
라오콘(헬레니즘 시대의 작품)

Hellenistic Period 헬레니즘기

이 시기엔 미술이 신에서 인간에게로 옮겨옵니다. 인간의 실제 모습과 감정을 표현한 작품들이 나오고 이상과 실제의 **eclectic**절충적인 스타일로 발전하게 됩니다.

헬레니즘 시대의 가장 유명한 작품이 바로 밀로 섬에서 출토된 **Venus de Milo**입니다. 스타일로 짐작하건대 클래식기의 위대한 예술가였던 Praxiteles프락시텔레스의 작품이라 추측되었지만 헬레니즘 시대의 작가 Alexandros of Antioch의 작품이라고 밝혀졌다고 합니다.

Venus de Milo
밀로의 비너스

Ancient Rome고대 로마는 Greece 옆에 시작된 작은 도시국가였지만, 곧 **Roman Republic**로마 공화국을 거쳐 **Roman Empire**로마 제국으로 발전하게 됩니다. 로마는 일찍이 수학, 과학, 천문학 등이 발달해서 달의 이름나 별자리의 이름 중에는 로마의 신이나 왕 이름에서 유래한 것이 많습니다.

로마의 달력에서 첫 번째 달에 해당하는 3월을 의미하는 **March** 역시 전쟁의 신 **Mars**의 이름에서 온 것입니다. **Mars**는 **guardian of agriculture**로, 농사일도 보살폈다고 합니다. **Mars**는 '화성'을 의미하기도 하는데 이 역시 화성의 붉은 빛이 전쟁의 기운을 띠고 있다는 데에서 유래한 이름입니다.

March 난 또 봄에 힘차게 행진하라고 그렇게 부르는 줄….

8월을 의미하는 **August**는 Roman Empire의 기틀을 마련한 Augustus아우구스투스의 이름을 따서 August의 달, 즉 month of August라는 의미로 지어진 이름입니다. 이전에는 라틴어로 six-라는 의미의 sex-를 붙여 Sextilis라고 불렸죠.

Et tu, Brute? 브루투스 너마저….

Julius Caesar
줄리어스 시저

7월도 원래는 5번째 달이라는 의미의 Quintilis라고 불렸지만 Julius Caesar줄리어스 시저가 태어난 달이라는 의미에서 July라고 불리게 되었습니다.

10월인 October는 8번째 달을 뜻하고, 12월은 10번째 달이라는 의미로 라틴어에서 10을 의미하는 deci-를 따서 December가 되었습니다. **Decimal**은 '십진법'이란 뜻이고, **Decimal point**는 '소수점', deciliter '1/10 리터'라는 뜻입니다.

Julius Caesar는 그의 손자인 Augustus에게 Caesar라는 이름과 모든 것을 물려주었는데, 그 손자는 결국 Roman Empire를 세우고 최초로 황제의 자리에 오릅니다. 그래서 caeser는 로마 황제라는 뜻으로도 쓰이며 emperor라는 뜻으로 다른 언어에도 영향을 주게 됩니다. (독일어 kaiser) 선대 Caesar와 구분하기 위해 두 사람을 각각 Julius Caesar와 Augustus Caesar라 부르지요. Augustus는 Octavianus 옥타비아누스라고도 불리는데 태어날 때 지어진 이름 Gauis Octavianus에서 온 것이죠. 이집트의 여왕 Cleopatra클레오파트라와의 이야기에도 이 이름으로 등장합니다.

August Caesar

> 시저, 케사르, 카이사르, 세자르, 아우구스투스 옥타비아누스…. 다 내 이름이죠.

Cleopatra와 사랑에 빠져 Octavianus를 배반하는 Marcus Antonius마르쿠스 안토니우스를 영어권에서는 Mark Antony라고 부릅니다. 아무튼 Octavianus의 공식 이름은 Gauis Octavianus의 중간에 Caeser의 이름을 넣은 Gaius Julias Caeser Octavianus Augustus입니다. 우리나라에서는 아버지나 어머니 이름을 그대로 따서 지으면 이상하게 생각하지만 서양에서는 흔히 그렇게 합니다. 할머니 이름을 중간이름으로 넣기도 하고. 또 자신이 존경하는 사람의 이름을 중간에 넣기도 하지요.

맛있는 음식이라면 사족을 못 쓰는 제가 Caesar하면 빼놓지 않고 생각나는 건 Caesar salad시저 샐러드. **Caesar salad**는 줄리어스 시저와는 상관이 별로 없지만 이탈리아 출신으로 1차 세계대전 후 미국으로 이민 온 Caesar Cardini라는 아저씨가 1924년에 자신의 이름을 걸고 운영하던 Caesar Restaurant에서 처음 선보인 샐러드입니다. 그리고 1948년부터는 Caesar dressing이 판매되기 시작했어요.

caesar dressing
시저 드레싱

Roman Empire은 Augustus 사후로 200년 가까이 평화로운 시기를 누리는데, 그 기간을 **Pax Romana**라 합니다. 그 후 Nero네로 황제가 왕위에 올라 여러 나라들을 정복하기도 했고, King Titus 시대에는 Jerusalem예루살렘에 쳐들어가 유태인들을 쫓아내고 도시의 이름을 City of Stranger로 바꾸기도 했습니다. 이후 Roman Empire가 쇠약해지며 현재의 서유럽 지역에 해당하는 **Holy Roman Empire**신성로마 제국와 지금의 중동지역에 해당하는 **East Roman Empire**(Byzantine Empire)동로마 제국(비잔틴제국)으로 분리됩니다. 그리고 Holy Roman Empire는 지금의 독일로, East Roman Empire는 Ottoman Empire 오스만제국으로 이어집니다.

East Roman Empire가 이슬람 국가인 Ottoman Empire에 점령당하자 Holy Roman Empire신성로마제국와 Jerusalem예루살렘을 되찾기 위한 Crusade십자군 전쟁이 벌였으나 결국 패하고 이 지역은 세계대전 전까지 Ottoman Empire의 지배하에 놓이게 됩니다. 그리고 The First World War1차 세계대전 후 영국령이 되고 The Second World War2차 세계대전 후에 다시 이스라엘인들에게 돌아가게 되었습니다.

한편 Crusade십자군 전쟁으로 한층 더 쇠약해진 Holy Roman Empire는 14세기에서 17세기 무렵 Renaissance르네상스라는 문화적 부흥기를 맞게 됩니다. Roman Empire의 후예인 이탈리아의 여러 도시를 영어권에서는 다음과 같이 영어식으로 부르는 것이 일반적입니다.

Florence 피렌체(Firenze)

Venice 베네치아(Benezia)

Rome 로마(Roma)

Naples 나폴리(Napoli)

Milan 밀라노(Milano)

●●
Pax Romana 로마의 평화 시대 | **East Roman Empire** 동로마제국 | **Ottoman Empire** 오스만제국
Crusade 십자군 전쟁 | **Renaissance** 르네상스

고대 로마에서 유래한 것 중에서 가장 중요한 것이 바로 영어와 서양 언어의 뿌리를 이루는 **Latin**라틴어로 현재는 교황이 살고 있는 바티칸 시의 공식 언어입니다.

Roman numeral 로마 숫자

Latin라틴어가 현대 영어에 직접적인 영향을 미쳤다면, 로마 숫자도 그냥 넘어갈 수 없죠. 흔하긴 하지만 Roman numeral로마 숫자도 좀 헷갈릴 때가 있어요. 강의를 받아 적을 때 교수님이 Roman numeral two하고 말하면 "II"라고 적어놓는 것이 그냥 two와 구분이 되기 때문에 더 정리하기가 쉬워집니다.

i	ii	iii	iv	v	vi	vii	viii	ix	x	xi	xii
I	II	III	IV	V	VI	VII	VIII	IX	X	XI	XII

I=1 V=5 X=10 L=50

C=100 D=500 M=1000

100불짜리 지폐를 C-note라고 하는 것도 로마 숫자에서 영향을 받은 것입니다.

millenium 1000년

M을 1000이라 했듯이 라틴어로 mill는 1000을 의미하는데, year라는 뜻의 annum과 합해 **millenium**이 되었죠. annum에서 나온 단어로는 **annual**해마다, **anniversary**기념일 등이 있습니다.

Fall of Rome 로마의 멸망

그렇게 흥하던 로마 제국도 북쪽에서 쳐들어온 (로마인들이 야만족이라 부르던) 민족들에게 침략당하고 멸망하고 마는데 이것을 **Barbarian Invasion**이라 부른답니다. 게르만족을 비롯한 여러 민족들이 각각 유럽 전역을 차지하고 나라를 세우며 중세시대가 도래합니다.

중세시대는 흔히 **The Middle Ages** 혹은 **medieval**[미디블]중세시대이라고 합니다. 이 시대를 배경으로 한 무서운 이야기가 많아서인지 가끔은 미디블이 마치 mid evil처럼 들린답니다. 로마의 찬란했던 문화와 모든 체계가 무너지고 문화, 예술, 과학 등의 분야에서 주목할 만한 발전이 이루어지지 않았던 침체기라고 하여 **Dark Ages**암흑의 시대라고도 합니다.

Celts켈트족 Ireland아일랜드와 Scotland스코틀랜드 사람들의 조상입니다. 미국의 Boston보스톤에는 Irish immigrants아일랜드계 이민자들의 후손이 많이 살고 있으며, 미국 전역에서 많은 사람들이 아일랜드의 명절인 St. Patricks Day를 즐기고 있습니다. 그러고 보니 보스톤의 농구 구단 이름이 Celtics셀틱스인 것도 이해가 가네요.

Celtic knots
켈트족 매듭

goth

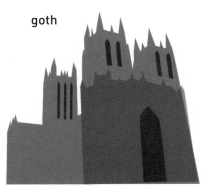

Gothic
고딕양식

Goths고트족 게르만족의 일부로 현재 동유럽, 러시아인들의 조상인데, 중세시대에 로마를 침략했다고 합니다. 그래서 고트족이 점령한 중세 유럽의 분위기는 워낙 음침하고 그로테스크하여 현재에도 그러한 분위기의 문화나 패션 등을 goth라고 합니다. 고딕양식의 건축물은 신이 있는 하늘에 가깝게 다가가기 위해 뾰족한 첨탑, 지붕을 만들었습니다. Gothic고딕양식이라는 단어는 중세 이후 르네상스 저술가들이 중세양식을 폄하하는 표현이었다고 합니다.

Vandal반달족 로마에 쳐들어와 많은 것을 파괴한 게르만의 한 종족입니다. 도시 시설을 무조건 파괴하는 행위를 **vandalism**이라 부르게 된 연유가 여기 나옵니다.

나는 그 Vandal이 아니라고요!

반달곰

중세하면 생각나는 것이 바로 **knight**기사입니다. 13세기 영국 소설 Knight of Round Table원탁의 기사를 통해 King Aurthur아더 왕의 전설을 만들어내며 왕과 시민들을 지키는 의리의 대명사로 자리잡았습니다. **knight with the shining armor**라고 하면 '백마 탄 왕자, 위기에 처했을 때 나타나서 구해주는 사람'을 말합니다.

chivalry
기사도 정신

잇힝~

knight with the shining armor
백마 탄 왕자

중세시대 교회에선 마녀를 **burn**화형에 처하는 끔찍한 행위가 있었고 **witch hunt**마녀사냥가 자행되기도 했습니다.

pentagram

witchcraft
마법

sorcerer
마법사

witch
마녀

● ●
vandalism 반달리즘 | **knight** 기사 | **knighthood** 기사도 | **Wicca** 마법교(20세기에 자리 잡음) | **Wiccan** 마법교 신도 | **pentagram** 동그라미 속에 별이 있는 디자인으로 마법교의 심볼 (penta로 five point star가 되겠죠)

100년 전쟁(100 year war 1337-1453)에서 활약한 성녀 **Jeanne d'Arc**잔 다르크(영어식
표현은 **Joan of Arc**)로, 마녀라는 누명을 쓰고 화형을 당하는데, 나중에 억울한 죽음이
밝혀져 다시 성녀로 불리게 됩니다.

중세시대의 지배구조는 봉건제도이죠. **feudalism**[퓨달리즘]이라고 하죠. 봉건제도의 가
장 큰 특징은 **hierarchy**신분제도입니다.

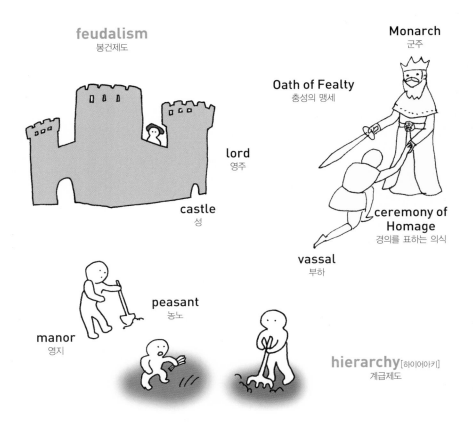

feudalism
봉건제도

Monarch
군주

Oath of Fealty
충성의 맹세

lord
영주

castle
성

ceremony of
Homage
경의를 표하는 의식

vassal
부하

peasant
농노

manor
영지

hierarchy[하이어아키]
계급제도

●●

manor 영지, 장원 | **ruler** 지배자 | **rule** 지배하다 | **dogma** 교리, 독선적 주장 | **stigma** 치욕
lord 영주 | **noble** 귀족 | **peasant** 농부, 소작농

중세시대를 대표하는 종교는 **Christianity**기독교로, 서양 문화에 지대한 영향을 끼치게 되죠. 관련된 단어를 살펴볼까요?

holy trinity 성삼위일체

cross oneself 가슴에 십자가를 그리다

She crosses herself before meals. 그녀는 식사 전에 가슴에 십자가를 그리죠.

cross 십자가

crucify 십자가에 매달리다

crucifix 십자가상

crusade 십자군

martyr 순교자

resurrection 부활(그렇다고 부활절을 resurrection day라고 하진 않습니다.)

Easter 부활절

crusade 십자군

미국의 호텔이나 모텔방에 하나씩 꼭 비치되어 있다는 **bible**성경은 원래 책이라는 뜻에서 유래되었어요. 또 어떤 분야에 중요한 지침이 되는 책을 의미하기도 하고, 책 제목도 **bible**을 붙여서 짓기도 해요. **bibliography**는 참고문헌 목록을 말합니다.

Old Testament 구약성서

New Testament 신약성서

Genesis 창세기

ten commandments 십계명

The Book of Revelation 요한계시록

중세에선 **clergy**성직자가 차지하는 위치가 상당했죠.

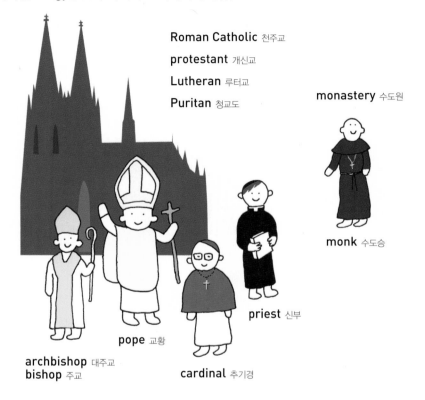

Roman Catholic 천주교
protestant 개신교
Lutheran 루터교
Puritan 청교도
monastery 수도원
monk 수도승
priest 신부
pope 교황
archbishop 대주교
bishop 주교
cardinal 추기경

목사 **pastor** 또는 **minister**(장관이라는 의미도 있습니다.) 또 **reverend**도 많이 쓰는데, 보통 줄여서 **Rev.** 를 이름 앞에 붙여 **Rev. Kim**처럼 씁니다. 또 다른 종교에서 목사와 같은 역할하는 직함에도 사용해서, 주지 스님 앞에도 붙이고, 통일교 문총재도 **Rev. Moon**이라 불립니다.

대부분의 일들이 모두 그렇듯 처음엔 좋게 시작해서 점점 발전하다가 마침내 문제가 발생하는데, 그런 때가 되면 개혁의 움직임이 있게 마련입니다. 종교에서는 그것이 바로 **Reformation**종교개혁입니다.

sermon 설교

Annunciation수태고지는 천사가 마리아에게 임신 사실을 알려주는 것으로, 수많은 중세의 미술 작품의 모티브가 되었습니다. 날개 달린 사람이 젊은 여자 앞에서 손가락 들고 있고 주변에 백합이 보인다면 그림은 대부분 이 내용이라 보면 맞을 거예요. '알리다'라는 의미의 **announce**와 철자가 비슷하네요.

You'll be with child and give birth to a son.
곧 수태를 해서 아들을 낳게 될 겁니다.

How will this be since I am a virgin?
저는 처녀인데, 어떻게 그럴 수 있나요?

Angel Cabriel
천사 가브리엘

Virgin Mary
성모 마리아

nimbus후광 **gloriole**이라고도 합니다. 중세의 그림을 보면 신이나 천사, **Saint**성인의 머리 뒤에 후광을 그려지기도 하는데, 때로는 금색 접시를 매달고 다니는 것처럼 그린 것도 있습니다. 천사들 머리 위에 동그란 링은 **halo**라고 합니다.

idol아이돌 & **icon**아이콘

아이돌이니 패션 아이콘이니 요즘은 이런 말이 거의 한국어처럼 들리는데요, 요즘 흔히 쓰는 이런 말도 기독교와 연관되어 있어요. **icon**은 원래 '이미지, 형상'이란 뜻인데 예수상, 성모화 등 신을 형상화한 그림이나 조각을 가리켰어요. 기독교도들이 그 앞에 가서 기도하는 것도 신이 아닌 형상을 숭배한다 하여 **idol worship(idolatry)**우상숭배로 간주하고는 그런 **icon**들을 파괴하게 되었는데 700년대 비잔틴에서부터 중세 16세기, **Protestant Reformation**개신교 종교개혁 때, 또 몇 년 전 **muslim**의 아프가니스탄에 있는 현존 최대의 불상 폭파 사건까지, 시대별로 많은 논쟁을 불러오기도 했어요. 성상 파괴 운동을 **iconoclasm**이라 하고, 성상 파괴자는 **iconoclast**라 합니다.

Crusader
십자군

Crusade십자군 전쟁를 빼고는 중세를 말하기 힘듭니다. 이슬람 국가들에게 빼앗긴 **Holy Land**성지를 탈환한다는 명목의 **holy war**신성한 전쟁이었지만, 이로써 이슬람과 기독교 사이의 갈등이 시작되며 기독교가 아닌 종교에 대한 탄압이 시작됩니다. 하지만 무엇보다도 수십 년에 걸친 전쟁으로 중세 유럽을 지배하던 귀족과 기사 계급이 몰락하며 중세의 몰락을 가져오고 이슬람 문화가 유럽으로 전해집니다. 그리고 이탈리아에서는 인간 중심의 **Renaissance**르네상스 시기가 도래합니다. 레오나르도 다빈치, 미켈란젤로 같은 이들이 바로 **Renaissance**를 이끈 예술가들입니다. 아탈리아에서 시작된 **Renaissance** 문화가 유럽 전체로 확산되며 화가라는 직업도 생겨나게 되었습니다.

중세시대부터 자주 보이던 이런 종류의 문양을 **coat of arms**이라고 합니다. 가문, 소속, 모토, 심볼 등 여러 가지를 담은 의장으로, 요즘도 단체, 학교, 스포츠팀 등 다양한 그룹에 이 의장이 있는데 그냥 **arms**라고도 불러요.

coat of arms

중세시대를 뒤흔든 또 하나의 사건은 바로 **pest**흑사병입니다.

pest
흑사병

이 병에 걸리면 까맣게 변한 채 죽기 때문에 이런 이름이 붙었다고 합니다. **black death** 혹은 **great plague**라고도 합니다. 쥐에서 시작되는 이 병은 **air contagious**공기로 전염되는한다고 알려져 환자들을 격리시켰고, 한 마을 사람 전체가 죽기도 했습니다. 중세시대에 이 병으로 유럽인구의 1/3이 죽었다고 합니다. 몽골이 망한 것도 이 페스트 때문이었다는 설이 있습니다. 현재엔 **pest**는 보통 해충이란 뜻으로 쓰입니다.

●●
pest 흑사병 (=great plague, black death) | **contagious** 전염성의

처음 뉴욕에 가서는 지하철이고 거리고 할 것 없이 얼마나 쥐가 많은지 정말 화염방사기를 틀고 싶을 정도였습니다. 그래도 그것은 담장 밖의 일이었지요. 어느 날 밤 새벽 3시쯤 자고 있는 제 머리맡에서 바스락 소리가 나길래 별 생각 없이 램프를 켠 순간, 침대의 모퉁이에 몸을 웅크리고 앉아 있던 쥐와 눈이 마주치고 말았습니다. 소스라치게 놀라 소리를 질렀지만 그 쥐는 도망가지도 않고 자기도 놀랐다는 듯이 집 안에서 이쪽저쪽을 뛰어다녔습니다.

결국 어디선가 주워들은 쥐가 알루미늄 호일을 무서워한다는 얘기를 떠올리고 용기를 내서 알루미늄 호일을 막대기 모양 만들어 결국은 그 쥐를 문 밖으로 쫓아버렸습니다. 그리고 창문을 열어보니 밤공기가 차가웠습니다. 순간 그 쥐가 혹시 추워서 들어온 건 아닐까 하는 생각이 들었습니다. 그러고는 생각하니 그 쥐는 고작 햄스터 정도의 크기였습니다. 그 생쥐 생각을 하면서 미키마우스와 제리의 탄생을 생각해보았습니다. 만약 그 쥐를 내보내지 않고 먹을 것을 주고 예뻐해주고 이름을 지어주었다면? 그리고 그 애를 스케치했다면? keeyom mouse(귀염 마우스)가 탄생하지 않았을까요?

아무튼 이 난리를 피우고 다음 날 집주인에게 도움을 청했더니 집주인은 곧 문제를 해결해주겠다고 하더군요. 그리고 다음 날 누군가 초인종을 누르길래 Who is it?누구세요? 했더니 뭐터미네이터라고 하는 것이었어요. 그래서 다시 Excuse me, who is it again? 죄송하지만 누구시라구요? 했더니 대답하는 말이 다름 아닌 Exterminator[익스터미네이터]였습니다. 해충박멸사. 집주인이 보냈다며 온갖 장비를 가지고 들어온 그 아저씨는 집 여기저기에 끈끈이 쥐덫을 놓아주고는 쥐가 달라붙으면 들어서 쓰레기통에 버리라는 친절한 설명(?)을 해주고는 표표히 떠났습니다. 이게 뭐냐고요! 전 아저씨가 나가자마자 모든 쥐덫을 쓰레기통에 던져버렸습니다. 살아 있는 쥐를 쓰레기통에 버리느니 차라리 내쫓는 편이 훨씬 쉬운 일이었으니까요. 그날 이후 전 더 이상 쥐를 두려워하지 않게 되었습니다. 평생의 두려움의 대상이었던 두 가지 중 하나를 극복한 거죠. 이젠 하나 남았습니다. 바퀴벌레. 한국에서는 볼 수 없지만 미국에 있는 날아다니는 바퀴벌레는 정말 섬뜩하답니다.

pesticide 해충약
exterminator 해충을 제거하는 사람

the French Revolution프랑스 혁명은 **human dignity**인간 존엄성와 자유를 위한, 역사적으로 중요한 혁명이었을 뿐만 아니라 많은 영화나 소설의 배경이 되기도 했습니다. 대표적으로 빅토르 위고의《**Les Miserables**레 미제라블》(1862)이 있습니다.

absolute monarchy 절대군주제

혁명 전의 프랑스는 왕이 절대적 권력을 쥐고 행사하는 절대군주제였습니다. 극소수에 해당하는 왕족과 **aristocrat**귀족와 **clergy**성직자은 온갖 혜택을 누리는 반면 나머지 시민들이 모든 세금을 부담해야 했던 이 체제를 **Ancein Régime**[앙시엥 뤼짐]이라고 합니다. 이런 현실에 분노하며 평등 사상의 반기를 들고 일어난 시민들은 Louis XVI루이 16세와 Marie-Antoinette마리 앙투와네트를 처형합니다. 이로써 **absolute monarchy**는 무너지고, 국가 권력은 시민에게로 옮겨가게 됩니다. 호화롭고 화려해서 관광지로도 유명한 Palace of Versailles베르사유 궁전은 프랑스의 절대왕정의 상징이었습니다. 영어권에서도 프랑스어 그대로 Château de Versailles[샤토 드 베사이유]라고 하기도 합니다.

사람을 가장 고통 없이 죽이는 방법의 하나가 Guillotine길로틴 박사가 고안했다고 하여 guillotine이라 불리는 단두대. 하지만 Guillotine 박사 역시 자신이 고안한 **guillotine**에서 처형당했다고 하네요.

execution
실행, (사형) 집행

guillotine
단두대

execute
처형하다

I'm innocent!
나는 무죄다!

executioner
사형집행인

the French Revolution 이후 Napoleon Bonaparte보나파르트 나폴레옹은 1799년 Coup d'etat쿠테타를 일으켜 정권을 잡고 많은 것을 개혁하고, 만민이 법 앞에 평등하다는 내용을 골조로 한 Napoleon code(Civil Code)나폴레옹 법전를 제정하였죠. 그리고 국민의 지지를 등에 업고 투표를 거쳐 5년 후 프랑스 황제가 됩니다. 그러나 여러 나라를 정복하려다 실패하고 비극적인 결말을 맞게 됩니다.

Liberty Leading the People
민중을 이끄는 자유의 여신

프랑스 화가 Eugène Delacroix들라크루와가 그린 아주 유명한 그림(1830년 작)입니다. 가운데 tricolor(현재 프랑스 국기 Tricolore)을 들고 사람들을 이끄는 여인이 눈에 띄죠? 그림의 제목이 Liberty Leading the People(원제: La Liberté guidant le peuple)인 것처럼 그녀가 바로 자유이지요. 여인 옆엔 빅토르 위고의 《Les Miserables레 미제라블》의 모델이 되었을 거라 믿어지는 소년이 총을 들고 있고, 다른 쪽에 높은 top hat중절모을 쓰고 있는 신사가 바로 화가 자신이라고 해요. 이 그림의 깃발을 든 '자유'를 보면 떠오르는 이미지가 바로 미국 뉴욕에 있는 자유의 여신상입니다.

●●
regime[뤼짐] ~ 정권 | **change regime** 정권교체 | **absolute monarchy** 절대군주제
privileged 특권을 가진 | **aristocrat** 귀족 | **clergy** 성직자
execute 처형하다 | **guillotine** 단두대 | **Declare of human rights** 인권선언

Welcome!
환영해요!

immigrant
이민자

We are now in America.
이제 미국에 온 거야.

The Statue of Liberty
자유의 여신상

The Statue of Liberty자유의 여신상은 프랑스 정부가 미국독립 100주년 기념으로 미국에 선물한 것입니다.(미국 독립기념일은 1776년 7월 4일입니다) 프랑스의 Auguste Bartholdi 오귀스트 바르톨리가 외부를 디자인하고, 에펠탑을 만든 Gustave Eiffle구스타프 에펠이 내부 디자인 및 설계를 맡은 작품입니다. (Eiffle Tower 미국식 발음은 [아이플 타워])

1880년대 이후 미국은 유럽의 많은 이민자들을 받아들였는데, 배를 타고 대서양을 건너 오는 이민자들을 가장 먼저 맞이하는 것이 **The Statue of Liberty**였다고 합니다. 비행기를 타고 다니기 이전의 이야기인데, 상상을 하면 재미있고도 흐뭇한 사람들의 표정을 떠올리게 됩니다.

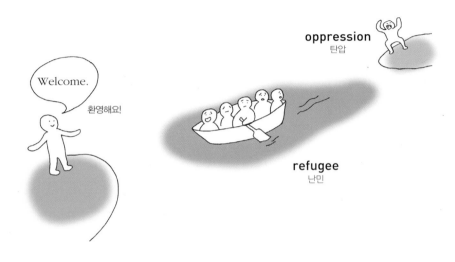

이민자는 자의로 다른 나라로 이사를 가는 사람들인데 반해 정치나 종교 탄압, 전쟁과 폭력 등으로 다른 나라로 피해가는 사람들이 있죠. refugee라고 합니다. 우리말로는 '망명자' 또는 '난민'이라 하는데, 우리나라에도 난민 신청을 하는 사람들이 꽤 있다고 합니다.

migrate (철새들의) 이동

immigration 이민   **immigrant** 이민자

asylum 보호시설, 피난처   **asylee** 보호시설에 있는 사람

refugee camp 난민촌

exile 망명, 국외 추방   **domestic exile** 국내 망명   **fugitive** 도망자

1492년 Christopher Columbus크리스토퍼 콜롬버스가 인도로 가는 항로를 발견하려다 미국 대륙을 발견하면서 유럽인들에게 알려지게 됩니다. Columbus콜롬버스는 자신이 닻을 내린 곳이 인도라고 생각했다지요. 그래서 **Native American**이 Indian이라 불리게 되었죠. 처음 콜롬버스가 발을 디뎠던 곳은 Puerto Rico푸에르토리코(중미 미국령)인데 현재 뉴욕에도 Puerto Rican들이 많이 살고 있어요. 중남미의 사람들을 **Latino** 혹은 **Hispanic**이라고 합니다. 15세기경부터 네덜란드, 스페인, 영국, 프랑스, 스페인, 포루투갈 사람들이 본격적으로 중남미로 이주해오기 시작하며 곡식, 말, 돼지, 소 등을 가지고 왔는데, 가축에 대한 면역력이 없던 원주민들이 병에 걸려 많이 죽었다고 합니다. 또한 스페인은 미국에 많은 **settlers**정착민를 보냅니다. 그리하여 Los Angeles, San Diego, Santa Fe, Touscon, San Franscisco 등 스페인어로 된 도시 이름도 많아지고 또 남미에서는 스페인어와 포루투갈어를 쓰게 되었죠.

Alaska

Canada

USA

mayflower

New England 뉴잉글랜드 지방
New York City

메이플라워 호가 도착한 곳

Atlantic Ocean

Florida
Bahamas

Cuba

Pacific Ocean

Mexico

Dominican Republic

Jamica

Haiti

Puerto Rico
푸에르토리코

Caribbean Sea
카리브해

콜롬버스가 처음 도착한 곳

Panama

South America

●●
cattle 소(가축으로 소를 의미. cf. live stock 가축)
immune system 면역력
Espanol 스페인어 (=Spanish, 미국학교에서 제2외국어로 가장 많이 선택)
Portuguese [폴투기스] 포르투갈어, 포르투갈인

1620년 Mayflower메이플라워 호를 타고 41명의 puritan청교도들이 정의사회 구현을 약속하며 New England로 이주하여 정착합니다. New England는 Maine, Conneticut, Massachussetts, Vermont, New Hamphshire, Rhode Island 주를 말합니다. 16세기 후반부터는 유럽 여러 나라들이 미국을 식민지화하려고 노력하는데, 영국인들은 몇 번의 실패 끝에 식민지화 하는 데 성공합니다.

미국의 도시 이름을 자주 듣지만 종종 그 도시가 위치한 곳이 동부인지 서부인지 중부인지 헷갈리죠? 중요 도시만 몇 군데만 살펴보기로 해요. 넓은 땅이라 시간대도 다른데 서부로 갈수록 한 시간씩 느려집니다. 시간대마다 이름도 각각 다른데, 그냥 앞자만 붙여서 타임을 부르는 게 일반적이고, 줄여서는 약자를 많이 씁니다.

Seattle · San Francisco · Los Angeles · Las Vegas · Santa Fe · Denver · Huston · Chicao · Nashville · Memphis · New Oleans · Miami · Washington DC · New York · Boston

● Pacific Standard Times
태평양표준시

○ Mountain Standard Times
산악표준시

● Central Standard Times
중부표준시

● East standard Times
동부표준시

지도에 없는 알래스카는 Alaskan Time Zone으로, Pacific Time보다 1시간 더 느립니다.

12:00 땡~!

Happy Birthday!

Not yet in central time.

중부시간으론 아직 아니야.
(1시간이라도 천천히 나이 먹고 싶어)

in NYC

미국은 독립운동을 계속 벌이다가 1776년 7월 4일 독립을 발표하게 되고 그것이 미국의 시작이 되었습니다. 그리고 constitution헌법을 만들고, 정치할 때 서로를 견제할 수 있게 삼권분립의 원칙을 만들었죠. The system of checks and balance 혹은 Checks and Balance라고도 합니다.

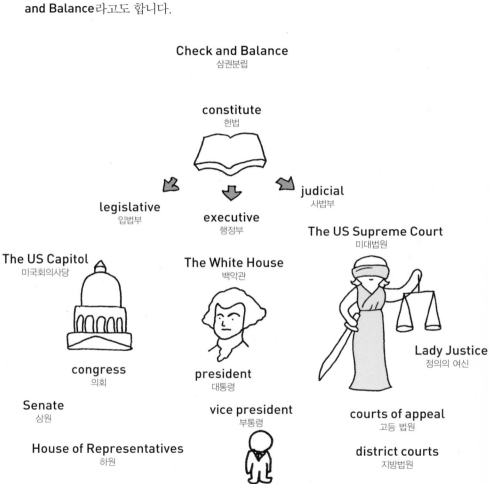

Check and Balance
삼권분립

constitute
헌법

legislative
입법부

executive
행정부

judicial
사법부

The US Capitol
미국회의사당

The White House
백악관

The US Supreme Court
미대법원

congress
의회

president
대통령

Lady Justice
정의의 여신

Senate
상원

vice president
부통령

courts of appeal
고등 법원

House of Representatives
하원

district courts
지방법원

industrialize
산업화하다

capitalism
자본주의

invention of electricity
전기의 발명

steam engine
증기엔진

오늘날 현대 문명의 밑거름이 된 **Industrial Revolution** 산업혁명. 그 시작은 바로 제임스 왓슨의 **steam engine** 증기엔진의 발명이었습니다.

industrialize 산업화하다

labor 노동

railways 철도

steam engine 증기엔진

canal 운하

bourgeois 부르주아 (중산층)

industrious 근면한, 부지런한, 열심히 일하는

factory 공장

textile manufacture 직물 생산

invention of electricity 전기의 발명

working class 노동자 계급

capitalism 자본주의

··War

전쟁

이 세상에서 없어졌으면 하는 것 중에 하나가 바로 전쟁입니다. 하지만 인류의 역사는 곧 전쟁의 역사였다고 해도 과언이 아닐 만큼 역사적으로 인류는 수많은 전쟁을 겪어 왔습니다. 그리고 전쟁의 상처 속에서 새로운 시대가 열리기도 했지요. 전쟁의 종류도 여러 가지가 있고 은유적으로 포함하자면 범위 또한 넓어지지만 여기에서는 옛날 전쟁 이후에 근대로 오며 널리 알려진 전쟁들과 거기에 관한 용어, 또 전쟁에 쓰이는 무기들도 살펴보죠.

Make Love Not War. 전쟁 말고 사랑을 나눠요.

베트남 전쟁을 반대하며 젊은이들이 많이 외쳐댔던 구호인데 최근엔 이라크 전쟁에 반대하면서 다시 등장한 구호입니다.

지금도 세계 각지에선 각종 전쟁이 일어나고 있습니다. **World Peace**세계 평화… 식상하게 들릴지 모르지만 가장 중요한 일이 아닐까 싶습니다. 생뚱맞게도 **Beauty Pageant** 미인대회에서 후보자들이 하는 말이 생각났어요.

I want World Peace.
세계 평화를 기원합니다.

Beauty Pageant

peace treaty
평화협정

전쟁 중에서 **civil war**내전은 자국 내에서 일어나기 때문에 출혈이 심합니다. 그래서 미국인들도 2차 세계대전을 비롯하여 많은 전쟁이 있었지만 실제로 피부로 느낀 것은 미국 땅에서 벌어진 **civil war**가 가장 와 닿았다고 할 수 있을 것입니다.

The Civil War미국내전(1849~1865) 흔히 남북전쟁이라 합니다. 당시 미국 남부는 **cotton planting**면화산업을 중심으로 하는 농업에 기반하고 있었습니다. 이 때문에 노예는 필수적인 존재였지요. 반면 북부는 공업 분야가 발달해 있었습니다. 그러던 중 미국인들이 가장 존경하는 대통령 **Abraham Lincoln**에이브라함 링컨이 당선되며 **slavery**노예제도를 폐지하자 여기에 반발한 남부 11개 주가 연합하여 정부에 대항하게 됩니다. 하지만 결국은 승리는 북군에게 돌아갑니다.

Abraham Lincoln

What's so civil about war anyway?

W. AxL ROSE 엑슬 로즈.

미국의 밴드 Guns 'N Roses의 〈civil war〉라는 노래의 마지막 구절이 생각나네요. "What's so civil about war anyway?" 어떻게 전쟁이 civil할 수 있냐고 묻고 있습니다.

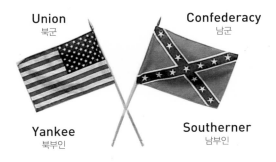

Union
북군

Confederacy
남군

Yankee
북부인

Southerner
남부인

전쟁 당시 북군은 Union이란 이름을, 남군은 따로 동맹을 만들어 Confederacy라는 이름을 썼습니다. Union북군은 blue jacket을, Confederacy남군은 grey jacket을 입었지요. 북군기는 현재 미국의 국기와 비슷한데 별 숫자가 13개에서 36개까지 늘어났다고 합니다. 전쟁을 끝으로 노예제는 폐지되었지만 인종 차별은 한참 동안 지속되었고 마침내 1950년대에 들어 Martin Luther King Jr.마틴 루터 킹 주니어 목사가 펼친 **Non Violence Movement**비폭력 저항운동는 인종 차별 철폐 운동의 큰 전환점이 되었습니다. 그를 기념한 Martin Luther King Day마틴 루터 킹 데이도 있어요.

segregation [세그리게이션] 인종 차별, 분리 정책.

특정 인종을 어느 구역에만 살게 하고, 어느 구간만 쓸 수 있게 하고, 공공기관 이용에 제한을 두는 정책을 말하는데, 흑인은 꼭 버스 뒤쪽에 앉아야 한다는 내용도 있었답니다. 버스에서 백인에게 자리를 양보하지 않아 체포당했던 Rosa Park라는 여성도 있었지요. 여성으로 흑인 인권 운동에 힘쓴 인물입니다.

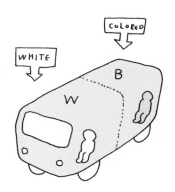

••
slave state 노예제도가 법으로 인정된 주 | **The Union soldier** 북군 병사 | **Northerner** 북부 사람 (=Yankee)
The Confederate soldier 남군 병사 (=Johnny Reb (슬랭)) | **Southerner** 남부 사람

과거에는 일부 지역에만 국한되던 전쟁이 20세기에 들어서면서 전 세계적인 양상을 띠게 됩니다. 그리고 20세기 초반에만 인류는 두 차례에 걸쳐 전쟁에 휩싸입니다.

 첫 번째가 1차 세계대전. The First World War 혹은 World War One이라 부르는데 Great War나 War to end the all wars라고도 합니다. 그 후에도 수많은 전쟁이 일어났다는 사실을 보면, 세상의 모든 전쟁을 끝내기 위한 전쟁이라 불리는 게 좀 아이러니하네요. 사라예보에서 발생한 한 암살 사건이 발단이 되어 전 유럽이 화염에 휩싸이게 되었지만, 전쟁의 이면에는 유럽 제국주의 열강의 야욕이 숨겨져 있었습니다. 어찌 되었든 스위스와 네덜란드, 스페인과 스칸디나비아반도의 나라들만 제외하고 모든 유럽의 국가들이 참가해서 편을 가르며 싸웠고 많은 사상자가 나왔죠. 이 전쟁을 계기로 지금 유럽의 국경이 결정되었죠.

1차 세계대전은 끝이 났지만 그 안에는 아직 2차 세계대전의 불씨가 남아 있었습니다.

ally [엘라이] 동맹국   **alliance** 동맹

WWII

2차 세계대전은 유럽은 물론 아시아까지도 전쟁의 소용돌이에 휩싸이게 됩니다. 2차 세계대전의 전범이라고 할 수 있는 히틀러Adolf Hitler가 미술학교에 합격만 했어도 많은 학살과 희생을 막을 수 있지 않았을까 생각해봅니다. 2차 세계대전 중 Nazi나치가 벌인 가장 잔혹한 일은 holocaust대학살일 겁니다. 유태인은 물론이고 집시와 장애인도 concentration camp수용소에 몰아넣고 학살을 자행했죠.

나치가 프랑스를 occupy점령하다하자 프랑스의 여러 계층의 사람들이 비밀로 모여 반대 운동을 도모하게 됩니다. 이런 사람들의 모임, 즉 나치의 지배에 반대하는 프랑스의 비밀조직을 la Résistance라고 합니다. Free French Forces자유 프랑스 군대라는 이름으로도 불린 이 조직을 이끈 대표적인 인물이 바로 Charles de Gaulle드골 장군(이 분은 전쟁이 끝난 후 프랑스의 대통령이 됩니다)입니다. 프랑스 파리의 샤를 드골 국제공항도 이분의 이름을 딴 것입니다. Gestapo게슈타포: 나치경찰의 눈을 피해가며 guerilla 활동을 하는 이야기들도 많죠.

Vive la Résistance!

concentration camp 유태인 수용소 (강제수용소, 정치범 수용소란 뜻인데 유태인 수용소로 가장 많이 쓰여요.)

prisoner (of war) 포로   **p.o.w camp** 포로 수용소

exchange of prisoner 포로 교환   **armed force** 군대

resistance 저항군   **labor camp** 강제 노역 수용소

●●
conquer 정복하다 | **conqueror** 정복자

occupy는 여러 상황에서 다양한 의미로 쓰입니다.
fully occupied라고 하면 한 군데에 완전 몰입
해 있다는 뜻이죠. 비행기 등의 lavatory화장
실에 occupied라고 되어 있다면 안에 사람
이 있다는 의미입니다. 반대로 비어 있을
때는 vacant사람이 없다는 단어가 뜹니다.
occupation은 '점령, 통치'라는 의미도 있
지만 직업이라는 뜻도 있습니다. 일반적인
대화에서 보다는 서류 같은 데에 쓰이죠.

Get off from my territory.
내 구역에서 꺼져.

occupy
점령하다

What's your occupation? 직업이 무엇입니까?
I'm fully occupied with other task. 난 지금 다른 일 때문에 완전 잡혀 있어.

D-DAY D-Day는 주로 요즘엔 "(자신에게 중요한) 무슨 날"로 자주 쓰이는
데 사실 군대에서 작전 개시일의 의미로 많이 사용되는 표현입
니다. 보통 연합군이 유럽을 나치에게서 해방시키기 위한 **Invasion of Normandy**노르망
디상륙작전의 첫날 Normandy Landing을 이렇게 부릅니다.

독일의 나치가 유럽 전역을 휩쓸던 시기에 아시아에선 일본이 그
역할을 하고 있었습니다. Sino-Japanese War청일전쟁과 Russo-
Japanese Wars러일전쟁을 통해 청나라와 러시아의 surrender항복를
받아내며 동아시아의 주도권을 확보한 일본은 급기야 미국의
Pearl Harbor진주만를 공격하며 태평양까지 그 세력을 펼쳤지요.

surrender
항복하다

●●
massacre 대학살 cf. Nanking massacre 난징 대학살 | **invasion** 침략 | **propaganda** 전략
empire 제국 | **imperialism** 제국주의 | **appeasement** 유화정책 (soft-line policy)
evacuation 철수, 재해나 위험지역에서 대피시키는 것
comfort women 위안부(맙소사! 이게 공식 용어라니! 하지만 최근 힐러리 미 국무장관은 모든 공식 문서에서 위안부를
강제 성노예라는 의미의 enforced sex slave로 바꾸라고 지시했다고 합니다.)

truce
휴전

armistice
휴전

마직 안끝났어!

I'm tired.
I'm calling a
truce.

피곤하다. 휴전하자.

두 차례에 걸친 세계대전이 끝나고 세계는 communism공산주의와 capitalism자본주의이 맞서는 cold war냉전시대로 접어듭니다. armistice휴전 상태로 끝난 Korean war한국 전쟁(1950~1953)나 미국에게 큰 상처를 남긴 Vietnam war베트남 전쟁(1955~1975)가 이념의 갈등으로 생긴 대표적인 전쟁입니다. 승리를 자신하고 베트남에 군대를 파병했던 미국은 울창한 밀림이 국토의 대부분을 차지하는 베트남의 지리적 특성과 여러 가지 원인으로 특별한 전과를 올리지 못하고 전쟁은 계속 길어지게 됩니다. 전쟁의 막바지에 이르러서는 베트남의 밀림을 초토화시키고 베트콩을 전멸시키려는 전략을 짜고 무작위로 Agent Orange고엽제를 뿌려댔는데, 베트남 전쟁에 참여했던 한국 군인들도 현재 고엽제의 후유증으로 고생을 하고 계시는 분들이 많습니다.

COLD WAR
냉전

post-traumatic
stress disorder
외상후장애

Vietnam war
베트남 전쟁

casualty
사상자

Agent Orange
고엽제

●●
ideology [아이디알러지] 이데올로기

Vietnam war는 워낙 많은 이슈를 낳았습니다. 베트남 전 때문에 70년대에 미국을 비롯한 전 세계에서 많은 젊은이들이 반전 시위, 반전 운동을 벌였고, 비틀스의 유명한 노래 〈Imagine〉도 이 때문에 쓰였다고 하네요. Washington DC에 있는 Vietnam War Memorial베트남 참전용사 위령탑은 Maya Lin의 작품으로, 까맣고 매끈한 granite화강암으로 된 높은 벽에 하얀 글씨로 전사자들의 이름을 새겨 놓은 기념비입니다. 매끈한 표면 위에 관람자의 얼굴이 반사되어 비치는, 아름다우면서도 숙연하게 만드는 작품입니다. 사람들은 거기에서 그들의 loved ones가족, 친구 등 사랑하는 사람들의 이름을 찾아보고 꽃다발을 놓고 가고는 합니다.

war memorials
전쟁 위령탑

Vietnam Veterans Memorial
베트남 참전용사 위령탑

Washington DC에 함께 갔던 친구 Michaelle는 고등학교 시절 첫 사랑의 이름을 찾아보고는 눈물을 흘리더군요. 30여 년이 지나도 남겨진 사람의 가슴에 남은 상처는 지워지지 않는 것 같습니다. DC에는 Korean War Memorial도 있습니다. 어린 나이에 낯선 나라에 가서 싸우다 죽음을 맞은 이들의 앞에 서면 너무나 잔혹하지만 절대 멈춰지지 않는 전쟁이란 것에 대해 다시 한 번 생각해보게 됩니다.

war against terrorism
냉전이 끝나고 찾아온 새로운 전쟁은 테러와의 전쟁입니다. 테러를 하는 게 신의 뜻이라고, 자살테러로 죽으면 천당에 갈 수 있다고 믿는 이상 대적하기가 참 힘든 전쟁이라고 할 수 있습니다.

stalemate 양쪽 아무도 이기지 않은

vietkong [비에콩] 베트남 공산당을 따로 이렇게 불렀어요. | **Vieitnamese** 베트남 사람, 언어, 베트남의

●●
Arab-Israeli War 중동전쟁 | **Middle East conflict** 중동 분쟁 | **suicide bomber** 자살폭탄 테러범

무기

전쟁에서 절대 빠질 수 없는 무기에 대해 알아볼까요?

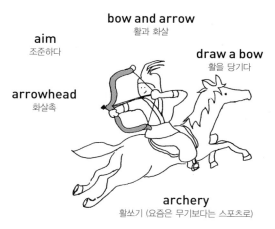

bow and arrow
활과 화살

aim
조준하다

draw a bow
활을 당기다

arrowhead
화살촉

archery
활쏘기 (요즘은 무기보다는 스포츠로)

take a bow
박수를 받으며 답례하다

bow는 '활'이라는 의미일 때는 [보우], '구부려 인사하다'는 의미일 때는 [바우]로 발음합니다. 그냥 가볍게 고개를 꾸벅하며 인사하는것은 **nod head, lower head**를 써서 표현합니다. **take a bow**는 무대 등에서 '갈채를 받다'는 표현이에요. 활시위를 당기는 것은 **draw a bow**라고 합니다.

trident
삼지창

spear
창

sword
[소오드] 검

sheath
[쉬뜨] 칼집

arm에 무기라는 의미가 있다는 것은 아시죠?

armed 무장한   **unarmed** 무기가 없는

disarm 무장해제

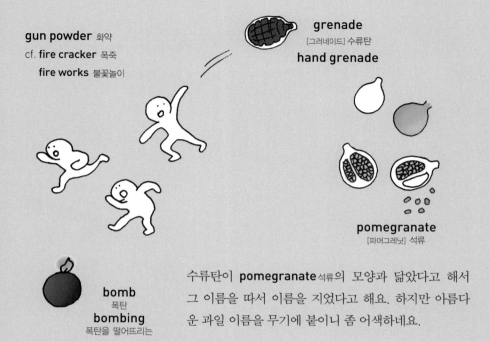

gun powder 화약
cf. **fire cracker** 폭죽
　　fire works 불꽃놀이

grenade
[그러네이드] 수류탄
hand grenade

pomegranate
[파머그레닛] 석류

bomb
폭탄
bombing
폭탄을 떨어뜨리는

bomber 폭격기　cf. **a fighter-bomber** 폭격기

수류탄이 **pomegranate** 석류의 모양과 닮았다고 해서 그 이름을 따서 이름을 지었다고 해요. 하지만 아름다운 과일 이름을 무기에 붙이니 좀 어색하네요.

bombshell 깜짝 놀랄 만한 사건이나 뉴스, 혹은 폭탄 선언을 의미합니다. 또는 글래머인 섹시한 여인 **blonde bombshell**이라고 합니다. 우리말에서 폭탄은 못생긴 사람을 말하는데 영어는 반대인 게 흥미롭죠? 원래는 옛날에 우리말과 마찬가지로 실패작을 **bomb**이라 했다는데, 현재는 아주 좋은 것을 이렇게 부릅니다.
It's the bomb. 그거 아주 멋진데? (It's very cool.)

tank
탱크

armored car
armored vehicle
장갑차

I wouldn't walk
over there.

나라면 거기
안 걸어갈 텐데.

land mine 지뢰

I do have firearms, haha!

나에겐 로케트 팔이 있지, 하하!.

발사! Fire! HOLD FIRE!

발사 보류!

firearms
총기류

sniper
저격수

rifle
소총

Zap!
지지직

ray gun
광선검
(물총은 water pistol, water gun, squirt gun이라고 합니다)

ammunition
탄약(기관총용 다발)
줄여서 ammo.
다다다다

machine gun
기관총

pull the trigger 방아쇠를 방기다 (총을 쏘다) | American Rifle Association 미국총기협회 | gun 총 | jump the gun 성급하게 행동하다 | gunpowder 화약 | firearms 총기

revolver
리볼버 총
(탄환이 하나씩 돌아가며 나가는 총)

pistol
권총

revolve
돌아가다
(가운데를 중심으로 도는)

load
장전하다

bullet
총알

bite the bullet
고통을 이겨내다, 안 좋은 상황을 참아내다

•• **bullet train** 고속철도 (총알 기차^^)

Freeze!

꼼짝 마!

taser gun
맞으면 잠시 마비되는 총

bullet proof vest/jacket
방탄 조끼

life saving vest/jacket
구명 조끼

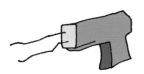

stun gun
전기쇼크로 잠시 마비시키는 총
(범죄자를 잡을 때 많이 사용함)

self defence
방어

pepper spray
후추스프레이
(여성들이 호신용으로 가지고 다니며
위급한 상황에 상대방의 눈에 뿌리는 스프레이)

•• **stun** 기절시키다, 쓰러뜨리다

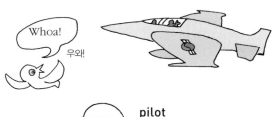

Whoa!
우왜!

pilot
조종사

aviator
비행사

famous fighters

F14 Tomcat 숫고양이
(영화 〈TOP Gun〉에 나왔던 제트기입니다.)

전투기를 부르는 말이 여러 가지가 있어요.
fighter aircraft / fighter jet plane / fighter jet

우리나라에서 최초로 조립, 생산된 전투기, 제공호를
아시나요? 초등학교 시절 공군사관학교의 미술대회
에 참가했다가 제공호를 비롯한 많은 전투기를 보고
반했던 적이 있습니다. 그 후로 전투기와 관련된 책도
사서 모으고, 전투기 프라모델도 만들며 전투기 디자
이너를 꿈꾸기도 했고, 공군사관학교에 가서 직접 비
행기를 조종하고 싶기도 했죠. 타고난 저질 체력과 당
시 공군사관학교에 여자의 입학을 허락하지 않았던
시대적 한계를 절감하고 일찌감치
포기하고 말았습니다. 지금은
비행기 타고 스케치북에 그
림 그리는 것이 더 좋습니다.

F15 Eagle 독수리

F16 Falcon 매

F18 Hornet 말벌

velociraptor

●●
by flight, by air 비행기로 | **flight** 비행, 항공
copilot 부조종사 | **aviator** 비행사

F 22 Raptor 맹금
(raptor하면 〈쥬라기 공원〉에 나왔던 포악스
럽던 공룡 velociraptor가 떠오릅니다.)

nuclear 핵 | nuclear family 핵가족
power 전력 에너지 | power station 발전소 (power plant)
light water reactor 경수로
radioactive contamination 방사능 오염

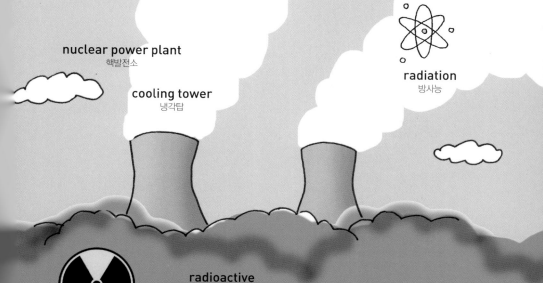

nuke
핵을 줄여서 부르는 말

nuclear power plant
핵발전소

cooling tower
냉각탑

radiation
방사능

radioactive
방사능의

WMD

**Weapons of
Mass Destruction**
대량 살상 무기

최근엔 **Syria**시리아에서 생화학무기로 수천 명이 사망하기도 했는데, 이 역시 **WMD**에 속합니다. **biological and chemical weapon**생화학무기는 **biological agent, chemical warfare** 등 여러 가지로 불립니다. 짧게는 **bio-agent**라 불리기도 합니다.

germ warfare 세균전   **anthrax** 탄저균

atom bomb [애덤밤]
원자폭탄(= atomic bomb)

mushroom cloud
핵 폭발 후 나는 버섯 모양의 연기

nuclear bomb
핵폭탄

●●
hydrogen bomb 수소폭탄 | **bomber** 폭격기

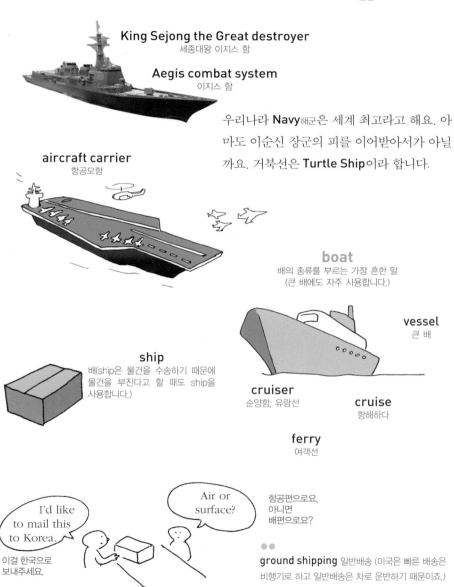

warship
군함

King Sejong the Great destroyer
세종대왕 이지스 함

Aegis combat system
이지스 함

우리나라 **Navy**해군은 세계 최고라고 해요. 아마도 이순신 장군의 피를 이어받아서가 아닐까요. 거북선은 **Turtle Ship**이라 합니다.

aircraft carrier
항공모함

boat
배의 종류를 부르는 가장 흔한 말
(큰 배에도 자주 사용합니다.)

vessel
큰 배

ship
배(ship은 물건을 수송하기 때문에 물건을 부친다고 할 때도 ship을 사용합니다.)

cruiser
순양함, 유람선

cruise
항해하다

ferry
여객선

I'd like to mail this to Korea.

Air or surface?

항공편으로요, 아니면 배편으로요?

이걸 한국으로 보내주세요.

●●
ground shipping 일반배송 (미국은 빠른 배송은 비행기로 하고 일반배송은 차로 운반하기 때문이죠.)

armed force 군대

흔히 아는 군대 계급 용어 중에 몇 가지 의미가 다른 것들이 있습니다. 여기서 정확하게 짚어보고 넘어가죠.

field marshal 원수 (육군)   **general** 장군 (육군) 대장

marshal 대장 (공군)   **colonel** [컬널] 대령

lieutenant [루테넌트] 부관, 대위 **first lieutenant** 소위

second lieutenant 중위   **sergeant** [살전] 하사관

private 육군사병

airforce
공군

military
군대

commander
사령관 (해군, 공군)

navy
해군

admiral Yi Soon Shin
이순신 장군
(해군 장군을 admiral이라 합니다.)

five-star general
원수

My boyfriend is in the military service. 내 남자친구는 군대 갔어요.

My boyfriend is serving the military duty. 내 남자친구는 군대 갔어요.

Is it obligated? 의무야?

Yes. It's mandatory. 응, 의무야.

Elvis Presley was drafted into the Army in 1959.
엘비스 프레슬리는 1959년에 육군에 징집되었어.(과거에 미국도 징병제였답니다.)

● ●
obligatory 꼭 해야 하는, 강제적인(=mandatory,compulsory) | **draft** 징병

World Issues

앞에서 살펴봤듯 역사적으로도 많은 일이 일어났지만 지금도 세상에는 많이 일들이 일어나고 있습니다. 신문을 펼쳐보면 작은 사건 사고에서 시작해서 전 세계적으로 여러 국가들의 이해관계가 엇갈리며 벌어지는 전쟁과 경제 위기까지, 지구는 정말 한 순간도 조용할 틈 없이 숨 가쁘게 돌아가고 있습니다. 저 멀리 아프리카에서는 수많은 사람들이 기아에 허덕이며 죽어가기도 하고, 또 어떤 곳에서는 종교문제로 바람 잘 날이 없습니다. 사람 하나 살기 힘든 북극에서도 인간이 만든 문명의 영향으로 변화가 일어나고 있다고 하네요.

지구촌이라 불리는 이 넓고도 좁은 세상에서 우리와는 먼 이야기처럼 느껴지는 이 모든 이슈들이 사실은 모두 우리와 영향을 주고받을 수밖에 없는 것이 사실이기에 전혀 무시하고 살아가기 보다는 작은 관심을 기울여주는 것이 이 시대를 살아가는 사람으로서의 예의가 아닐까 싶습니다. 우리가 관심을 갖는 현재의 이슈가 있듯 미국인들도 그들이 지켜보고 삼삼오오 모여 이야기하는 화젯거리들이 있습니다. 이런 내용에 대한 영어 표현은 신문을 자세히 읽지 않는 이상 잘 파악하기 힘든 경우들이 많지요. 이번 기회에 세계에서 일어나는 일들에 대한 영어 표현을 알아보면서 작은 관심을 기울여보면 어떨까요?

지구가 점점 뜨거워지고 있다고 합니다. 우리나라 climate기후도 subtropical아열대로 변해서 우리나라에서 자라는 식물 종도 변하고 있다고 합니다.

vegetation distribution 식물분포도

일상적인 대화에서 날씨가 좋다 혹은 나쁘다고 할 때는 weather를 사용하고, 좀 더 거시적인 안목에서 날씨나 날씨의 변화, 즉 기후를 말할 때는 climate라고 합니다.

global warming
지구 온난화

rising of sea levels
해수면 상승

지구가 점점 뜨거워지고 잇어요.

> Earth is getting too warm.

> You are making it up to get more taxes!

세금을 인상하려고 없는 얘기 꾸며내고 있네!

extinction
멸종

North Pole is melting.
북극이 녹고 있습니다.

subtropical 아열대(=semi tropical)

temperate 온대

temperature 온도

Polar bears are endangered! They are about to extinguish!

북극곰이 위기에 놓였습니다. 멸종 위기에 처했거든요.

alternative energy 대체 에너지

solar energy 태양열 에너지

photovoltaic 태양열 집광판

지구에서 내뿜는 매연으로 오존층이 파괴되어 자외선은 더 들어오고 지구는 점점 더워지고 사막지역도 더 넓어지고 있다고 합니다. 자원은 고갈되어가고 있어서 기름값에 따라 경제도 출렁거리는데, 더 이상 자연을 파괴하지 않는 대체에너지를 개발해야만 지구를 오랫동안 지킬 수 있을 텐데 말이에요.

desertification 사막화   **green house effect** 온실효과

energy shortage 자원 고갈(에너지는 전기뿐 아니라 가스, 석탄 등에서 나오기 때문에)

natural resources 천연자원   **resources-rich** 자원이 풍부한

photovoltaic태양열 집광판는 **solar PV cell**이라고 하거나 간단하게 **PV**라고도 합니다.

They installed PV system on the roof. 그들은 지붕에 태양열 집광판을 설치했어.

What causes desertification? 사막화는 왜 일어날까요?

yellow dust 황사

fine dust 미세먼지(= particulate matter)

respiratory ailments 호흡계 질환

fuel 연료

gasoline 휘발유

petroleum 석유, 원유

gas station 주유소

unleaded 무연휘발유

fossil화석

coal 석탄

coal mine 탄광

개인적으로 제가 좋아하는 주유소 로고입니다. 화석에서 나온 연료임을 은유적으로 암시하는 것 같지요?

운동하러 나갔다가 얼굴을 모두 가리고 뛰는 아줌마들을 보고 깜짝 놀랐습니다. 처음엔 좀 무서웠지요. 피부가 장시간 자외선에 노출되면 해롭다고 해서 그런다는데, 그러면 얼굴에 땀이 차지 않을까 걱정은 좀 되더군요.

UV ray
자외선
(Ultraviolet ray를 줄여서 이렇게 말합니다.)

ozone layer
오존층

This sunscreen protects our skin from harmful UV rays.
이 선크림은 자외선으로부터 우리 피부가 상하는 것을 보호한답니다.

Let sunblocks do the job and just enjoy running without medicinal masks.
자외선 차단에 신경쓰지 말고 의료용 마스크 없이 조깅을 즐겨요.

She's nicely tanned. She looks healthier and sexier.
그녀는 보기 좋게 선탠을 했어. 그래서 더 건강하고 아름답게 보여.

Oh, you've got a tan. 어, 너 쫌 탔네.

tan
햇볕에 그을리다

●●
sun exposure 햇볕에 노출 | **sunburn** 햇볕에 타서 벌겋고 허물 벗겨지고 아픈
fake tan 로션 등을 이용해서 태닝한 것처럼 보이게 하는
infrared ray 적외선 | **infrared sensor** 적외선 감지 장치

Hundreds of baby penguins founded on the sea shores in Brazil.
브라질 해변에서 수백 마리의 펭귄이 죽은 채로 발견되었다.

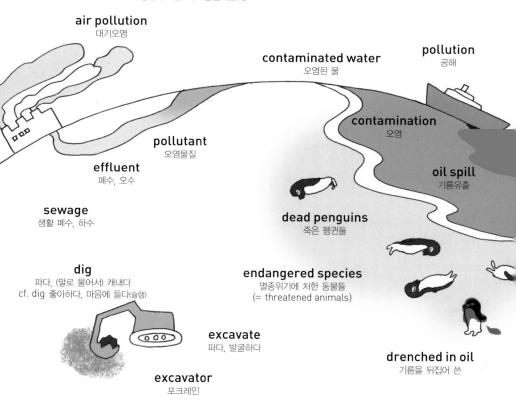

air pollution
대기오염

contaminated water
오염된 물

pollution
공해

contamination
오염

pollutant
오염물질

effluent
폐수, 오수

oil spill
기름유출

sewage
생활 폐수, 하수

dead penguins
죽은 펭귄들

dig
파다, (말로 물어서) 캐내다
cf. dig 좋아하다, 마음에 들다(슬랭)

endangered species
멸종위기에 처한 동물들
(= threatened animals)

excavate
파다, 발굴하다

drenched in oil
기름을 뒤집어 쓴

excavator
포크레인

waste 쓰레기

industrial waste 산업폐기물 cf. **toxic waste** 독성 폐기물, **chemical waste** 화학성 폐기물

animal by-products 동물폐기물

biodegradable 미생물 분해 가능한

This product is biogradable. 이 제품은 친환경 제품입니다.(썩기 때문에 파묻어도 자연에 해가 안됩니다.)

●●
noise pollution 소음 공해 | **decontaminate** 오염을 제거하다 | **toxic** 유독성의
tainted 더럽혀진, 감염된, 썩은 (도덕적으로 썩은 것에도 쓰임 corrupted) | **tainted politician** 부패 정치인
endangered 위험에 처한

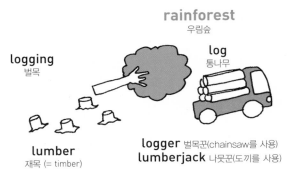

rainforest
우림숲

logging
벌목

log
통나무

Let's sit on stump.

그루터기에
좀 앉자.

lumber
재목 (= timber)

logger 벌목꾼(chainsaw를 사용)
lumberjack 나뭇꾼(도끼를 사용)

save는 '보호하다, 구출하다'의 의미이지만, '~하지 말라'
는 의미를 완곡하게 표현할 때도 자주 쓰여요

To save forest, save the plastic bags.
숲을 보호하려면, 비닐봉투를 사용하지 마세요.

save forest 숲을 보호하다   **save face** 체면을 유지하다

Save it. 말하지 마.   **Save it for later.** 다음 기회에 해.

arbor day
식목일

hybrid 잡종

hybrid car
연비가 좋고 배기가스 배출량이 적은 자동차
(휘발유와 전기를 모두 사용할 수 있는 차)

energy efficient
에너지 효율이 좋은

환경을 생각하고 아끼는 걸 **green**이라 많이 표현해요.

The Green Party 녹색당(환경당, 미국의 5대 정당 중 하나)   **go green** 환경을 생각하다

●●
environment 환경 | **environmentalist** 환경운동가
ecologist 생태학자 | **ecosystem** 생태계 | **activist** 운동가

Natural Disaster 자연재해   earthquake 지진

유난히 지진이 많이 일어나는 곳 중의 하나가 바로 **Pacific Ring of Fire** 환태평양 지진대입니다. **circum-Pacific belt**, **circum-Pacific seismic belt**라고도 합니다. 미국의 캘리포니아 지역도 여기에 속하는데 최근엔 지진보다도 산불 때문에 피해가 커지고 있죠. 사람이 지른 불이 아니고 건조한 바람이 불어서 생긴 산불이라서 **wildfire**라고 합니다. 만약 불이 사람의 실수로 일어났다면 **man-made disaster**인재로 보게 됩니다.

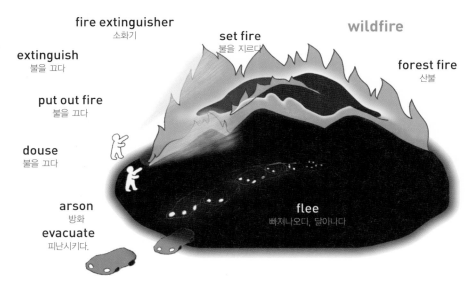

fire extinguisher 소화기
extinguish 불을 끄다
put out fire 불을 끄다
douse 불을 끄다
arson 방화
evacuate 피난시키다.

set fire 불을 지르다

wildfire

forest fire 산불

flee 빠져나오다, 달아나다

Did you feel the quake too? 너도 흔들리는 것 느꼈어?

Firefighters douse a smouldering hillside. 소광관들이 연기가 피어오르는 언덕에 물을 뿌린다.

Thousands of residents have been evacuated from their homes and workplace to the threat of wildfire. 수천 명의 주민들을 산불의 위협을 피해 집과 직장에서 대피시켰다.

Residents fled their hillside homes. 주민들은 언덕 위의 집들을 빠져 나왔다.

••
quake 덜덜 떨리다, 흔들리다 | **tsunami** 쓰나미 (지진 해일 tidal wave)
seism [사이즘]지진 | **seismal** [사이즈멀] 지진의 | **seismologist** 지진학자 | **seismic zone** 지진 다발 지역
flee the country 망명하다 | **flee by night** 야반도주하다

hummer H1 험비스타일의 일반 지프차인데, 가격도 엄청나게 비싸고 기름도 무지막지하게 많이 들죠. 환경문제에 따른 새로운 **emission law**배기가스 규제법, 판매율 저조 및 GM의 경제적 사정으로 최근엔 생산이 중단되었어요. 사실 멋지긴 정말 멋지던데요. SUV, Pick-ups(지프차처럼 생긴 용달차) 등도 기름을 많이 소모해서 판매가 줄어들고 있고 대형차가 대부분인 미국도 점점 **compact car**나 **hybrid car**에 대한 관심이 높아지고 있다고 하네요.

humvee
험비, 군용지프차

4WD(Four Wheel Drive)
사륜구동차

front wheel drive 전륜구동   **rear wheel drive** 후륜구동

fume
매연

carbon monoxide
일산화탄소

carbon dioxide
이산화탄소

emit
내뿜다, 배출하다

car(vehicle) emission
자동차 배기가스

●●
automobile emission control 자동차 배기가스 제한 | **carbon monoxide detector** 일산화탄소 감지기
exhaust 내뿜다 | **diesel exhaust** 디젤가스 배출 | **greenhouse gas** 온실 가스 | **oxygen** 산소

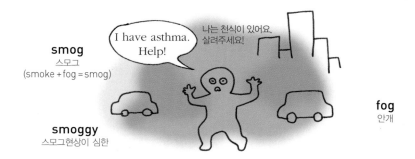

smog
스모그
(smoke + fog = smog)

I have asthma.
Help!

나는 천식이 있어요.
살려주세요!

smoggy
스모그현상이 심한

fog
안개

My eyes get foggy sometimes. 가끔씩 좀 사물이 뿌옇게 보여.

Go to see the eye doctor. 병원 좀 가봐.

smog하면 비슷하게 생긴 여러 단어들이 떠오르는데요.

smog와 **hybrid car**도 나오니 만화 〈사우스파크〉의 한 에피소드가 생각나네요. 사람들이 공기오염 때문에 하이브리드차로 바꾸며 환경을 걱정하는 척해서 도시가 **smog**가 아닌 **smug**로 오염되는 사태가 발생해요. 상당히 재미있으니 챙겨보도록 하세요.

mug 강도짓하다 cf. **rob** 훔치다

mug 얼굴 (구어)

muggy 후덥지근한 날씨

I got mugged! 나 강도당했다!!

mugshot
경찰이 용의자를 찍은 사진

smuggle
밀수하다

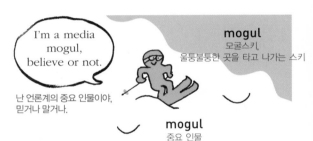

smuggler
밀수업자

I'm a media mogul, believe or not.

난 언론계의 중요 인물이야, 믿거나 말거나.

mogul
모굴스키,
울퉁불퉁한 곳을 타고 나가는 스키

mogul
중요 인물

제일 앞좌석에서 공연을 볼 때 많이 눈에 띄던 **moog**라는 글씨가 떠오르는군요. 이것은 유명한 **synthesizer**신디사이저의 상표입니다.

moog

Gizmo

Mogwai

mog
고양이를 의미하는
다른 단어입니다.

Gizmo turns into Mogwai.
기즈모는 모과이로 변해요.

영화 〈그램린〉에 나오는 동물 이름이 Mogwai입니다. 평소에는 순하던 Gizmo가 물만 닿으면 사악한 Mogwai로 변하죠. Mogwai는 스코틀랜드의 밴드 이름이기도 합니다.

Honeybees are disappearing! 꿀벌이 사라지고 있다!

"If the bee disappeared off the surface of the globe, then man would have only four years life to left. No more bees, no more pollination, no more plants, no more animals, no more man."

- Albert Einstein

벌들이 지구상에서 자취를 감추면 인류도 4년 안에 멸종하게 될 것이다. 벌들이 없으면 수정이 이루어지지 않고, 식물이 자라지 못하고 그러면 동물도 인류도 생존할 수 없다.

pollen
꽃가루

honeybee
꿀벌

waggle dance
벌이 (움직이며) 보내는 신호

Where'd they go?

벌들이 다 어디 간 거지?

beekeeper
양봉업자

beehive
벌집 (벌집 모양의 머리)

HONEY COMB

honey comb
벌집(육각형모양의 벌집 속)

Beehive sisters are enjoying their honey comb cereal.

벌집 모양 머리를 한 자매가 벌집 모양의 시리얼을 맛있게 먹고 있다.

그런데 진짜로 꿀벌의 수가 많이 줄고 있다고 합니다. 그 현상을 **colony collapse disorder**라고 하는데요, 집을 나간 꿀벌이 돌아오지 않는 현상입니다. 그들은 어디로 갔을까요?

꿀벌이 줄어드는 정확한 이유는 밝혀지지 않았지만 **pesticide**살충제, **genetically mortified crops**유전자 변형작물, **mite**진드기 문제, **urbanization**도시화 문제 등 여러 가지가 제기되고 있습니다. 그중 개인적으로 신뢰가 가는 원인 중 하나는 휴대전화의 사용입니다. 벌들은 서로 교신을 하는데, 휴대전화의 발달로

colony collapse disorder
벌들이 사라지는 현상

이곳저곳의 기지국에서 교신음을 쏘아대다 보니 벌들이 자신의 갈 길을 찾지 못하여 사라지는 게 아닌지, 혹시 교신음이 벌들을 블랙홀로 유도하는 것은 아닐까요?

microwave myths
전자렌지 괴담

electromagnetic radiation
전자파 발생

radio signal
무선신호

electromagnetic wave
전자파

●●
communication 교신
pollen allergy 꽃가루 알레르기

mutation 돌연변이 현상

자연발생적으로 혹은 다른 외부 요인에 의해 DNA가 변형되는 현상입니다. 영화나 만화 등에 이런 인물이 많이 등장하곤 하지요. **mutant**가 나오는 만화나 영화들이 많이 있는데 그중의 하나가 〈Futurama〉입니다. 미래 31세기의 뉴욕을 배경으로 한 만화인데 2000년에 얼려져서 1000년 후에 깨어나는 뉴욕의 피자 배달부가 주인공이죠. 눈 하나 달린 돌연변이인 여자 주인공과 음주벽이 있는 로봇이 나오는, 음울하면서도 재미있는 만화예요.

mutant
돌연변이, 변종

genome 게놈. 염색체가 모여 유전자를 이루는 것

How come you are so smart? 넌 어쩜 그리도 똑똑하니?

It's the gene. 다 물려받은 거 아니겠어.

genetic 유전적인

genetic test 유전자 감식

DNA test 범인 잡을 때 많이 쓰는 유전자 감식

paternity test 친자확인을 위한 유전자 테스트

genome과 철자가 비슷한 단어도 있어요. gnome은 땅 속의 보물을 지킨다는 늙은 난쟁이를 말합니다.

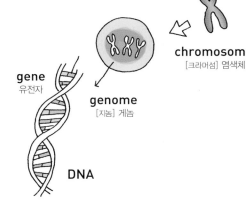

chromosome
[크러머섬] 염색체

gene
유전자

genome
[지놈] 게놈

DNA

Hey gnomes! 어이 이놈들!

gnomes

Genetically Modified Organism

요즘 우리나라에서 유전자 변형 식품 공포증이 일어나고 있는데요. 사실 이것은 어제 오늘의 이야기가 아닙니다. 그냥 GM food 라고도 불리는데, 10여 년 전 슈퍼에서 상품을 고르는데 GMO free라고 써 있는 걸 본 이후 이 라벨이 붙어 있으면 안심하고 물건을 구입하고 했었죠. 근래에는 certified organic 유기농 인증, 100% natural이라는 레이블에 더 끌리게 되었죠.

sustainable agriculture 요즘은 생태적인 농업, 즉 환경과 인간, 동식물 모두에게 이로우면서도 경제적으로도 효율적인 농법에 대한 연구가 한창이라고 해요. 친환경농법에서 한 단계 더 나아가 모두에게 이로운 농업으로 농민, 중간상인, 소비자 모두에게 서로 이익이 되게 하고 일자리 창출에서 동물 보호까지 고려한다고 합니다.

food miles 지역 농산물을 이용하는 것이 건강과 지역사회에도 좋다고 하죠. 요즘은 **food mile**(먹거리가 생산되어 소비자에게 들어오기까지의 이동 거리)이 짧은 식품을 먹는 것이 좋다고 하네요. 다시 옛날로 돌아가야 하는 걸까요? 아, 그럼 올리브오일과 커피는 어쩌죠?

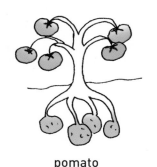

pomato
포마토

genetic engineering 유전공학
한 나무에 위엔 토마토가 열리고 밑에 감자가 달리는 Potato+Tomato. 유전공학으로 새로운 작물들의 개발이 붐을 이루었던 시절에 나왔다고 하는데 실제로 본 적은 없어요. 요즘은 토마토랑 감자를 같이 부를 때 그렇게 부르기도 하더군요. **Pomato salad**.

●●
genetic engineering 유전공학 | engineer 공학자, 기술자
engineered 기술적으로 처리한 | engineered food 보존 가공식품

seedless watermelon
씨 없는 수박

selective breeding 품종 개량

한때 품종개량도 GMO일까 궁금해지기도 했는데요.
GMO가 유전자에 인위적으로 무언가를 첨가하는 등
변형시키는 것과 달리 **selective breeding**은 여러
다른 품종을 교배시켜 새로운 품종, 더 나은 품종이
자연적으로 나오는 것이라 안전하다고 합니다.

transgenic 유전자 이식

modify 변형하다

manipulation 조작

food additives 식품 첨가물

super cow 우유를 더 많이 생산하는 젖소를 만들기 위해 인공교배나 유전자 변형을
통해 태어난 소의 종류입니다.

genetically modified
유전자 변형
(= genetically altered)

supercow

**artificial
insemination**
인공수정

Mad Cow Disease 광우병

하지만 자연의 법칙을 거스르고 새로운 생명체를 만들어내자 부작용이 나타나기 시작
했습니다. 최근 이슈로 떠오르고 있는 **Mad Cow Disease**광우병는 **ruminant**반추동물에게
animal byproducts동물사료를 준 게 원인인 것 같다고 하죠. 자연의 법칙을 거스르면 죄
받는다는 교훈이 아닐까요?

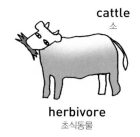

cattle
소

herbivore
초식동물

milk cow
우유용 소

ruminant 반추동물 (되새김질 하는 동물)

lab meat

새로운 식량으로 기대되고 있는 미래의 고기, **lab grown meat**. 말 그대로 연구실에서 생산된 고기를 말합니다. 가축의 근육 조직을 떼어 따로 키우는 건데요, 단백질을 먹이로 주면 살코기로 자라날 수 있다고 합니다. 아직은 생산 비용이 엄청나지만 계속 발전된다면 식량부족 문제뿐 아니라 환경 문제, 윤리 문제까지 해결할 수 있다고 해요. 이것도 **all natural**은 아니긴 하겠지만, 동물을 안 죽여도 되면서 지방 없는 고기를 먹을 수 있다니 기대됩니다. 공식용어는 **cultured meat** 또는 **in vitro meat**입니다.

cell segmentation 세포 분열

stem cell 줄기세포

tissue engineering 조직 재생 공학

We're growing meat.
우린 고기를 기르고 있어요.

콩고기 보다는 맛있네요.

lab meat
연구실에서 배양된 고기

사람들은 미국의 정치에 대해 이야기하길 좋아합니다. 미국사람들도 자기들의 정치에 대해 이야기하길 좋아합니다. 제3자로 이러쿵저러쿵 하든, 국민으로 애정 어린 충고를 하거나 열성적이 되든, 정치에 관심 있는 사람들이 많습니다.

She's political. 그녀는 정치에 대해 비판고 많이 하고, 말도 많이 해요.
They are very into politics. 그들은 정치에 관심이 아주 많죠.

정치를 얘기할 때 가장 큰 단골메뉴는 언제나 나라의 수장이죠. 미국은 우리나라처럼 대통령제이지만 간접 선거인데요. 물론 개개인이 선거는 합니다. 그걸 바탕으로 자신이 속한 주의 선거인단이 대표로 선거를 한다고 해요. 선거는 선거용지가 다 우편으로 오는 것이 아니고 신청한 사람들만 옵니다. 그래서 선거철이 되면 선거등록을 하라며 계속 광고가 나옵니다.

Resister to Vote! 투표하세요!
election day 선거일 (미국은 선거일이 공휴일이 아닙니다.)

political parties 미국에도 여러 정당들이 있어요. 그러나 본격적인 대통령 선거엔 거의 **Democratic Party**와 **Republican Party** 이 큰 두 정당이 경쟁을 합니다.

○ ○ ○ **for president** '~를 대통령으로' 정도의 의미로 가장 흔히 쓰이는데, 요즘은 대통령 후보가 아닌 의식 있는 유명인들에게도 팬들이 종종 사용합니다.

○ ○ ○ **for president**

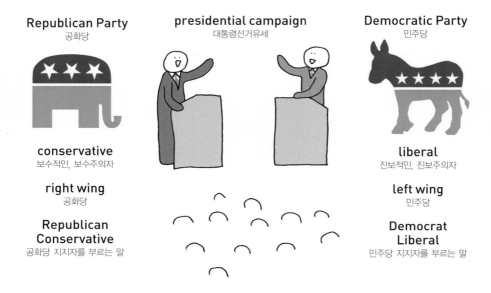

Republican Party
공화당

presidential campaign
대통령선거유세

Democratic Party
민주당

conservative
보수적인, 보수주의자

liberal
진보적인, 진보주의자

right wing
공화당

left wing
민주당

Republican
Conservative
공화당 지지자를 부르는 말

Democrat
Liberal
민주당 지지자를 부르는 말

공화당은 보수파, 우파로 불리고 민주당은 진보파, 좌파로 불리는데, 우리나라의 개념 과는 좀 다릅니다. **rightist**나 **leftist**는 자신이 지지하지 않는 편을 비아냥거리며 말할 때 잘 쓰이기도 해요.

I don't buy the rightest propaganda. 수구꼴통들이 하는 선전 안 믿어.

Freedom is not free, you leftist. 우리가 누리는 자유가 뭐 거저 얻어졌는 줄 아냐, 이 좌파야.

뉴욕은 항상 Democrat인 사람들이 많기로 유명해요. 샌프란시스코나 LA, 시카고 등 대도시는 민주당이, 남부나 시골은 공화당이 승리를 많이 합니다. 선거철에 지도로 보여주는 걸 보면 각 주의 성향을 알 수 있습니다. 또 예상과는 반전이 나오기도 하고요.

presidential debate
대통령선거 토론회

presidential nominee
대통령 후보자
(=presidential candidate)

debate moderator
토론회 사회자

대통령 선거전에 세 번에 걸쳐 텔레비전을 통해 토론회를 갖는데, 그걸 **Presidential Debate**라고 합니다. 두 후보가 나와서 질문을 받고 서로 질문을 던지기도 하고, 어려운 질문으로 괴롭히기도 하고, 세계 정세와 경제 문제에 대한 질문, 누가 현실을 더 잘 읽고 있나, 누구의 해결책이 더 괜찮은가, 누가 더 말을 조리있게 잘 하는가 등에 대한 토론을 하는 과정으로, 선거의 아주 중요한 관문입니다.

누가 대통령이 되면 대통령 이름을 붙여서 ○ ○ ○**administration**이라고 그 정권을 부릅니다. **Bush administration**부시 정부.

vice president 부통령
Secretary of the States 국무장관
Minister of Foreign Affairs 외무부장관
Secretary of the Defence 국방부장관
diplomat 외교관

ambassador 대사
Ministry of Foreign Affairs 외무부
charge d'affaires 대리대사
PM (Prime Minister 수상, 총리)

media언론은 정치에 아주 중요한 역할을 하죠. 어디 방송국이 어느 편을 더 들어준다, 어떤 언론인은 어디 편이다, 등등 말이 많습니다. Fox News하면 보수파 방송이라고 생각하는 사람들이 많은데 Fox News에서 The O'reilly's Factor를 진행하는 빌 오라일리라는 사람은 Republican 쪽 사람으로 알려져 있어, 젊은 학생들은 싫어하는 경향이 있어요. 최근에는 Glenn Beck이 유명하죠.

You watch Fox news?

We are not friends anymore.

너 폭스 뉴스 시청자야? 우리 절교야.

Hi, I'm Bill O'reilly.

안녕하십니까, 빌 오라일리입니다.

The O'reilly's Factor

Larry King Live

젊은 학생들은 진보방송으로 여겨지는 NBC를 편애하기도 합니다. 또 CNN은 Democrat 방송이라는 말도 있습니다. 양쪽을 다 보면서 같은 일에서로 다르게 반응하고 해석하는 것도 재미있어요.

정치나 세계 정세에 관심 많은 이들이 애청하는 라디오 채널은 NPR입니다.

This is NPR. PM of the UK is visiting South Africa...

agit-prop 정치적 메시지가 있는 문학, 영화, 음악 공연 등

전 2008년 세계금융위기 이후 전세계의 경제가 혼란에 빠지고 어려워졌어요. 여러 나라들이 국가 부도 위기에 처하기도 하고 저마다 **economy rescue plan**금융 구제 정책을 내놓기도 했죠.

My Stocks worth nothing!
주식이 휴지조각이 됐어.

그 시기엔 주가 폭락으로 많은 사람들이 괴로워했죠. 저도 주식 같은 데는 관심도 없다가 남들 다 사니까 따라하다가 열심히 모은 돈이 다 날아가버린 적이 있어요. 워렌 버핏이 뉴욕타임스에 기고한 글 중에서 주식을 사는 간단한 룰에는 남들이 몰려살 때 사지 말라는 말이 있어요.

A simple rule dictates my buying:
Be fearful when others are greedy,
and be greedy when others are fearful.

　　　　　　　　　- by Warren Buffet

Bail me out. 자금을 지원해서 나 좀 구제해주세요.

bailout 구제 금융(국가 등에서 자금을 지원하여 도와주는 것)

bail out
자금을 지원해
구제하다

Treasury Secretary
재무장관
(Secretary of the Treasury)

bail 보석금을 내고 나오다 | **bond** 채권
IMF (International Monetary Fund) 국제통화기금
international credit rating agencies 국제 신용등급 평가기관

bull market 호황기의 주식시장

bear market 불황기의 주식시장

stock holder 주주

Stock prices skyrocketed. 주가가 폭등했어요.

US stock markets tumble as shutdown stalemate worries investors.
셧다운으로 인한 투자자 불안으로 미국 주식시장 하락하다.

investor
투자가

stock broker
주식매매중개인

trader
주식 거래자

최근엔 미국의 **shutdown**으로 떠들썩 했는데요. 예산안 합의가 되지 않아 국가 부도 위기 상태까지 가는 바람에 정부기관들이 임시휴업, 즉 공무원들을 무급휴가를 보낸 사건이에요. 군대, 소방서, 경찰서, 우체국 등 아주 필수적인 곳을 제외하고 모두 휴업을 하는 바람에 오바마 대통령도 외국에서 열리는 정상회담을 취소하기도 했어요.

fund manager
펀드매니저

요만큼은
내 거.

stock holder
주주

buy stake in
지분을 사다

day trader
당일치기 매매를 일삼는 주식 투기자

My company bought 15% stake in Apple. 우리 회사는 애플 사의 지분 15%를 매입했어요.

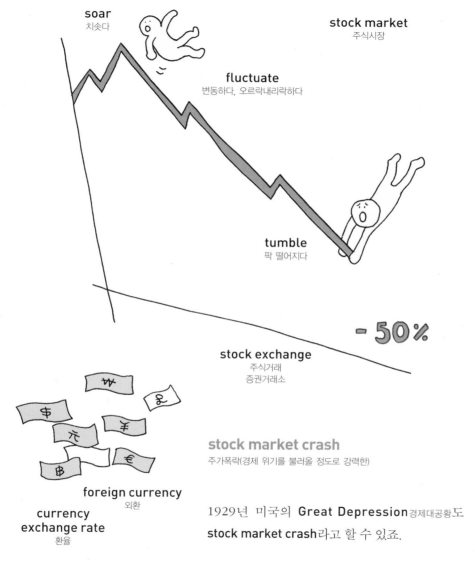

soar
치솟다

stock market
주식시장

fluctuate
변동하다, 오르락내리락하다

tumble
팍 떨어지다

- 50%

stock exchange
주식거래
증권거래소

stock market crash
주가폭락(경제 위기를 불러올 정도로 강력한)

foreign currency
외환

**currency
exchange rate**
환율

1929년 미국의 **Great Depression** 경제대공황도
stock market crash라고 할 수 있죠.

Stock prices tumbled after the devaluation of the currency.
화폐 가치 하락으로 주가가 폭락했어요.

recession 경기침체, 불황

경기가 좋지 않을 때 신문이나 뉴스에서 가장 많이 듣게 되는 단어입니다.

We need to save every penny in recession. 경제가 어려울 땐 십 원 한 장이라도 아껴야죠.

한때 세계 경제의 위기를 초래했던 **subprime mortgage**서브 프라임 모기지. 신용이 낮은 사람들에게 돈을 대출해주는 것에서 시작되어 거대 금융기관의 부도로, 세계 경제 및 우리나라의 경제에도 악영향을 미쳤습니다.

mortgage
담보

I have to
pay off till
the day
I die.

내가 죽는 날까지
갚아야 해.

우리나라에도 **mortgage loan**모기지론이 란 것이 나와 있는 데요, **mortgage**는 금융기관에서 개인의 신용도를 보고 돈 을 빌려주고 개인은 그 돈을 몇 년에 걸 쳐 나누어 갚는 것을 말합니다. 길게 나 누어 낼수록 **interest**이자는 더 올라가지 요. 돈 벌어서 집을 사는 것과 대출을 받 아 집을 먼저 산 후 살면서 돈을 벌어서 갚는 것. 둘 중 어떤 것이 더 좋을까요? 미국에서는 집값을 한번에 모두 지불하 고 집을 사는 경우가 별로 없다고 합니다. 단어를 들여다보면, **mort**죽음 **-gage(pledge** 공약, 약속) 이렇게 이루어져 있습니다. 평생 죽을 때까지 돈을 갚으라는 무서운 의미가 숨 어 있습니다.

down payment 할부로 살 때 처음 많이 내는 돈

pay off mortgage 집값을 다 갚다(내다).

morgue 영안실 (mortuary 영국)

●●
credit score 신용도 | **foreclosure** 압류
loan 대출 | **lease** 계약 | **profit** 이익 | **loss** 손실

·· The World Has Turned Upside Down

세상 말세로세!

요즘은 뉴스를 보기 겁이 날 정도로 흉흉한 사건이 많이 일어나는 것 같습니다. 특히 자신보다 약한 존재, 여자나 아이들을 타깃으로 삼아 범죄를 저지르는 인간들을 보면 파렴치한이란 말을 쓰기도 아까울 정도입니다. 더군다나 이런 중대한 범죄에 솜방망이 처벌이 내려지는 것은 특히 큰 문제인 듯합니다.

Fence off sex offender who prey on kids. 어린이를 노리는 성범죄자는 밖에 못나오게 해라.

성범죄자들은 **castration**거세를 해야 한다고 주장하는 이들도 있는데, 좀 속된 표현으로는 **cut the balls off,** 직설적으로는 **cut the testicles off**이라고도 합니다.

castration 거세
surgical castration 수술적 거세
sex trafficking 성 밀매

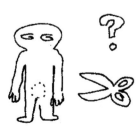

psychopath 잔혹한 범죄를 저지르고도 죄책감을 느끼지 못하는 일종의 정신질환자

random murder 묻지마 살인(정확한 표현은 아니지만 이렇게 말할 수 있습니다.)

mass murder 대량학살   **massacre** 학살

genocide 하나의 민족을 몰살하는 것

희생자는 **victim**이라고 합니다.

shooting victim 총기 사건의 피해자
murder victim 살인사건의 피해자
slaying victim 칼부림 사건의 피해자
car crash victim 교통사고의 피해자

psychopath
사이코패스

strangling victim
교살 사건의 피해자

He picked slaying victim random.
그는 닥치는 대로 아무나 칼로 베었다.

assailant
공격자, 가해자

moral turpitude 도덕적 타락 미국 법률용어로, 여기에 해당되는 범죄는 더욱 엄하게 다스린다고 해요. 살인 강도,강간,방화,사기 등은 물론 **tax evasion**탈세. **bribery**뇌물. **forgery** 문서위조. **counterfeit** 짝퉁 제작. **abandonment of minor child**미성년자인 아이 방치등이 여기에 속합니다. **solicitation prostitution** 경찰이 매춘부로 위장하고 접근해서 걸려든 경우도 유죄로 간주됩니다.

시신 어디에
숨겼는지 불어!

I want
my lawyer.

변호사를 불러주세요.

Where did
you hide the
body?

interrogation
취조

investigation
조사

fraud
[프러드] 사기

identity theft
남의 정보를 훔쳐서 범죄를 저지르는 파렴치한들

disregard for life 생명 경시 현상

우리나라 자살율이 OECD 국가 중 1위라고 합니다. 자신의 생명이라고 함부로 대하는 것도 역시 생명 경시 현상입니다. 살아가면서 어찌 죽고 싶은 때가 없겠습니까. 하지만 나쁜 때가 있으면 좋을 때가 있는 법. 자신을 사랑하고 존중하는 길만이 행복해질 수 있는 지름길이고, 자신을 존중하는 사람이 남도 존중하고 아낄 수 있답니다.

Pleas do not copy me.
나를 따라하지 마. 제발.

I wish I could take it back.
정말 되돌릴 수만 있다면.

Everybody hates me.
모든 사람들이 나를 싫어해.

Nobody loves me.
아무도 날 사랑해주지 않아.

I lost everything.
난 모든 것을 잃었어.

copycat suicide
모방 자살

copycat crime
모방 범죄

Werther Effect
베르테르 현상

자살에 대한 단어를 몇 가지 보도록 해요. 환자가 너무 고통스러워 죽고 싶어할 때 도와 주는 것을 **assisted suicide** 혹은 **abetting suicide, mercy killing**이라 합니다. 이를 두고 자살 방조냐 아니냐 의견이 분분하기도 한데, 드물지만 법으로 허용된 곳도 있습니다. 이것은 환자가 원할 때 의사가 시행하는 **euthanasia**안락사와는 다른데, 죽는 날까지 고통을 겪으며 의식도 혼미해진 상태에서 죽는 게 싫어서 **euthanasia**를 원하는 사람도 있습니다. 인간답게 죽을 수 있다는 점에서 **death with dignity**존엄사라고도 해요.

abetting a suicide 자살방조   **double suicide** 동반자살

Respect for life. 생명을 존중합시다.

●●
morality 도덕심 | **moral turpitude** [모럴 털퓨튜드] 부도덕 | **decadence** [데커던스] 퇴락, 퇴폐

Starvation 기아

Mom! I'm starving.

엄마, 배고파 죽겠어요.

Some kids are really starving.

어떤 애들은 정말 굶어 죽어가고 있어.

mud cookie

진흙과 쇼트닝을 섞어 불에 구운 것

하지만 지구 한편에서는 굶어서 죽는 사람들 (특히 어린이들)이 있습니다. 한쪽에선 살 뺀다고 난리인데 한편에선 굶어서 죽다니요. 너무 배가 고플 때 미국 사람들은 이렇게 말합니다. **I'm so hungry I could eat a horse.**너무 배고파서 말 한 마리 꿀꺽하겠다. 참고로 모자를 먹겠다는 **I'll eat my hat.**은 내손에 장을 지지겠다는 뜻입니다.

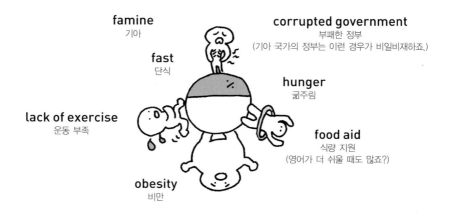

famine
기아

fast
단식

corrupted government
부패한 정부
(기아 국가의 정부는 이런 경우가 비일비재하죠.)

hunger
굶주림

lack of exercise
운동 부족

food aid
식량 지원
(영어가 더 쉬울 때도 많죠?)

obesity
비만

North Korean leader
북한 인민위원장

I'm so lonely.

나는야 외톨이.

heredity succession
세습

dictatorship
독재

지구 다른 편까지 안가더라도, 북한에도 굶어죽는 아이들이 있다니 마음 아파요. 미국에선 북한을 **hermit kingdom**이라고 부르기도 해요. **hermit**은 밖에 나오지 않고 사회와 격리되어 사는 사람을 말합니다. 미국 코미디에서 **lonely man**으로 종종 등장하던 김정일은 그새 역사의 뒤안길로 사라지고 이젠 김정은이 정권을 이어받았습니다.

얼마 전 북한의 한 외교관이 우리나라로 와 버렸는데요, 그 이유가 나라에서 시키는 불법 밀매로 인한 극심한 스트레스 때문이었다고 해요. 외국과 정상적으로 교류하지 않으니 무기 밀매, 위조지폐 발행 등으로 자금을 만드는데 국가가 나서서 부도덕한 일을 하는 것을 보면 안타깝습니다. 좋은 머리와 기술을 정상적으로 긍정적인 데 쓴다면 북한뿐 아니라 세계에도 도움이 될 수 있을 텐데요.

supernote 최상질의 100달러 짜리 위조지폐로, 북한산이 대부분
arm trafficking 무기(총기) 밀매
human trafficking 인신매매

얼마 전 미국 농구스타 데니스 로드맨이 김정은을 만나 화제가 되었죠. 스포츠를 좋아한다는 김정은, 빠른 시일 안에 세계랑 정상적으로 교류하며 우리와도 잘 지내길 기대해 봅니다.

It's basketball diplomacy, yo!

농구 외교라구!

I love basketball.

나는 농구를 좋아한다오.

cuz I love to shoot the...

three-point shots.

3점 숏 쏘는 것을 좋아하기 때문이라오.

국민스포츠는 스키랑 스노보드

animal cruelty 동물학대

'말 못하는 짐승이라고 함부로 대하지 말아
라' 예전부터 어른들이 하던 말씀입니다. 우
리는 옛날부터 생명이 있는 모든 것을 존중
하도록 배웠는데 요즘에서야 동물학대죄가
제대로 적용되는 것이 좀 아이러니하기도
합니다.

burn ant with magnifying glass
돋보기로 개미 태우기

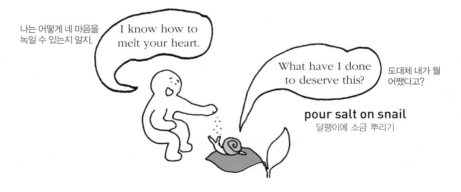

나는 어떻게 네 마음을
녹일 수 있는지 알지.

I know how to
melt your heart.

What have I done
to deserve this?

도대체 내가 뭘
어쨌다고?

pour salt on snail
달팽이에 소금 뿌리기

melt heart 사랑에 빠져 녹아들다

동물학대라고 하기엔 좀 오버지만 어렸을 때 곤충 등에 장난을 치는 아이들이 가끔 있
었어요. 저도 달팽이에 소금을 뿌려봤어요. 아, 그리고 많은 개미도 눌러 죽였죠. 생각
해 보면 끝이 없네요.

우리나라엔 **Animal Protection Law** 동물보호법이 있고, 많은 **animal rights activist** 동물권리 운동가들도 활동하고 있어요.

animal shelter 동물보호소

stray dog 유기견 (strayed dog이 아니에요.)

**pull the wings off
of a dragonfly**
잠자리 날개 뜯어내기

cage free

free range egg
자연방사란

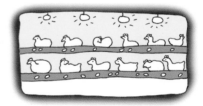

egg farm
양계장

제 친구 중에 하나는 닭들을 혹사시키는 것이 불쌍해서 달걀이 먹기 싫다 하더라구요. 밤새도록 알을 낳으라고 양계장 속은 밤에도 불이 환하게 켜져 있고, 그러면 닭은 잠을 안 잔다고 합니다.

Animals being skinned alive for fur.

모피를 얻기 위해 동물들은 산 채로 가죽이 벗겨집니다.

고기는 먹으면서 왜 모피는 반대하냐고 생각하는 사람도 있습니다. 하지만 모르시는 말씀! 모피가 잔인한 건 산 채로 가죽을 벗기기 때문입니다.

skinning 가죽 벗기기(= flaying)

shark's fin샥스핀 그냥 상어 지느러미 요리라고만 생각했는데, 요리를 위해 지느러미만 잘려진 채 바다에 버려져 피 흘리며 죽어가는 상어들을 TV에서 본 후로는 반대입니다!

모피 반대자들도 많지만, 동물실험에 반대하는 사람들도 많이 있어요. 동물 해부 반대 운동을 위해 자신을 이름을 CutOutDissection.com라고 바꾼 제니퍼라는 소녀가 있어요. 그 소녀는 과학시간에 해부를 거부할 권리와 대체 방법(모형이나 컴퓨터 시뮬레이션 등)으로 공부하게 해달라는 운동을 하고 있답니다. **cut out**은 구어로 그만하라는 의미

dissection
해부

frog
개구리

입니다. **dissect**는 배를 가르고 해부하는 것. 해부를 하려면 배를 **cut open**해야 하는데, 여기에선 그냥 **stop dissection**보다는 일부러 **cut**이란 단어를 써서 두 가지 의미를 반대되게 사용함으로써 더욱 강조를 해줬어요.

실험에 사용되는 동물은 동물실험 복지법에 의해 길러집니다. 동물실험이 불가피한 경우엔 3R 운동에 따른다고 합니다. 3R이란 **reduction**실험동물 수 줄이기, **replacement**

대체방법 찾기, 작은 동물로 대체하기, **refine**고통을 최소화하기입니다.

anatomy 구조, 해부학
원인 모를 죽음엔 꼭 필요한 게 있어요.
autopsy 부검
비슷한 모양새의 단어 **biopsy**조직 검사.

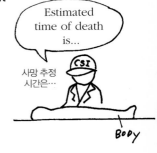

Estimated time of death is...

사망 추정 시간은...

BODY

We do not test on animals. 우리는 동물실험을 하지 않습니다.

화장품 라벨 읽어보면 이런 문구가 종종 눈에 띄어요. 전 세계적으로 화장품엔 동물실험을 하지 않는 방향으로 나가고 있어요.

We do not test on ANIMALS

This product does not contain animal ingredients.
이 상품엔 동물성 원료를 넣지 않았어요.

효과적인 성분을 위해 이것저것 동물성 재료가 종종 들어 간다고 해요. 모든 경우에 동물을 괴롭히는 것은 아니지만 좀 찝찝한 건 어쩔 수 없네요. **chicken bone marrow**닭의 골수도 영양크림 등에 쓰이고, 반짝이는 효과를 주는 화장 품엔 **fish scale**생선비늘이 들어간다고 해요.

animal-derived substances 동물에서 나온 물질
Fish scales often used in cosmetics to give them a nice glow and shimmer.
반짝이는 효과를 위해 화장품에 물고기 비늘!

달팽이 크림은 달팽이가 들어간 게 아닌 달팽이가 분출한 점 액이 들어갔다고 하니 그나마 다행입니다.
snail mucus 달팽이 점액

끈적끈적한 물질이라서 **snail goo,**
snail slime 등으로도 쓸 수 있습니다.

Animal Expressions

antsy
안절부절 못 하다

ants in my pants
안절부절 못하다.

개미가 바지 속에 들어갔을 때 남이 보면 안절부절 못하는 것처럼 보이겠지요?

He was antsy for the whole time at the theater. 그는 극장에서 내내 안절부절 못했다.

I feel like I have ants in my pants. 나 불안해 죽겠어.

He got ants in his pants. 그 애 엄청 불안해해.

as snug as a bug in a rug
아주 푹 둘러싸여 아늑한

tick off
화나게 하다

snug 옷 등이 너무 딱 맞아서 끼는 느낌

I got ticked off. 나 정말 화났어.

These pants are a little snug. 이 바지는 좀 낀다.

tick 흡혈진드기를 말합니다. 아주 작지만 무섭죠.

Even the worm will turn.

지렁이도 밟으면 꿈틀한다. (순한 사람도 자꾸 건들면 화낸다.)

●●
earth worm 지렁이 | **meek** 유순한

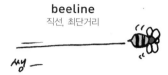

beeline
직선, 최단거리

She made a beeline for the bathroom as she got home.

걔 집에 오자마자 화장실로 달려갔지.

make a beeline for
곧장 ~로 가다.

busy as a bee 아주 바쁜

벌들이 항상 바쁘게 날아다니며 일하는데다가 **busy**라는 발음이 벌들이 **buzz**하는 소리와 비슷하고 **bee**도 **b**로 시작하므로 이런 표현이 나온 것 같아요. 우리 동네에 있던 마트 이름도 **busy bee**였는데 새벽에 일찍 문을 열었죠.

●●
honeybee 꿀벌 | **yellow jacket** 말벌 | **wasp** 말벌 | **hornet** 말벌
buzzer 초인종 | **buzzing** 윙윙거리는 | **stir up hornet's nest** 벌집을 건드리다

PLANET OF THE APES

원숭이 중에 머리가 더 좋은 고릴라나 침팬지처럼 꼬리 없는 원숭이를 **ape**이라고 합니다. 영화 〈혹성탈출〉의 원제목이 〈Planet of the Apes〉이죠.

ape
유인원, 원숭이

go ape
몹시 화내다. 열광하다(=go crazy)

go ape은 '화내다, 열광하다'는 의미입니다. 원숭이가 좋아하는 바나나도 **go banana**이라고 하면 **go ape**과 비슷한 의미가 됩니다.

The crowd went ape when the band showed up the stage.
그 밴드가 무대에 오르자 군중들은 열광했다.

He went ape (shit) when he found out about the news. 그는 그 뉴스를 듣고 몹시 화냈다.

We went ape at the party. 파티에서 완전 난리도 아니게 놀았어.

I go ape over Thai food. 난 태국 음식이라면 자다가도 벌떡 일어나.

monkey on one's back 중독 또는 마약의 상습적인 복용을 뜻합니다. 때로는 '귀찮은 짐이나 존재'를 뜻하기도 하죠.

burden 마음의 짐

She has this monkey on her back. She drinks everyday, every night.
그녀는 심한 (중독성) 문제가 있어요. 낮이고 밤이고 술을 마셔요.

I shook the monkey off my back.
나 이제 나쁜 버릇 다 끊었어.

Get this monkey off my back!

이 골칫거리 나한테서 좀 떨어지라고!

I gotta take this monkey off my back.
난 이 마음의 짐을 떨쳐버려야 해.

**cold enough to freeze
the balls of a brass monkey**
무지하게 춥다

cold enough to freeze the balls of a brass monkeys
는 아주 추운 날씨를 나타낼 때 쓰이는 표현입니다.
이런 표현이 나오게 된 데에는 여러 가지 설이 있는
데 그중 가장 유명한 것은 대포알과 관련된 것입니
다. 과거에는 방어를 위해 배에 대포를 싣고 다녔는
데, 배가 기울어질 때마다 대포알이 굴러 다녀서 대
포알 받침대를 고안하게 되었다고 합니다. 구멍에 맞게
대포알을 올린 다음 그 위에 피라미드처럼 쌓아 대포 옆에 놓
고 필요할 때 쏠 수 있도록 했죠. 무쇠로 만든 대포알이 녹슬지 않게 하기 위해 받침대
는 동으로 만들었는데, 날씨가 너무 추우면 대포알이 얼면서 부피가 팽창해서 알들이
쏟아지고 난리가 났다고 하네요. 그리고
그 정도로 추운 날씨를 **cold enough to
freeze the balls of a brass monkey**
라고 하게 되었다네요.

brass monkey 대포알 받침대
cannon ball 대포알

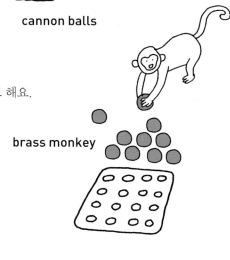

cannon balls

brass monkey는 유명한 칵테일 이름이기도 해요.

brass monkey

brass monkey

brass monkey

●●
monkey business 부도덕한 거래, 일 (shady business)
monkey see monkey do "날 따라 해봐요 요렇게~"(본 것을 그대로 흉내 내기)

Underage drinking is prohibited.
미성년자가 술을 마시면 안 되지.

Are you 21 or older?
스물한 살 이상인가?

Can I see your ID?
신분증 좀 보세.

우리나라와 마찬가지로 미성년자가 술을 마시는 것은 불법입니다. 미국법에서는 만 21세가 되어야 술을 마실 수 있죠? 바에 가던, 편의점에서 맥주를 사던 꼭 신분증을 보여달라고 합니다. 어떤 머리 희끗희끗한 주름살 많은 중년 아저씨가 맥주를 사려고 하는데, 신분증을 안 가지고 왔다고 안 파는 걸 본 적도 있어요.

And for those who are eligible to drink,
술을 마실 수 있는 사람은 좀 적당히 마시세요.

please drink responsibly.

Let's call it quits.

Let's call it quits 그만합시다. **call it quits**는 '끝내다, 하던 일을 멈추다'는 말입니다. 연인들이 쓰면 헤어지자는 말이기도 하죠. **call it quits**와 비슷한 표현으로 '오늘은 여기까지. 오늘은 이만하자.'라는 뜻으로 **Let's call it a day.**라는 표현이 많이 쓰이며 그 말하는 시간대가 저녁 시간이면 **Let's call it a night.**이라고 말합니다.

●●
underage 법적으로 성인에 도달하지 않은 | **minor** 미성년자 | **eligible** 자격 있는

이번에는 개와 관련된 표현을 알아볼까요?

I'm dog tired. Leave me alone.

나 지금 정말 피곤해. 그냥 좀 내버려 둬.

I was sick as a dog on the weekend.

나 주말에 정말 아팠어.

His bark is worse than his bite.

그는 겉보기보다 여린 사람이에요.

dog tired
무지 피곤한(= exhausted)

sick as a dog
무지 아픈

puppy love
풋사랑

dog-ear
책 모서리의 접힌 부분

I love you, but your head is too big.

널 사랑하지만
넌 머리가 너무 커.

Let's call it quits.

그만 두자.

Love me, love my dog.

나를 사랑한다면
내 결점도 사랑해줘요.

Love me too.

Love me, love my dog.
나를 사랑한다면 내 결점도 사랑해줘요.

bite는 '물다'는 뜻 외에도 '나쁘다, 잘 안 풀린다'는 뜻의 속어로 많이 씁니다. 사실 물리면 좋은 건 당연히 아니겠죠.

I failed the test, that bites. 나 시험 망쳤어. 정말 짜증나.
That stinks! 거 참, 안됐군.

dogged
[더기드] 고집센, 끝까지 물고 늘어지는

A barking dog never bites
목소리만 큰 사람은 별 볼 일 없다와 일맥상통하는 뜻이죠.

〈Reality Bites〉 예전에 재미있게 본 영화입니다. 이 영화 제목도 마찬가지로 '나쁘다, 정말 뭐같다' 하는 뜻이에요. '짜증나는 현실' 정도의 의미겠지만 우리나라에서는 〈청춘 스케치〉라는 제목으로 개봉되었습니다. 음악이 마음에 들었던 영화인데, 제목도 맘에 들었죠. 이런 종류의 영어는 영화를 통해 많이 접할 수 있습니다. 〈Heathers〉라는 영화에서 한 배우가 Life Sucks라고 적는 모습이 아직도 머리속에 생생하게 남아 있습니다. 오래 전에 본 영화라서 자세히 기억은 나지 않지만 'X같은 인생'이라 써 있던 자막은 인생의 의미에 대해 고민하는 시기에 보면 참 착착하게 맞아 떨어지기도 합니다.

You are chasing your own tail.
넌 하긴 열심히 하는데 되는 것은 하나도 없네.

He's dogging on me.
걔가 나 졸졸 따라와

You are barking up the wrong tree.
당신 잘못 짚었어.

My dogs are barking.
나 발 아파.

I'm in the dog house.
나 벌 받는 중이야.

happy as a flea in a dog house
(=very happy)

What are you doing in my house?

내 집에서 뭐하냐?

Yeeppe!

We are living in a dog eat dog world.
우리는 먹고 먹히는 세상에 살고 있어.

dog eat dog
경쟁이 아주 비열하고
치열한것을 가리킵니다.

doggy bag 강아지 주려고 싸간다
하고 집에 와서 자기가 먹는 걸까
요? 아주 흔히 쓰는 표현이에요. 강
아지 밥처럼 싸주는 게 아니니까 걱
정하지 말고 이렇게 말하세요. dog
이 들어간 표현이 싫으면 그냥 Can I
have this to go? Can I take this
home with me? Can you wrap
this up?(포장해 줄 수 있나요?) 등등

Can I have a
doggy bag?

이거 남은 것 좀
싸주시겠어요?

doggy bag
남은 음식을
싸가지고 오는 것

생각나는 대로 말하세요. 어떤 레스토랑이라도 음식이 많이 남았으면 포장해가는 것을
당연하게 여깁니다.

그냥 **dog**은 일상생활의 개를 말하죠. **canine**은 개과 동물을 총칭하는 공식적인 용어
입니다.
This is my dog. 얘는 내가 키우는 개야.
canine specialist = dog handler, dog trainer
canine food= dog food

K9 police officer

너
나한테
맡겨!

POLICE
K-9

canine
개, 개과 동물, 개의

경찰견은 **police K9**, 경찰견을 데리고 다니는 경찰
을 **K9 police officer**라고 부르죠. **dog police
officer**라고 하지 않구요. 하지만 **police dog**이라
고는 쓰기도 합니다.

K9 발음이 같아서 **canine**를 이렇게 쓰기도 합니
다. 특히 경찰견, 군견, 도우미견 등을 일컬을 때 사
용합니다.

fangs
독니, 송곳니(독사, 드라큘라 등)

canine teeth
송곳니

I can be very
scary too.

나도 무서울 수 있지.

고양이를 총괄적으로 부르는 말은 **feline**입니다.

feline eyes
고양이 눈(= cat eyes)
고양이처럼 살짝 올라간 큰 눈

feline
고양잇과

feline health care 고양이 건강 관리

puppy dog eyes
착한 눈을 가진, 눈망울이 크고
살짝 쳐진 눈

close set eyes
눈 사이가 좁은

wide set eyes
눈 사이가 넓은

deep set eyes
깊고 그윽한 눈
(cf. sunken eyes: (부정적 의미에서) 푹 꺼진 눈)

prominent eyes
튀어 나온 눈
(= bulging eyes)

bedroom eyes
유혹하는 눈으로 보는 것

catty
심술 사나운

make catty remarks
헐뜯다

She made a catty remarks about her competitor. 그녀는 경쟁자에 대해 험담을 늘어놓았다.

(Has the)
Cat got
your
tongue?

너 왜 말이 없니?

I can't talk
because the cat
got my tongue.
Don't you see?

고양이가 내 혀를 잡고
있으니까 말을 못 하지.
안 보여?

9Lives라는 고양이 밥을 만드는 회사도 있어요.

Cat has 9 lives.
고양이는 목숨이 아홉 개다.
(고양이는 위험을 피해 잘 살아남는다.)

●●
agile 민첩한 | **flexible** 유연한

Cats are known to be the best acrobats.
고양이는 최고의 곡예사죠.

Meow!
야옹!

Ugh!
어!

My cat is stuck on top of a telephone pole!
우리 고양이가 전봇대 꼭대기에서
옴짝달싹 못하고 있어요!

Successful landing!
착지!

telephone pole 전신주, 전봇대 (cf. **utility pole**. **utility**전 기, 전화, 인터넷 등)

pole 위에 올라간 **cat**을 보니 **polecat**이 생각나는데요.
얘는 고양이가 아니고, 족제비과의 귀여운 얼굴을 한,
하지만 스컹크처럼 냄새를 풍기는 그런 동물입니다.

It's the cat's meow.
와 진짜 멋있다.

polecat

It's really cool!

I wonder. 궁금해

Should I pull? 당겨도 될까?

Curiosity killed the cat.
너무 알려고 하면 다친다.

copycat
따라쟁이

Of course. I'm a copy cat. 당연하지. 나 따라쟁이잖아.

Are you copying me? 너 나 따라하는 거니?

kitty corner
대각선으로 맞은편

cater corner라고도 해요. **cater**는 프랑스어로 숫자 4를 의미하는 quatre에서 왔다고 해요.

Where's the bank? 은행이 어디 있어?

It's kitty corner to the donut shop. 도너스 집 대각선으로 맞은편에 있지.

diagonal
대각선

meerkat
미어캣.
(고양이는 아니지만 캣이 들어있어서…)

고양이가 항상 쫓아다니는 것은? 새. 새 종류의 총칭을 **fowl**가금류.

I don't give
a hoot!

I don't give a hoot!
난 상관 안 해. 관심 없어. 신경 안 써.
(=I don't give a damn.)

난 상관 안 해. 관심 없어.
신경 안 써.

hoot
부엉이

feather light
아주 가벼운

A little bird told me,
누가 그러는데,

꽥!

꽥!

숨 넘어
가겠네…

kill two birds with one stone
일석이조

I'm a hunt-and-peck typist.
나는 타이핑이 무지 느려요.

A bird in the hand worth two in the bushes.
자신이 지금 갖고 있는 게 소중한 것임을 알아라.

hunt and peck
독수리타법

I cherish you.
내가 널 얼마나
아끼는데.

bird's-eye view 하늘 위에서 바라본 모습, 조감도
hawk 매 | **hawk-eyed** 예리한 눈을 가진
eagle eye 결점 등을 잘 찾아내는 눈 | **eagle** 독수리

take under wing
보호하다

She took me under her wing.
그녀는 나를 보호해줬어요.

Thanks! 고마워!

No sweat! 별말씀을

wing it
준비 없이 하다, 급조하다.
즉흥적으로 하다.

Rhymin'
& stealin'

나는 아무것도
준비하지 않고
무대 위에서 그냥
즉흥적으로 했어.

I wasn't
prepared to do anything
on the stage and I just
winged it.

improvise 즉흥으로 하는 | freestyle 즉흥 랩, 시 등 | winged 날개 달린

길러서 먹을 수 있는 새 종류를 통틀어 **poultry**라고 해요.

go cold turkey
끊다(= quit right away)
담배나 중독성 있는 것을 갑자기 끊는 것

bird flu
조류독감

turkey 칠면조

gobble gobble gobble 칠면조 울음소리

I'm going cold turkey. 나 한번에 끊을 거야.

Let's talk turkey.

자 이제 (쓸데없는 얘기 그만하고) 본론으로 들어가자구.

ostrich
현실 도피자, 대충 얼버무리는 사람

타조는 위험한 순간이 오면 머리를 땅에 묻어버리죠. 그걸 본떠서 현실을 거부하거나
문제를 그냥 얼버무리거나 피해가려는 것을 타조증후군이라 부릅니다

the ostrich syndrome 현실 도피

ducky
기분 좋은

duck
오리

Duck!

duckling
오리 새끼

....

Hans Christian Andersen(안데르센)의 The Ugly Duckling 미운 오리새끼 이야기 기억나시죠? 미국에선 안데르센을 한스 크리스천 앤더슨이라는 full name으로 부르는데, 동화책 얘기 없이 이름만 듣고는 순간 누구인지 몰라 어리둥절했던 적이 있답니다. 이름을 미국식으로 발음해서 잘 알아듣지 못하는 경우가 가끔 있답니다.

duck soup?

duck soup
식은 죽 먹기

duck soup piece of cake보다는 자주 사용되지 않지만 아주 쉬운 일을 가리킬 때 쓰입니다. **duck soup**하니 한 세미나 수업의 과제가 생각이 나는데요. 첫 시간 과제가 영화 〈Duck Soup〉을 보고 감상문을 쓰는 것이었어요. 처음엔 dog soup이라고 알아 듣고 깜짝 놀랐습니다. 그런데 듣다보니 **duck soup**이었죠. 사실 〈Duck Soup〉은 옛날 영화인데다가 미국 공황에 대한 역사적 지식도 부족해서 이해하느라 몇 번이나 다시 봤던 기억이 납니다.

Fixing this up is going to be a duck soup. 이걸 고치는 건 식은 죽 먹기야.

lame duck 정치 세력이 임기 말에 세력이 약화되는 현상을 말합니다. **lame**이란 단어는 '다리를 절다'라는 뜻이 있고, 속어로 '나쁘다, 정말 별로다'라는 뜻도 있습니다.

This is lame. 이건 정말 동네 창피한 수준이야.

lame duck

duck '물속으로 뛰어들다 잠수하다'란 뜻도 있습니다. 오리가 물속에 머리를 확 집어넣는 모습에서 유래된 것 같아요.

He ducked as the ball came towards him.
공이 그를 향해 다가오자 수그렸다.

duck
재빨리 수그리다

duck and cover 위기상황이 오면 몸을 낮추고 구부려서 책상이나 테이블 밑으로 들어가서 머리를 팔로 감싸라는 얘기입니다. 전쟁 아니 폭격, 지진이 날 경우 등에 대비하는 훈련용 슬로건이에요. 미국에선

2차 세계대전 당시 이 슬로건을 넣은 교육용 비디오를 많이 만들어 학교에 배포하곤 했죠. 저도 예전에 민방위 훈련 때 이런 연습한 적이 있어요.

ducks in a row
물건뿐만 아니라, 여러 가지 정리를 해야 하는 상황에서 쓸 수 있는 표현입니다.

I need to get my ducks in a row.
정리 좀 해야 돼.

I need to get my act together.

ducks in a row
(= organize)

sitting duck
아주 쉬운 타깃

That's a sitting duck.

goose
거위

gosling
거위새끼

오리랑 비슷하지만 더 목이 긴 귀여운 거위 ~goose가 들어간 표현도 많아요. 수컷 거위는 gander죠. take a gander 하면 take a glance과 같은 뜻입니다.

goose bumps
닭살

Take a gander at the window.
창문을 살짝 봐봐.

What's sauce for the goose is sauce for the gander. 네가 하면 나도 해야지.

Her voice gives me the goose bumps.
그녀의 목소리 소름끼쳐. (좋은 쪽 나쁜 쪽 다 됨)

He goosed him. 걔 엉덩이를 꼬집었어.

I went on a wild-goose chase all over the town looking for that book until I discovered it was out of print. 그 책이 절판되었다는 걸 알 때까지 쓸데없이 책을 찾아서 시내를 돌아다녔어.

My goose is cooked. 나 이제 큰일났다.(= I'm in trouble.)

goose
'엉덩이를 꼬집다'도 됩니다.

wild goose
기러기

wild-goose chase
헛된 추적

goose quill
거의 깃털로 된 펜

hot chick
섹시한 그녀

I'm so chickened.
나 겁나.

You can do it.
넌 할 수 있어.

후덜덜

chickened

I got chickened out. 나 무지 겁났어.
You chicken! 야 이 겁쟁이야!

chick 가볍게 여자를 부르는 말인데
영국에선 **bird**라고 해요.

Chirp Chirp Chirp Chirp

chick

••
chick lit 여성 취향의 소설 | **chick flick** 여성 취향의 영화 | **male tale** (신조어) 남자들의 영화(줄거리가 단순하고 액션 중심의 영화)

chicken
닭, 닭고기

They finally flew the coop.
그들은 드디어 탈출했소.

fly the coop
탈출하다

chicken coop
닭장

You got my hackles up.
너 나 화나게 했어!

••
be cooped up 갇히다 | **fowl** 가금류, 닭
poultry 가금류, 가금류 고기

어이, 멍청이!
Yo! Stupido!

열받게 하지 마.
Don't make me angry.

get (one's) hackles up
화나게 하다

hen
암탉

rooster
수탉

Now. I'm in charge.
이제 내가 책임질게.

Have fun.
잘 해봐.

cluck cluck cluck

번떡. 애들아 엄마연자

rule the rooster
주관하다, (가정에서) 최고 권력자

My mom rules the roost in my house. 우리 집에선 우리 엄마 말이 곧 법이야.

I feel like a rooster in a hen house.
여기 있기 좀 어색하네요.

wattle and comb
수탉벼슬

rooster in a hen house
청일점

cock
수탉

cocky
마초 같은

good egg
좋은 사람. 참 괜찮은 사람

He's a good egg. Don't lose him.
좋은 사람이야. 놓치지 마라.

●●
hackle 조류나 동물의 가슴팍 털
cock fight 닭싸움 | **stupdio** 멍충이

**Don't count your chicks
before they hatch.**
김칫국 마시지 말아라.

**Don't put all your eggs in
one basket.**
무리하지 마라.
(한 곳에만 올인하지 마라.)

You'll end up egg on your face. 너 결국은 망신당할 걸.

I had egg on my face. 난 정말 창피했어

egg on someone's face
창피당하는

nest egg
미래를 위해 모아둔 돈

너희들은
잘 해낼 거야.

You'll do
well.

Don't
forget to
call us.

전화해라.

I can fly
without a
help

나는 도움 없이도
잘 해낼 수 있어.

I can make
a living on
my own.

Children must fly the nest.
자녀들은 꼭 집을 떠나 독립해야 해요.

나 혼자서도 먹고살 수 있어.

roe
알 (생선알)

salmon roe
연어

spawn
(생선, 개구리알 등 한꺼번에 많은 알을) 산란하다

frog

have a frog in my throat 목이 쉬다
My voice is hoarse. 저 목이 쉬었어요.

I have better
fish to fry.

더 중요한 할 일이 있어.

I feel like a fish
out of water.

여긴 내가 있을 곳이
아닌 것 같아.

Debone and
butterfly?

가시 빼고 버터플라이
해드릴까요?

No. Just scale
and gut, please.

아뇨. 그냥 비늘만 벗기고
내장만 제거해주세요.

●●
feel like a fish out of water 어울리지 않는 곳에 있다, 남의 옷을 입은 느낌이다
better fish to fry 더 중요한 일이 있는
debone 가시나 뼈를 제거하다 | **betterfly** 내장과 가시 제거후 반으로 갈라서 납작하게 옆으로 펼치다
fillet 뼈를 가르고 납작하게 저미다 | **scale** 비늘을 제거하다 | **gut** 내장을 제거하다

fishing for compliment
(칭찬 받기 위해) 떡밥을 던지다

상대방으로부터 듣고 싶은 말(칭찬이나 찬사)을 상대방이 꺼내도록 하는 것을 fishing을 써서 표현합니다.

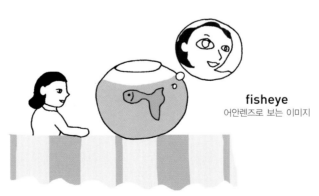

fisheye
어안렌즈로 보는 이미지

a big fish in a small pond
우물 안 개구리

neither fish, flesh, nor fowl
이것도 아니고 저것도 아니고 아무것도 아냐
(= neither this nor that)

> Don't worry.
> There's a lot of
> fish in the sea.

걱정 마. 세상은 넓고
남자(여자)는 많아.

●●
fisherman 어부 | **fishy** 수상한

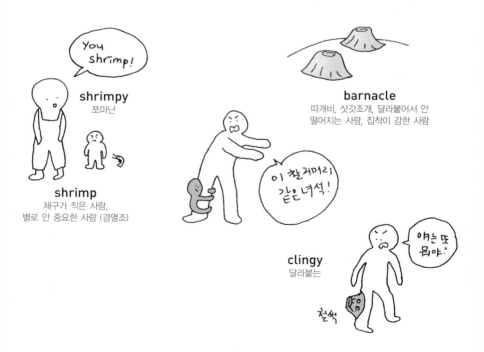

> You
> shrimp!

shrimpy
쪼마난

shrimp
체구가 작은 사람,
별로 안 중요한 사람 (경멸조)

barnacle
따개비, 삿갓조개, 달라붙어서 안
떨어지는 사람, 집착이 강한 사람

이 찰거머리
같은 녀석!

clingy
달라붙는

야는 또
뭐야?

철썩

Shakespeare세익스피어의 〈The Merry Wives of Windsor〉 중에 나오는 말에서 시작되었어요.

Why, then the world's mine oyster,
Which I with sword will open.

굴은 뉴욕에서도 인기 있는 **appetizer**인데 **fresh oyster**생굴의 껍질을 열고 **oyster knife**굴 전용칼로 굴이 껍데기에서 떨어지도록 긁어줍니다. 이렇게 굴을 껍질에서 떼어놓는 걸 **shuck oyster**라고 합니다. 옥수수 껍데기 벗기는 것도 **shuck corn** 또는 **husk corn**이라고 하죠. 들고 먹기 전 **shellfish fork**로 굴이 껍질이랑 완전히 떨어져 있는지 확인한 후 소스를 올린 다음 굴 껍데기를 손에 들고 후르륵 마시듯이 먹습니다. 또 굴을 베이컨에 말아서 오븐에 구워 마늘소스랑 먹으면 엄청 맛있어요.

happy as a clam
아주 기쁜

clammed up
입을 꽉 다물고 말 안하는

Come out of shell.
(= Don't be shy.)

scapegoat
남의 죄를 뒤집어 쓴 희생양

black sheep
문제아

separate the sheep from the goats
나쁜 것들 중에 좋은 것 골라내기

innocent

like a lamb to the slaughter
앞에 일어날 끔찍한 일을 모르고 천진한, 순순히 말을 듣는

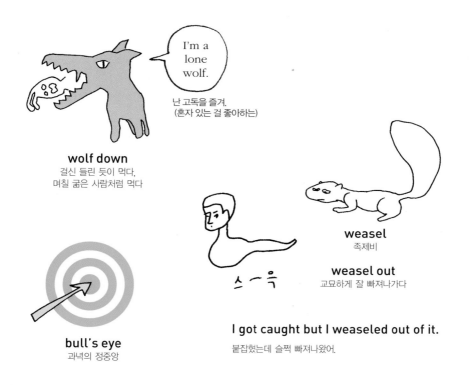

I'm a lone wolf.

난 고독을 즐겨.
(혼자 있는 걸 좋아하는)

wolf down
걸신 들린 듯이 먹다,
며칠 굶은 사람처럼 먹다

weasel
족제비

weasel out
교묘하게 잘 빠져나가다

I got caught but I weaseled out of it.
붙잡혔는데 슬쩍 빠져나왔어.

bull's eye
과녁의 정중앙

She really hit the bull's eyes. 정곡을 찔렀어.

He's stubborn as a mule.

그는 고집쟁이야.

stubborn as a mule
고집이 센

eager beaver
열성적으로 아주 열심히 하는 사람

go down the rabbit hole
신비로운 세계로 들어가다

《Alice's Adventures in Wonderland이상한 나라의 앨리스》에서 나온 표현이에요. 앨리스가 토끼를 따라서 들어가면 다른 세상이 펼쳐지죠.

그럼 이제 **rodent**쥐과 동물을 보아요.

He must have squirreled it away.

분명 어딘가에 감춰뒀을 거야.

squirrel
다람쥐

squirrel away
어디에 감춰두다
(다람쥐가 여기저기 잘 감춰두죠)

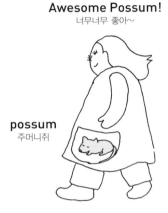

Awesome Possum!
너무너무 좋아~

possum
주머니쥐

자는척

개꾸닥

play possum
자는 척, 죽은 척하다
(주머니쥐는 잡히면 죽은 척한답니다.)

Eh.

mouse potato
컴퓨터 앞에 항상 붙어 있는 족속

Just go for it. Are you a man or a mouse?

그냥 밀어붙여. 너 인간이야 생쥐야?

Uh…

a mouse.

mouse
겁쟁이

He ratted on his best friend to the police.
그는 절친한 친구를 경찰에 고발했다.

You dirty rat!

야, 이 인간 쓰레기야!

You scumbag!

야, 이 추잡한 인간애!

rat
남을 속이는 사람, 배반자

rat on
배반하다. 고자질하다

rat race
지겹고 무의미한 과다경쟁

dirty rat
부도덕한 거짓말쟁이

I smell a rat.

뭔가 수상해.
뭔가 숨기는 게 있어.
뭔가 구려.

●●
scumbag 추잡하고 더러운 인간 | **scum** 더럽고 미끌미끌한 찌꺼기 (물때, 비누때 soap scum)
dirtbag 지저분하고 퀘퀘한 사람

이번엔 **swine**돼지과!

미국의 햄 회사 중에 **Boar's Head**라는 게 있어요. 돼지 머리표? ^^

swine
돼지류

boar
멧돼지

Boar's Head

piglet
돼지새끼

hog
사육 돼지

pig
돼지

pork
돼지고기

live it up
돈을 신나게 써대다

live high off(on) the hog
돈을 실컷 쓰면 살다

He lived a high off the hog all his life. 그는 평생 돈을 펑펑 써대며 살았다.

I'll live it up until the money runs out. 나는 돈이 바닥날 때까지 펑펑 쓸 거야.